Klaus Ferdinand Hempfling

Wenn sich Pferde offenbaren

Von der ersten Begegnung bis zum Freund fürs Leben

KOSMOS

Klaus Ferdinand Hempfling, 1957 in Westfalen geboren, hat einen sehr bewegten Lebensweg. Schon mit 21 Jahren beendete er ein Studium als Diplomingenieur im Bereich der Kommunikationswissenschaften um danach als Lehrer, freischaffender Künstler, Theaterregisseur und Reisender seinem Drang nach tieferen Erkenntnissen Raum zu verschaffen. Nach jahrelangen Aufenthalten in den spanischen Pyrenäen wurde er mit 26 Jahren hauptamtlicher Dozent an der Fachhochschule für Kunst und Design in Dortmund. In dieser Zeit beschäftigte er sich eingehend mit mythologischen Studien, um in ihnen immer wieder auf das wichtigste Symbol unseres Kulturkreises zu stoßen – das Pferd. Im Alter von 29 Jahren beendete er seine Beamtenlaufbahn abrupt. Wieder zog es ihn in die Pyrenäen, diesmal auf der Suche nach den wirklichen Pferden, den wilden. Hier begann ein Naturstudium, das den Menschen Klaus Ferdinand Hempfling neu prägen sollte und mit ihm auch die Pferdewelt.

Schon sein erstes Buch »Mit Pferden tanzen« wurde international ein überwältigender Erfolg. Wie kein anderer polarisierte dieser Autor die Pferdewelt. Tausende von Zuschauern wurden Zeugen von einem Umgang mit Pferden, der die Pferde zu den Lehrern der Menschen macht, zu Geheimnisträgern, die es zu würdigen gilt und deren Nähe die Menschen zu verändern vermag.

Bildnachweis

Farbfotos: Felix von Döring / Kosmos (1: S. 150), Anastazia Joergensen, Frederiksberg (2: S. 48, 170), Gabriele Kärcher / Sorrel (3: S. 99, 113), Christof Salata / Kosmos (3: S. S. 150), Christiane Slawik, Würzburg (79: S. 56, 72, 74, 76, 77, 78, 80, 81, 82, 83, 86, 87, 88, 90, 92, 93, 94, 95, 96, 97, 98, 100, 102, 104, 106, 107, 108, 111, 112, 114, 116, 118, 119, 120, 121, 122, 123, 147, 149, 168, 171, 173, 174, 175, 179, 180, 181, 184, 185, 186, 188, 189, 191, 192, 194, 195, 196, 197, 198, 199, 201, 203), Sabine Stuewer, Darmstadt (17: S. 73, 74, 79, 84, 89, 106, 110, 115, 117, 118, 120, 124, 169, 178, 200, 202). Alle weiteren 335 Farbfotos stammen aus der Sammlung des Autors sowie z. Teil aus den Videos »Die erste Begegnung« und »Körpersprache« von Klaus Ferdinand Hempfling.

Die Illustrationen sind von Cornelia Koller, Schierhorn (7: S. 57, 59, 69, 135, 144, 166). Die s/w-Abbildungen zeichnete Malene Hempfling (3: S. 46).

Impressum

Umschlaggestaltung von Atelier Jürgen Reichert, Stuttgart, unter Verwendung von vier Farbfotos von Klaus Ferdinand Hempfling.

Mit 440 Farbfotos, 7 Farbillustrationen und 3 s/w-Zeichnungen.

Die in diesem Buch beschriebene Klassifizierung sowohl als Einzelzuordnung und deren Beschreibung als auch als System ist urheberrechtlich geschützt. Nachdruck und Übernahme insgesamt oder in Teilen ist nur mit Einwilligung von Klaus Ferdinand Hempfling zulässig.

Bibliografische Information der Deutschen Bibliothek
Die Deutsche Bibliothek verzeichnet diese Publikation in der Deutschen Nationalbibliografie; detaillierte bibliografische Daten sind im Internet über http://dnb.ddb.de abrufbar.

Gedruckt auf chlorfrei gebleichtem Papier.

© 2003, Franckh-Kosmos Verlags-GmbH & Co., Stuttgart
Alle Rechte vorbehalten
ISBN 3-440-09236-4
Redaktion: Alexandra Haungs
Gestaltung & Satz: akuSatz, Andrea Kunkel, Stuttgart
Produktion: Kirsten Raue, Claudia Kupferer
Reproduktion: Repro Schmid, Stuttgart
Printed in Germany / Imprimé en Allemagne
Druck und Bindung: Appl, Wemding

Bücher · Kalender · Spiele · Experimentierkästen · CDs · Videos
Natur · Garten & Zimmerpflanzen · Heimtiere · Pferde & Reiten · Astronomie
Angeln & Jagd · Eisenbahn & Nutzfahrzeuge · Kinder & Jugend

KOSMOS Postfach 10 60 11
D-70049 Stuttgart
TELEFON +49 (0)711-2191-0
FAX +49 (0)711-2191-422
WEB www.kosmos.de
E-MAIL info@kosmos.de

Alle Angaben und Methoden in diesem Buch sind sorgfältig erwogen und geprüft. Sorgfalt bei der Umsetzung ist indes doch geboten. Verlag und Autor übernehmen keinerlei Haftung für Personen-, Sach- oder Vermögensschäden, die im Zusammenhang mit der Anwendung und Umsetzung entstehen könnten.

Zum Geleit

Der alte Mönch saß in seinem Lehnstuhl. Ohne seinen Blick von der Leere abzuwenden, in die seine Gedanken verträumt zu versinken schienen, sagte er leise:

»Du willst von mir lernen, das ist gut! Aber du bittest um Erklärungen, Schilderungen und Beschreibungen – das ist nicht gut! Denn was nützt es, viele Worte zu machen?
Was heute für das Normale steht – nur, weil die Masse sich darin eingerichtet hat –, das bewegt sich eben auch in ihren Grenzen – in den Grenzen des Gewöhnlichen.
In den Grenzen dessen, wozu eben die Masse sich befähigt fühlt – und jener kleine Geist, der diese Zeit bestimmt.
Was du aber suchst und mit dir immer mehr Menschen – das ist hiervon weit entfernt.«

Klaus Ferdinand Hempfling
Aus: »Die Botschaft der Pferde«

Zum Geleit 5

Geheimnisvolles Tor in das Reich der Menschen!
Auf, durch die Feuer dieser Welt 8

Eine Offenbarung für das Dasein der Menschen? *Beispiel 1:* Campeon 13 10
Beispiel 2: 1000 Kilo Beton oder kindlicher Übermut und fehlgeleitete Macht? 14
Beispiel 3: Ein hoffnungsloser Fall? Hingabe und Sensibilität statt Sentimentalität 16
Gibt es das heute noch? Maß, Form, Struktur und Qualität 18
Zum Beispiel Junque: Wenn aus innerer Beziehung und Klarheit schließlich äußere Form wird 20
Immer Friede, Freude, Eierkuchen? Die Wahrheit und der Konflikt! 24
Von der ersten Begegnung bis zum Freund fürs Leben: Was erwartet Sie in diesem Buch? 26
Mein Tor in diese Welt: Ein Anfänger auf der Flucht 28

Beliebigkeit oder Klarheit, Form und Sinn?
Vom Chaos in die Harmonie 30

Sprechen wir weiter Klartext – Pferde, die Chaosmaschinen 32
Warum mir die Pferde folgen 38
Alles eine Frage der Macht? 42
Fassen wir zusammen: Naranjero und die Angst 44
Die Schlange: Die verborgenen Seiten unseres Daseins 46
Die bitteren Früchte der Liebe 48
Als Ureinwohner der alten Welt: Fischen, jagen, Schafe schlachten 50
Auf dem Weg zum Ritter 52

Von außen nach innen und wieder zurück
Pferde kennen, heißt Pferde erkennen! 54

Raus aus dem Teufelskreis: Zeige mir dein Pferd und ich weiß, wer du bist! .. 56
Meine Vorgehensweise: Erkennen, Kennen, Sein 62
Mein Erkennungssystem der Pferdecharaktere: Das Prinzip der 26 Charaktergruppen 64
Zum besseren Verständnis: Wie sind die folgenden Kapitel aufgebaut? 66
Um einen möglichst großen Lerneffekt zu erhalten, sollten Sie bitte das Folgende unbedingt beachten 68

Das Spiel der 26 Karten
Wie sich Pferde offenbaren 70

Das Einhorn 72
Die Taube 74
Der Unteroffizier 76
Der Skeptiker 78
Der Freund 80
Der Dicke 82
Der Bauer 84
Der Tänzer 86
Hüter des Feuers 88
Der Ursprung 90
Der Wanderer 92
Das Kind 94
Der Halbgeborene 96
Der Nordwind 98
Der Einsame 100
Der Benutzte 102
Der Zigeuner 104
Der Dandy 106
Der Bescheidene 108
Der Frosch 110
Der Prinz 112
Der Sieger 114
Der Minister 116
Der König 120
Der Harte 122
Pegasus 124

Immer und immer wieder
Die erste Begegnung ... 126

Magie oder Zauberei? Die Wahrheit des Details ... 128
Der gordische Knoten: Das A und O der ersten Begegnung ... 131
Vom Benutzen zum Verstehen! Mein Weg der Aufklärung ... 134
Immer eine offene Tür. Die erste Säule: Das Auftreten ... 136
Thema Auftreten: Bilder aus der Praxis ... 140
Thema Auftreten: Wenn Knuddelbären zu Monstern werden ... 142
Raum und Zeit ist Ewigkeit. Die zweite Säule: Der Abstand ... 144
Die dritte Säule: Durch Berührung kommunizieren ... 148
Die große Hürde überspringen. Die vierte Säule: Heilen ... 152
Die fünfte Säule: Folgen und Vertrauen! ... sich mir freiwillig zuwenden! ... 156
Die Bedeutung der ersten Begegnung: Noch einmal das Ganze im Überblick ... 160

26 Charaktere, 26 Wege
Wie man Pferde richtig formt ... 162

Theorie und Praxis: Wie das folgende Kapitel „funktioniert" ... 164
Auf dem Weg zum Reitpferd: Begriffe, Definitionen und Einordnungen ... 165
Das Einhorn auf dem Weg zum Reitpferd ... 168
Die Taube auf dem Weg zum Reitpferd ... 169
Der Unteroffizier auf dem Weg zum Reitpferd ... 171
Der Skeptiker auf dem Weg zum Reitpferd ... 173
Der Freund auf dem Weg zum Reitpferd ... 174
Der Dicke auf dem Weg zum Reitpferd ... 175
Der Bauer auf dem Weg zum Reitpferd ... 178
Der Tänzer auf dem Weg zum Reitpferd ... 179
Der Hüter des Feuers auf dem Weg zum Reitpferd ... 180
Der Ursprung auf dem Weg zum Reitpferd ... 181
Der Wanderer auf dem Weg zum Reitpferd ... 184
Das Kind auf dem Weg zum Reitpferd ... 185
Der Halbgeborene auf dem Weg zum Reitpferd ... 186
Der Nordwind auf dem Weg zum Reitpferd ... 188
Der Einsame auf dem Weg zum Reitpferd ... 189
Der Benutzte auf dem Weg zum Reitpferd ... 191
Der Zigeuner auf dem Weg zum Reitpferd ... 192
Der Dandy auf dem Weg zum Reitpferd ... 194
Der Bescheidene auf dem Weg zum Reitpferd ... 195
Der Frosch auf dem Weg zum Reitpferd ... 196
Der Prinz auf dem Weg zum Reitpferd ... 197
Der Sieger auf dem Weg zum Reitpferd ... 198
Der Minister auf dem Weg zum Reitpferd ... 199
Der König auf dem Weg zum Reitpferd ... 200
Der Harte auf dem Weg zum Reitpferd ... 201
Pegasus auf dem Weg zum Reitpferd ... 202

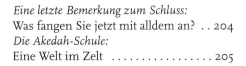

Eine letzte Bemerkung zum Schluss: Was fangen Sie jetzt mit alldem an? ... 204
Die Akedah-Schule: Eine Welt im Zelt ... 205

*Geheimnisvolles Tor in das
Reich der Menschen!*

Auf, durch die Feuer

Das präzise Erkennen eines Pferdes in nur wenigen Sekunden, die Verwandlung danach in den wenigen Minuten der ersten Begegnung und die vorsichtige Überleitung hin zur Boden- und Reitarbeit ist die Basis und das Herzstück meiner Arbeit. Wie offenbaren sich Pferde in kürzester Zeit? Worin liegt das Geheimnis meiner Arbeit und ist das überhaupt zu lehren und zu lernen? Dieses Buch beleuchtet Aspekte der Pferdewelt, die bis dato im Schatten lagen. Es wirft Licht auf die Fragen, die immer mehr Pferdemenschen so dringlich stellen:

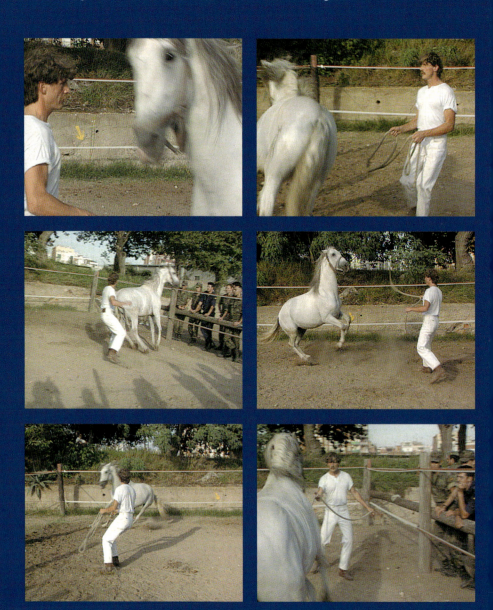

dieser Welt

- Wie erkenne ich mein Pferd wirklich?
- Wie kommt es zu einem tiefen Verstehen?
- Und wie kommt es zu einer Freundschaft, die ein Leben lang hält?
- Auf welchem Wege führt Sie dieses Buch zum Ziel?
- Was bekommen Sie mit ihm an die Hand gereicht und bis wohin kann es Sie führen?
- Beginnen wir unsere Reise gleich mit einem Blick in die Praxis.

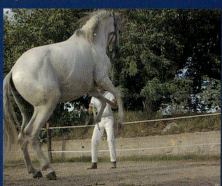

Campeon 13 kämpft aus Verzweiflung. Es ist das letzte Mittel, das ihm noch bleibt. Doch der Mensch, der Autor dieses Buches, geht auf diesen Kampf nicht ein und erreicht, dass beide Sieger werden.

Die Geschichte von Campeon 13 wird in diesem Kapitel weitererzählt und mit ihr die einleitende Botschaft dieses Buches.

Eine Offenbarung für das Dasein der Menschen?

Dieses Pferd heißt Campeon 13. Übersetzt heißt das etwa »Der Sieger«. Er ist zu diesem Zeitpunkt, als die Aufnahmen entstanden, erst neun Jahre alt, aber von einem Ausdruck, der keine Jugend zu kennen scheint, sondern nur Trauer und Leid. Seine Ängstlichkeit und sein Schmerz finden nur noch einen Weg, den der Aggression. Die Soldaten dieser spanisch-militärischen Hengst- und Zuchtstation mit einigen hundert Hengsten, die »von Staatswegen« verpflichtet waren, mit ihm gut umzugehen, hatten ihn aufgegeben, hatten ihn, auch aus Furcht, in die hintersten Stallungen verbannt. Bis zu dem Tage, als ich bei ihnen zu einer Fortbildung angemeldet war. Da erinnerte man sich an dieses Pferd und auch an weitere, die ein ähnliches Schicksal durchmachen mussten. Diese Pferde waren es, die hoffnungslosen und die angsteinflößenden, die man mir zur Demonstration reichte. Hier, wie fast überall sonst.

Die Soldaten waren im Grunde nette Kerle und mit einem ihrer Offiziere freundete ich mich schnell an. Was sie mit den Pferden taten, blieb ihnen, zum großen Teil zumindest, unbewusst, war außerhalb ihrer Wahrnehmung und ihrer Sensibilität. Die meisten suchten ihre Freundschaft, fanden sie aber nicht.

Der Urkampf

Zu Campeon 13 kommen wir gleich zurück. Bei den Soldaten will ich noch einen Augenblick verweilen. Sie stehen in einer Tradition, die einst bei den Kriegern, der Elite der Urmenschen, ihren Anfang nahm. Bei den Kelten, den Germanen, den Wikingern waren diese Krieger zugleich auch Ritter. Auf ihrem langen, harten Weg hin zu einem solchen initiierten Krieger, zu einem »Kavalier«, lernten sie etwas über einen Urkampf, über den wichtigsten Kampf im Leben eines Menschen, nämlich über den Kampf mit sich selbst. Sie lernten, dass die gewaltigen Mächte und Kräfte der Natur, der Triebe und des Bösen niemals mit Gewalt zu unterdrücken seien, sondern nur durch schöpferische Kreativität, die im Lichte des wirklichen Menschseins Ungeahntes hervorzubringen vermag.

Das Symbol unserer okzidentalen Welt, unserer Väter und Mütter für diesen Prozess war einst das Zusammensein mit den Pferden. Denn, so hieß es bei ihnen: Wenn ein Mensch einem Pferd begegnet, dann begegnet er dem Schatten seiner selbst und zugleich dem Funken Hoffnung in ihm. Und den gälte es zu finden.

Aus den Kriegern wurden Soldaten, aus den Pferden, den verborgenen Hoffnungs- und Glücksbringern, wurden unleugbar vor allem Symbole des Krieges, des wetteifernden modernen Sports, der Eitelkeit, des vordergründigen Vergnügens und der Macht.

Was geht da in Wahrheit vor sich?

Wie man auf den Bildern sehen kann und in zusammenhängender Form in dem Film »Die erste Begegnung«, verwandelte sich dieses Pferd in wenigen Minuten von einem gefährlichen Aggressor in ein nur noch Nähe suchendes, sich ganz und gar hingebendes Mitwesen. Dieses Pferd hat sich mir und den umstehenden Zuschauern offenbart. Und diese Offenbarung ist, wie nahezu immer, auch eine Offenbarung für das Dasein der Menschen. Was geht da vor sich? Wie können sich Pferde offenbaren? Und was ist, wenn sich Pferde offenbaren?

Eine Offenbarung für das Dasein der Menschen?

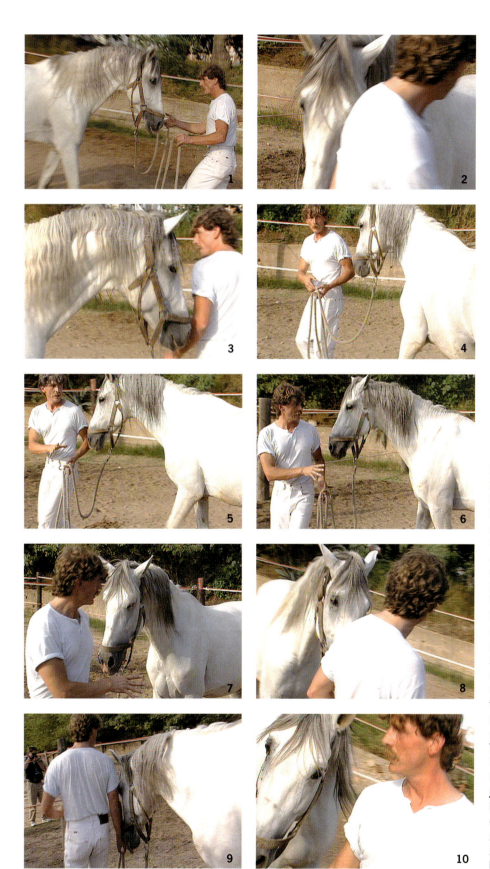

Nach einigen Minuten des Kampfes sucht Campeon 13 nur noch die Nähe zu dem Menschen, der selbst auf seine Aggressionen mit Nähe und Verständnis reagiert hat. Jetzt erkennt man ein Pferd, das zutiefst gutmütig ist und nichts mehr sucht als Verbindung und Austausch. Das Pferd, das zuvor allen Menschen gegenüber nichts anderes als Ablehnung und Aggression zeigte, folgt jetzt dem Autor hingebungsvoll am losen Strick. Von der anfänglichen Gefahr ist nichts geblieben. Was geschieht in diesen Minuten in Wahrheit? Was bewirkt den Wandel? Wie kann man so etwas lernen? Bitte beachten Sie schon jetzt von Bild zu Bild die Prägnanz der Körperhaltung des Menschen. Seine uneingeschränkte Aufmerksamkeit gilt immer dem Pferd: Hingabe auf beiden Seiten!

Die Besitzer und die Pfleger jedenfalls erkennen das Pferd oftmals nicht wieder. Ihnen offenbart sich dann etwas Fremdes, etwas Anderes, Tiefes, Neues und oft auch Unergründliches.

Ein vollkommen neues System

Hier will ich es ergründen. Das ist mein Weg seit vielen Jahren. Abertausende von Menschen waren Zeugen dieser Begegnungen mit Pferden. Doch in diesem Buch will ich darüber hinausgehen. Ich will nicht nur ein vollkommen neues System beschreiben, wie man Pferde wirklich erkennen kann, und zwar jedes einzelne dieser Welt, wie man tiefste Einblicke in ihre Wesens- und Verhaltensstrukturen bekommen kann. Ich will jedem Leser darlegen, wie er vom ersten Augenblick an zur tiefsten Bindung gelangen kann, zum tiefsten Verstehen, um von da aus den Weg gehen zu können, von dem eigentlich nur noch die Kinder träumen und jene, die das Kindsein nie ganz verloren haben. Dieses Bemühen und dieser Versuch ist ehrlich. Die Zeit mag auch dieses Mal über das Ergebnis urteilen.

Die Suche nach Gemeinsamkeiten

Wenn ein Bild mehr sagt als 1000 Worte, was sagen dann 1000 Bilder? Fast so viele finden Sie in diesem Buch. Beginnen will ich mit drei Bildsequenzbeispielen aus meiner Praxis. Sie mögen zuerst wie Ausnahmen erscheinen, aber glauben Sie mir, sie sind es nicht. Sehr viele Pferde werden uns auf den kommenden Seiten begleiten, und mit ihnen Methoden, Formen, Umgangsarten und Ansichten. Denn viele Rassen stehen inzwischen für ganz spezielle Reittheorien. Doch davon möchte ich über weite Teile nichts wissen. Ich möchte mit Ihnen zusammen vielmehr ein Pferd sehen und dann wieder ein anderes, seine Augen, sein Wesen, sein Leid oder besser sein Glück. Für mich ist da zuerst und zuletzt ein Mensch und ein Pferd – basta. Und wenn sich der Mensch wirklich bemüht, um Integrität, Menschlichkeit, Wahrheit und Innerlichkeit, und wenn er bereit ist zu lernen, sich immer wieder in Frage zu stellen, dann genügt mir das – und den Pferden erst recht. Denn die suchen nicht nach Unterschieden, sondern nach Gemeinsamkeiten.

15 Minuten Wahrheit
Wenn aus Trauer Aggression wird

Warum dieses Pferd, Campeon 13, so und nur so reagieren kann, werden Sie in diesem Buch lernen. Dieses Beispiel stelle ich an den Beginn, um Ihnen gleich zu Anfang etwas Wichtiges vor Augen zu führen. Wie viele Menschen sagen, sie mussten so und so reagieren, weil eben andere Wesen das so provoziert haben. Schauen Sie sich diese Bilder einmal so an, als sei da kein kämpfendes, sondern ein tanzendes Pferd zu sehen. Erkennen Sie dann nicht sogleich, wie der Mensch tanzt? Liegt nicht eine seltsame Friedfertigkeit, Harmonie und Rhythmik in diesen Bildern? Wie aggressiv sich das Pferd auch gebärdet, der Mensch bleibt ganz

Eine Offenbarung für das Dasein der Menschen?

offensichtlich davon vollkommen unberührt. Weich, sanft, ja beinahe zärtlich lässt er das Pferd gewähren, um doch zugleich das Geschehen zu kontrollieren. Und das Pferd? Hat das denn eigentlich eine andere Chance, als sich dem so agierenden Menschen schließlich in engster Vertrautheit hinzugeben? Ist das denn nicht nur eine Frage der Zeit? Ich denke schon.

Was machen Sie daraus?

Auf diesen ersten Seiten bekommen Sie einen Überblick, einen Eindruck von dem ersten Geschehen. Dieses Buch wird darlegen und dokumentieren, was sich in Wahrheit Vielfältiges abspielt. Am Ende angekommen werden Sie dann diese ersten Bilder neu anschauen, um aus jedem Detail jetzt noch unsichtbare Informationen herauszulesen. Aber da sind wir ja noch nicht angekommen. Im Laufe der folgenden Seiten will ich minutiös auflisten und beschreiben, was das Ganze ausmacht. Ob daraus aber auch bei Ihnen ein Tanz wird, ein Geschehen aus Klarheit, Friedfertigkeit, Konsequenz, Präsenz und fließender Kommunikation mit der Welt und dem Pferd, das liegt nicht mehr in meinen Händen.

Ausdruck und Form

Sie werden erfahren, warum zum Beispiel auch dieses Pferd nach Minuten der Aggression so unmittelbar einen so engen Kontakt zu mir sucht. Sie werden erfahren, dass das vollkommen andere Hintergründe hat, als man zuerst vermuten mag. Hier aber ist erst einmal entscheidend, dass das in einer so zusammenhängenden und kompakten Form geschieht. Der Ausdruck des Menschen und sein Verhalten scheinen sich eigentlich von Anfang bis Ende nicht zu verändern. An ihm scheint sich das Geschehen auszurichten und schon auf dem ersten und zweiten Bild steht ihm im Gesicht geschrieben, in Ausdruck und Haltung seines Körpers, dass es zu jenem Ergebnis schon bald kommen wird, ja kommen muss. Er ist sich des gesamten Vorganges in jedem Augenblick bewusst. Betrachten Sie das erste und das letzte Bild der Sequenz und Sie werden zugeben müssen, wie ähnlich sie sind bezogen auf Ausdruck und Habitus des Menschen. Nur im ersten Bild versucht mich der Hengst mit Macht zu besiegen und auch zu verletzen. Für das Pferd wie für mich ist das alles sehr ernst. Das Pferd kämpft um seine Würde und darum, endlich verstanden zu werden. Es ist voll des Ausdrucks tiefsten Leides. Ich kämpfe darum, dass das Pferd mich nicht verwechseln mag mit jenen, die dieses Leid zu verantworten haben. So wird aus Leid, Missverstehen und Gefahr schließlich Vertrauen, Hingabe und Verlässlichkeit.

So gut es geht will ich versuchen, Sie das zu lehren – zu lehren, was ich zu lehren vermag.

Die Haltung des Menschen, sein Ausdruck, ist in beiden Bildern sehr ähnlich. Auch im ersten Bild erkennt man, wie gelassen und ruhig der Mensch hier auf das Pferd reagiert, das ihn immer wieder zu attackieren versucht. Wie anders zeigt sich das Pferd im zweiten Bild – ein Moment aus dem Schluss der Sequenz. Erschöpfte Friedfertigkeit und Sanftmut drückt das Pferd jetzt aus. Der Mensch aber war von Anfang bis Ende gleich. Sein Verhalten und sein Ausdruck ist auch unter den Attacken des Pferdes immer demonstrativ entspannt und sanft. Im Kapitel 5 »Die erste Begegnung« werden wir uns damit ausführlich beschäftigen.

Beispiel zwei:
1000 Kilo Beton oder kindlicher Übermut und fehlgeleitete Macht?

Keiner wusste genau, wann dieser Hengst der Militärstation zum letzten Mal die Box verlassen hatte. Keiner traute sich zu diesem Zeitpunkt mehr, sie zu öffnen, denn niemand wollte am Ende der Leine in seiner Hand ein Wesen mit tausend Kilo wissen, das nur eines im Sinn hat: denjenigen am anderen Ende derselben Leine zielgerichtet zu zerquetschen. Der Platz vor den Boxen war nicht abgesichert und nicht abgesperrt. Ein solches Pferd zieht leicht ein Dutzend Männer durch den Staub. Warum gelingt es einem einzigen Mann, das Pferd zu halten, sich gegen die massiven Angriffe zu wehren und es schließlich hinter sich herlaufen zu lassen wie ein kleiner Pudel – am durchhängenden Strick?

Dieses Beispiel zeige ich Ihnen schon jetzt, um deutlich zu machen, dass das Ganze wohl kaum etwas mit roher und rein körperlicher Kraft zu tun haben kann, wohl aber mit Energie und innerer Stärke. Auch auf diesen Bildern wird deutlich,

wie gelassen der Mensch bleibt. Auch hier ist wieder ein Tanz zu sehen, Weichheit und seltsame Duldsamkeit. Das ist kein Spiel mehr! Hier geht es, wie so oft in meinem Beruf, um meine Gesundheit und um die Gesundheit anderer Menschen. Da mögen sie zuhauf in den wohlig riechenden, von Sphärenklängen durchdrungenen Großstadttempeln sitzen und von Kraft und Energie sprechen, von Gelassenheit und innerer Erfahrung. Vor einem solchen Pferd zeigt sich in der Tat, wo Illusionen und Versprechung sind und wo umfassende Ergebnisse und verhaftete Realität.

Am Ende dieses Buches werden Sie wissen, warum so etwas gelingen kann. Sie werden wissen, was das für ein Pferd ist, wie es fühlt, handelt und was es von einem Menschen erwartet. Sie haben erfahren, was Sie alles brauchen, um mit diesem, aber auch mit anderen Pferden wahrhaftig zu sein. Und Sie werden wissen, wie lang der Weg dahin ist. Ich hoffe, Sie werden auch herauslesen, wie wunderbar jeder Schritt auf diesem Weg sein kann. Denn wenn Sie das erspüren, dann hat dieses Buch seinen Sinn erfüllt.

Keiner der Soldaten traute sich mehr in die Box dieses 1000 Kilo schweren Bretonenhengstes. Jeder wusste, dass nach dem Öffnen der Tür eine unmittelbare Explosion folgen würde. Doch was ist, wenn man auf diese Explosion anders reagiert, als das Pferd es erwartet? Am Ende folgt mir auch dieser Hengstgigant wie ein Schaf. Er lässt sich überall berühren und folgt am losen Strick über das gesamte Militärgelände. Auch dieses Pferd zeigt jetzt nichts anderes als Sanftmut und Vertrauen. Wie kommt es zu solchen Offenbarungen auch in diesen extremen Fällen? Welche Lehren stecken in solchen Begegnungen auch für »ganz normale« Pferdemenschen? Wieder möchte ich Sie bitten, Ihr Augenmerk auf die »innere und äußere Haltung« des Menschen in all den Bildern zu legen. Wie wir noch sehen werden, liegt neben dem Erkennen des Pferdes darin ein Hauptfaktor für das Gelingen – selbst und vor allem in solch extremen Fällen.

Beispiel drei:
Ein hoffnungsloser Fall?
Hingabe und Sensibilität statt Sentimentalität

Dieses zarte Wesen ließ sich kaum mehr anfassen und berühren. Es war voller Angst und Schrecken. Nur ganz behutsam konnte man sich ihm nähern, aber Anfassen, Eindecken oder problemloses Satteln war nicht möglich. Die Bildsequenz auf diesen Seiten zeigt etwas sehr Bedeutsames. Anstatt dem Pferd Ruhe zu gönnen und eine längere Eingewöhnungszeit mir gegenüber, lege ich gleich meinen Arm über seinen Rücken.

Zwei Dinge springen dabei unmittelbar ins Auge: Zum einen zeigt das Ergebnis nach schon wenigen Minuten, dass mein Weg wohl der richtige war. Das Pferd steht absolut ruhig da, auch wenn ich eine Satteldecke über Augen und Ohren lege. Und es folgt mir am losen Strick leicht und tänzerisch dicht an den Zuschauern vorbei. Zum anderen kann man aber auch erkennen, dass das Pferd von Anfang an meine Nähe sucht.

Auch dieses Beispiel stelle ich an den Anfang des Buches, um Sie schon gleich jetzt von verfrühten Einschätzungen und allzu nahe liegenden Fehlinterpretationen abzubringen. Im Laufe dieses Buches wird dieser Punkt noch sehr bedeutsam werden. Ja, er gehört zu den wichtigsten Schlüsseln des Gelingens. Wir werden nämlich auch lernen, wie man Pferde in ihrem Sinne berührt, sie anfasst, wie man sie mit jeder Bewegung respektiert und sie in ihrer ganzen Würde erkennt und anerkennt. Wir werden aber auch darüber sprechen müssen, dass echte Emotion nichts mit Gefühlsduselei und Sentimentalität zu tun hat, ganz im Gegenteil. Mit Freundlichkeit verkauft man Staubsauger und man gewinnt mit ihr Wahlen. Aber nur mit Klarheit, Aufrichtigkeit und echtem, tolerantem Mitgefühl gewinnt man die Seele eines Pferdes und das Wunder des Lebens.

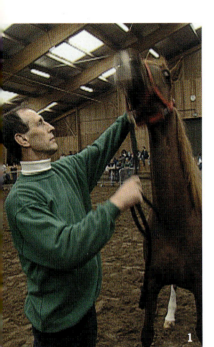

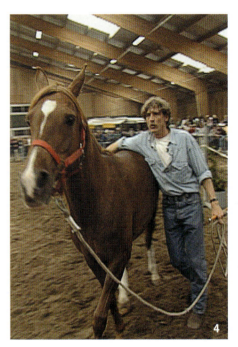

Ein hoffnungsloser Fall?

Was für Verwandlungen die Pferde in den ersten Minuten der Begegnung mit mir durchmachen, das können in letzter Konsequenz nur die Besitzer der Pferde selbst einschätzen und nicht die Zuschauer. Selbst wenn, wie hier, das Pferd zu Anfang vollkommen scheu und nervös reagiert, so ist doch nicht wirklich nachzuvollziehen, wie gewaltig der Schritt ist hin zu jenem Verhalten und hin zu jener inneren Ruhe, die es mir gestattet, selbst eine zuvor Panik auslösende Satteldecke auf den Kopf des Pferdes zu legen.

Wichtig an diesem Beispiel ist die Direktheit, mit der das Problem unmittelbar angegangen und aufgelöst wird. Auch hier folgt das Pferd selbst den feinsten Signalen schon nach wenigen Minuten. In Kapitel 5 gehe ich auf das Thema »spontanes Heilen« sehr ausführlich ein.

Gibt es das heute noch?
Maß, Form, Struktur und Qualität

Auf den Bildern dieser Seite sieht man Janosch um mich herum galoppieren. Und das tut er mit nur einem Strick locker um seinen Hals gelegt. Das Verblüffende ist, dass das Pferd die ganze Zeit über dennoch selbst im Galopp vollkommen korrekt nach innen gestellt ist. Und es galoppiert in einem Kreis von gerade mal zwei bis vier Metern.

Man hat mir immer gesagt, das ginge so nicht. Man hatte mir immer gesagt, ein Pferd müsse vor allem im Galopp durch Zügel oder sonst was nach innen »korrekt« gestellt werden, da ein Pferd von sich aus im Galopp immer nach außen gestellt sei. Das stimmt auch. Aber das stimmt eben nur so lange, wie man nicht durch tiefe Qualitätsarbeit dem Pferd deutlich vermitteln kann, dass es sich und den Reiter vollkommen frei nach innen gestellt besser tragen kann. Das ist ein Beispiel für Qualität, Form und Struktur.

Mit diesem Beispiel will ich schon an dieser Stelle Folgendes veranschaulichen: So mancher meiner Leser war und ist der Meinung, dass Offenheit, Toleranz und der Blick zurück zu unseren Vorfahren zugleich auch Libertinismus und Beliebigkeit bedeutet. Beliebigkeit aber endet im Chaos und in der allgemeinen Verflachung. Beides steht dem wirklichen Leben und dem Sinn der Pferde vollkommen entgegen.

Dort, wo Menschen den gewöhnlichen Weg oberflächlich genormter Richtungen verlassen, da, wo sie nach Alternativen, auch nach Lebensalternativen suchen, da verlassen sie viel zu häufig auch die Suche nach Formen, Strukturen und nach Qualität. Mein Weg mit Pferden ist eine echte Alternative. Aber dieser Weg hat vermutlich auch darum bis heute weltweit Bestand, weil er eben auf Form, Struktur und Qualität fußt.

Auf diese Thematik kommen wir immer wieder im Laufe des Buches zurück. Jetzt will ich nur schon einmal deutlich machen, dass Befreiung von jenen Denkstrukturen, die allzu leicht sagen: »Ich tue das so, weil es immer schon so getan wurde«, hin zu einem wirklichen eigenverantwortlichen und wachsamen Handeln eben nicht bedeutet, alle Regeln über Bord zu werfen. Das ist dann nur persönliches und, wie man heute sieht, auch nur gesellschaftliches Chaos. Es bedeutet vielmehr, dass man sich die Regeln eben sehr genau betrachtet und erkennt, dass wahre Natur und Harmonie gewaltige, sehr formale Gebilde sind, die nach sehr strikten Gesetzmäßigkeiten existieren. Dass darin die menschliche Freiheit begründet liegt, ist eines der Geheimnisse, das mich die Pferde lehrten.

Hier sieht man deutlich, wie sich das freie Pferd bemüht, sich in Aktion und Ausdruck bei korrekter Stellung nach innen zu präsentieren. Das Pferd will sich und dem Menschen gefallen und im gemeinsamen Verstehen stetig wachsen. Doch statt sie wachsen zu lassen verhindern die meisten Reiter die natürliche Entwicklung Ihres Schützlings. Wir müssen lernen, wenig, ja fast gar nichts zu tun, aber das im entscheidenden Augenblick.

Gibt es das heute noch? Maß, Form, Struktur und Qualität

Auf einem Zirkel von zwei bis vier Metern galoppiert Janosch in dieser Bildsequenz um mich herum. Das Pferd ist dabei vollkommen frei. Beachtenswert ist die korrekte Innenstellung, die Janosch auf diesen Bildern zeigt. Dieses Beispiel soll zeigen, dass Freiraum, Vertrauen, Verstehen und Harmonie nicht bedeutet, dass nicht auch große und größte Leistungen möglich sind. Ganz im Gegenteil. In diesem Buch wird deutlich werden, dass gerade innere Werte benötigt werden, um besondere Leistungen im Außen aus sich heraus und ohne Zwang entstehen zu lassen.

Zum Beispiel Junque:
Wenn aus innerer Beziehung und Klarheit schließlich äußere Form wird

Auch dieses ist mir gleich zu Anfang sehr wichtig: In dem so bedeutsamen Bemühen innerliche Beziehungen aufzubauen, entsteht leider in der Lebensrealität Vieler zum Schluss ein noch viel größeres Vakuum. Das ist sehr traurig, verpuffen dann doch die guten Ansätze und übrig bleibt

**Drei Phasen in der Entwicklung des Hengstes Junque sind auf diesen Bildern zu erkennen. Das Erstaunliche ist der Ausgangspunkt im Vergleich zu den Ergebnissen einige Jahre später.
Bild Nr. 1 stammt aus dem Buch »Mit Pferden tanzen«. Hier sieht man ein Pferd, das sehr auf der Vorhand liegt und sich vollkommen ungebogen und unausgeglichen bewegt.**

zumeist Resignation. In diesem Buch will ich versuchen, dem entgegenzusteuern.

Was spielt sich ab? Wir versuchen die Medaille unseres Erlebens zu vergrößern, Leben authentisch zu gestalten, zum Beispiel zusammen mit unserem Pferd, und vergessen dabei häufig, dass dann eben auch die andere Seite dieser Medaille größer wird. Und hier entstehen die unterschiedlichsten Gefahren, die unerkannt zu großen Problemen führen können. Erkennt man jedoch diese Fallgruben rechtzeitig, dann kann man ihnen gut ausweichen.

Der »Vorteil« der Vordergründigkeit

Werden Pferde zum Beispiel in ganz gewöhnliche Ausbildungsformen gesteckt, welcher Art und welcher Reitweise auch immer, dann kann man davon ausgehen, dass der überwiegende Teil dieser Pferde später ziemlich genau so und so funktionieren wird. 20, 30 oder mehr Prozent werden bestimmte Ziele nicht erreichen oder werden aus anderen Gründen, zum Beispiel weil sie einfach zu sehr revoltieren, zum Schluss »unbrauchbar« sein. Das wird quasi einkalkuliert, gehört dazu. Hier zählt von Anbeginn an der Nutzen, und hier zählen jene bekannten Wege und Methoden, die mit großer Wahrscheinlichkeit eben einen zuvor festgelegten Effekt und Wert hervorbringen. Das ist nicht meine Art zu sein und zu denken, aber man muss all diesem fairerweise etwas zugute halten: nämlich die relative Klarheit und Eindeutigkeit, in der das Ganze geschieht. Denn da gibt es mehr oder weniger eindeutig formulierte Wege, erkennbare Stationen dazwischen und genormte Ziele. Wenn man sich damit abfinden will, dann verirrt man sich wenigstens nicht so leicht.

Gut getarnte Lebenslügen

Ganz anders ist das bekanntlich bei jenen, die sich an innere Werte halten wollen. Bei denen, und auch bei mir zum Beispiel, zählt darum nicht zuvorderst der angestrebte äußere Nutzen. Doch an dieser Stelle müssen wir vorsichtig sein. Denn hier entstehen schnell gut getarnte Lebenslügen, in deren feinem Garn so mancher schließlich zu Fall kommen kann.

Denn im Zusammensein zwischen mir und den Pferden entsteht ja auf der Basis von tiefem Vertrauen unmittelbar ein sichtbarer Effekt, ein sichtbarer »Nut-

Wenn aus innerer Beziehung und Klarheit äußere Form wird

Bei den folgenden drei Bildern etwa ein Jahr später sieht das schon ganz anders aus. Kaum mag man glauben, dass es sich um ein und dasselbe Pferd handelt. Jetzt ist das Pferd in seinen Bewegungen frei, es erscheint wesentlich kürzer bei stolzer Aufrichtung und gutem Halsansatz. Die Hinterhand tritt mächtig und weit unter das Gewicht.

zen«. Und der ist in der Tat sehr wichtig! Auf der einen Seite also sage ich, dass Beziehung und innerer Wert wichtig sind und der äußere Nutzen vernachlässigt werden muss. Andererseits aber sage ich, dass gerade dieser sich daraus entwickelnde äußere Wandel, dieser »Effekt« so bedeutsam ist. Weil das manchem so unverständlich erscheint, aber auch so grundlegend wichtig ist, darum an dieser Stelle, gleich zu Beginn des Buches, schon Einiges zu diesem Thema.

Denn dieser »Nutzen« entwickelt sich in einer Weise, die über das Bekannte weit hinausgeht. Das scheint eine Art Kontradiktion zu sein, ist es aber nicht.

Ein und dasselbe Pferd

Nehmen wir meinen spanischen Hengst Junque und kommen wir zu den Bildern auf diesen Seiten. In dem Buch »Mit Pferden tanzen« ist er sehr häufig abgebildet. Das erste Foto zeigt ihn aus einer Sequenz der Seite 136 aus eben jenem Buch. Auf diesem Bild erkennt man ein Pferd mit einem relativ schlechten Halsansatz, mit recht flachen Bewegungen, das darüber hinaus in keiner Weise gebogen ist. Es läuft extrem auf der Vorhand, hält seinen Rücken fest und ist in seinen Bewegungsabläufen überhaupt nicht ausbalanciert.

Etwa anderthalb Jahre später wurden die folgenden drei Aufnahmen gemacht. Jetzt ist der Eindruck ein vollkommen anderer. Ein großes Pferdemagazin hatte diese Bilder veröffentlicht unter dem Hinweis, dass es sich um jenen Junque aus dem Buch »Mit Pferden tanzen« handeln würde. Daraufhin gingen Leserbriefe bei der Redaktion ein, die sogar von einem Betrug sprachen. Das sei doch niemals ein und dasselbe Pferd. Man verwies sogar auf die Mähne, die bei den neueren Bildern nach links gerichtet sei. Doch auch wenn so manche es nicht glauben wollten und nicht glauben wollen, es ist schlicht und einfach ein und dasselbe Pferd. Eben jenes, das man jetzt auf dem Titel dieses Buches mit mir gemeinsam sehen kann. Das

»Mähnenphänomen« ist übrigens am Rande ganz einfach aufzuklären: Spanische Pferde reiner Rasse müssen die Mähne links tragen, auch wenn der Wuchs, wie hier bei Junque, eigentlich nach rechts neigt. Da ich auf solche Äußerlichkeiten keinen Wert lege, trägt das Pferd natürlich seine Mähne heute auf der rechten Seite.

Das freie Spiel der Bewegungen

Wie anders bewegt sich das Pferd, wie anders trägt sich der Hengst hier. Zwar ist er noch weit entfernt von der Leichtigkeit der folgenden Bilder, doch schon deutlich sieht man, wie das gesamte Pferd anders proportioniert ist. Der Halsansatz liegt höher, die Schulter wirkt viel flacher, der Rücken kürzer, der Hals erhaben und wohl geformt. Das Pferd ist frei und ausbalanciert und trägt sich schön auf der Hinterhand. Erhabene Schritte deuten bereits Passage und Piaffe an. Die Bilder auf S.23 zeigen schließlich ein tanzendes Pferd, mit einer freien Vorhand und einem freien Spiel der Bewegungen. Im Video »Die erste Begegnung« kann man das alles in Bewegung und im Gleichklang mit meinen Aktionen sehen. Solche Veränderungen sind möglich, ausschließlich durch vorsichtiges und konsequentes Aneinanderreihen bestimmter Übungen?

Nur eine Ausrede?

Auf das Folgende möchte ich mit diesem Beispiel hinaus: Aus all diesen Bildern spricht eine tiefe innere Beziehung zwischen Pferd und Mensch. Das ist Ausgangspunkt, Weg und Ziel in einem. Das ist die Hauptsache, die Ursache und die Belohnung für mein Handeln. Doch der Beweis für die Richtigkeit dieses Weges ist auch die physisch sichtbare Konsequenz, ist auch die äußere Erscheinung des Pferdes. Und diese Zusammenhänge werden allzu oft vergessen oder erst gar nicht gesehen. Viele Menschen können sich darum nicht vorstellen, dass auch im Außen sichtbare Erfolge zutage treten, wenn das Augenmerk ganz und gar auf innere Werte gerichtet wird. Denn sehr häufig sind die eben bei jenen nicht erkennbar, die nach inneren Qualitäten, welcher Art auch immer, streben. Doch meine Erfahrung in diesem Zusammenhang ist:

Strebst du nach inneren Werten, dann bist du darin nur wahrhaftig und folgst der richtigen Spur, wenn sich positive Veränderungen auch im Außen zeigen, zum Beispiel in Wohlbefinden, Kraft, Energie, Ausdruck, Form und Ästhetik.

Das zeigt sich bei Janosch wie bei Junque. Es ist eine Ausrede, wenn es heißt, im Außen sieht das Ganze nicht so toll aus, weil nur innere Werte angestrebt werden. Wahre innere Werte drücken sich nun einmal immer auch im Außen aus.

Ausschau halten nach dem, was wirklich nährt

Ja, ich behaupte sogar, und alle Bilder dieser Seiten können das eindeutig belegen, dass eben nur dann unglaubliche »Wunder« im Außen möglich sind, wenn innere Werte und Formen ausgebildet werden.

Wenn aus innerer Beziehung und Klarheit äußere Form wird

Nur wächst jetzt im Außen etwas ohne unser unmittelbares, auf äußeren Nutzen orientiertes Zutun. Es wächst so, wie eben zum Beispiel ein Baum zur Pracht und Größe gedeiht. Das geschieht ganz von alleine, wenn nur die Bedingungen stimmen. Und um die geht es uns in diesem Buch. Wir wollen also das Außen nicht vergessen, ganz im Gegenteil. Wir wollen es fördern und genießen und das Lebendige dem Leben zuführen. Dazu müssen wir Ausschau halten nach dem, was wirklich nährt. Erst kommt das Eigelb, dann das Eiweiß und dann erst die Schale. Und erst, wenn das Eigelb groß ist und auch das Eiweiß, dann ist auch die Schale groß, dann ist eben notgedrungen auch das ganze Ei groß. Doch die Schale ist nie Selbstzweck. Sie richtet sich nach Form und Maß des zu schützenden Inhaltes.

Ich will nicht mit allerlei Tricks nur eine große äußere Schale aufbauen, um dann immer mit der Angst leben zu müssen, das zerbrechliche hohle Gebilde könne jederzeit in sich zusammenfallen. Ich will mich um das »Eigelb« kümmern und um das »Eiweiß«, also um den eigentlichen Inhalt. Denn wenn der groß ist, dann bekomme ich auch ein tolles Ei. Eines, das wirklich nähren kann. Darum spricht dieses Buch, um im Bilde zu bleiben, zwar auch von der »Schale«, doch immer nur am Rande. Unser Thema ist zuvorderst »Eiweiß« und »Eigelb«. Aber wir dürfen nicht vergessen, dass wir uns kontrollieren und messen lassen müssen auch durch die sichtbare Form.

Freude, Form und Ästhetik

Innerer Fortschritt ist dann also auch immer äußere Qualität, ist immer auch Lebensqualität, ist auch Reichtum, ist auch Genuss, Freude, Form und Ästhetik. Asketische Darberei ist in den Augen der Pferde ebenso lebensfremd und schädlich wie nutzenorientierte Ausbeuterei, reine äußere Eitelkeit oder sich zum Schluss selbst verzehrender Libertinismus. Mein Weg mit den Pferden ist in meinen Augen der einfachste überhaupt: Er orientiert sich immer nur an der Mitte, an der Ganzheit von Innen und Außen und am alles einbeziehenden Ergebnis – nämlich an der Fülle von authentischem, immer überraschendem, in seiner letztendlichen Abfolge aber wundersam strukturiertem Leben!

Etwa drei Jahre später zeigt sich das Pferd in der freien Arbeit von schönster Haltung und prachtvollster Aufrichtung und Beizäumung. Das Pferd ist in der gemeinsamen Kommunikation von hinten nach vorne konsequent gearbeitet. Der Pferdemensch demonstriert dem Pferd durch seine Beispiel gebende Begleitung permanent, durch welche Bewegungsform es sich kräftigen und besser ausbalancieren kann. Haltung, Aufrichtung und Beizäumung sind Folgen der Beweglichkeit, der Gymnastizierung und der aktiven Hinterhand. Das Pferd ist zu keinem Zeitpunkt im Knebel von Zügeln und Leinen. Dieses Beispiel dient der Erkenntnis, dass äußerer Erfolg eine wichtige Konsequenz innerer Werte ist. Auch im Außen zeigt sich innerer Gehalt.

Immer Friede, Freude, Eierkuchen? Die Wahrheit und der Konflikt!

Die Bilder aus dieser Sequenz gehören sicher zu den spannendsten Bilddokumenten. Während Dreharbeiten in den Weiten der spanischen Pyrenäen widersetzt sich mir Janosch vor einem trockenen Flusslauf. Er ist ungesattelt und ungezäumt. Das Pferd könnte jetzt tun, was es wollte. Nur die innere Autorität und Kraft meinerseits sowie die Signale meiner Körpersprache können das Pferd am Ort halten und schließlich dazu bewegen, den Bachlauf zu durchschreiten.

Wichtig an dieser Stelle ist mir die Tatsache, dass selbst Konfliktsituationen in brenzlichen Augenblicken zur Harmonisierung beitragen, wenn sie in bestimmter Form ausgetragen werden. Äußere Form und Signale sind das Eine – Ausstrahlung, Kraft und Präsenz das Andere. Bitte achten Sie wieder von Bild zu Bild auf die »gelassene Festigkeit« des Menschen, der sich nur so, ohne Hilfsmittel, dem Pferd in dieser Konfliktsituation dominant verständlich machen kann.

Leben und sterben, sich verbinden und sich streiten, sich entfernen und sich annähern, alles das, so musste ich lernen, sind nicht unbedingt Gegensätze. Auf diesen Seiten sehen Sie Bilder, die mich mit meinem Pferd Janosch in einem »Streit« zeigen. Bei Dreharbeiten wollte ich das Pferd durch einen trockenen Flusslauf reiten, um dort dann bestimmte Dinge zu demonstrieren. Ich sitze auf dem Pferd ohne Sattel und Zaumzeug. Jetzt zeigt sich mitten in diesem »Streit« Wahrheit. Denn mit nichts könnte ich das Pferd halten, das seine augenblickliche Macht ja ganz genau kennt. Sie können in diesem, wie ich finde wohl einmaligen Dokument erkennen, wie das Pferd über den kleinen Flusslauf springt, um sich mir konsequent zu widersetzen. Vornübergebeugt und mit den Schenkeln am Pferd bleibt mir nur meine Körpersprache und ... Ja, was eigentlich? Was hält ein ungezäumtes, ungesatteltes Pferd dieses Kalibers in freier spanischer Natur auf weiter Ebene am Ort, wild und sichtlich unzufrieden mit dem Schweif schlagend? Es ist möglicherweise auch unsere gemeinsame Streitkultur. Denn natürlich streite ich mich mit meinen Pferden, mit mir, mit den Menschen, die mir lieb sind, mit dem Leben und mit der Erde, wenn ich es auch immer tunlichst vermeide, mich mit dem Himmel zu streiten. Viele Menschen streiten sich vor dem Hintergrund, dass man sich ja auch trennen kann, dass man die Dinge ja auch beenden kann. Das stimmt, aber mit diesem Bewusstsein sollte es eigentlich keinen Streit geben. Ich versuche mich immer zu streiten, um möglichst schnell wieder in vollster Harmonie miteinander zu sein. Ich glaube, dass es alles gibt, weil alles seine Berechtigung hat. Keine einzige meiner vielen kämpferischen und triebhaften Seiten will ich missen, aber ich bin auch glücklich über jeden Erfolg, den ich verzeichnen kann, diese kämpferischen und triebhaften Seiten in schöpferische Kreativität zu verwandeln. Erstickte Triebe sind gemordete Kraft.

Am Ende dieses kleinen Streites jedenfalls, den Janosch und ich hier gemeinsam mit den nur sanftesten Mitteln ausgetragen haben, steht ein ruhiges, sich selbst überwindendes Pferd. Ich bin gefasst geblieben, ruhig und zärtlich, aber genauso bestimmt. Janosch wusste genau, dass er im Zweifelsfalle mit mir hinlaufen konnte, wohin er eben wollte. Jetzt aber, am Ende, erkennt er wieder, dass in der Überwindung neue Kraft und neues Vertrauen in sich selbst und in das Leben steckt. Zwei Gentlemen haben sich gestritten und beide haben gesiegt. Nehmen wir das bitte mit auf den Weg, der vor uns liegt.

Immer Friede, Freude, Eierkuchen?

Von der ersten Begegnung bis zum Freund fürs Leben: Was erwartet Sie in diesem Buch?

Auf der Grundlage des Buches »Mit Pferden tanzen« will ich Ihnen die Kunst vermitteln, Pferde wahrhaftig zu erkennen, um ihnen dann unmittelbar und ohne jeden Umweg in größtmöglicher Vertrautheit zu begegnen. Nun arbeite ich 15 Jahre als Profi, als »professionelles Kind« besser gesagt, das noch immer jeden Tag beginnt wie ein Knabe am Weihnachtsmorgen.

Tausende von Pferden und ihre Besitzer sind mir in meinen Veranstaltungen begegnet und so viel guter Wille, und so viel gute Absicht, dass es mir sehr schwer fiel und fällt zu begreifen, warum die Früchte dennoch oft so niederschmetternd sind. Heute weiß ich, dass guter Wille und gute Absicht gerade genug sind, um anzufangen, aber beileibe nicht genug, um auch anzukommen. Dazu gehört Mumm, Klarheit, Durchsetzungsvermögen, die Fähigkeit zu unterscheiden und zu differenzieren. Dazu gehört vor allem und zuvorderst der Biss, nicht eher mit Fragen aufzuhören, bis die Antworten wirklich befriedigend sind und wirklich beglücken. Wie oft man auch scheitern mag. Denn es kommt nicht darauf an, gut zu sein im Finden von Antworten, sondern gut zu sein im Finden von Fragen. Wer nicht immerzu fragt, stirbt ohne Hoffnung schon lange vor seinem physischen Tod. Und wer gut ist und unnachgiebig im Finden und Formulieren von Fragen, der erkennt schließlich, dass die Antworten sein Leben selbst sind. Die prall gefüllten Tage seines Daseins.

Weinen statt kämpfen

Dazu gehört kindlicher und fester Glaube in das Gute dieser Welt und in ihre Sinnhaftigkeit. Und dazu gehört der feste

Auch auf diesen Bildern zeigt sich einfache Natürlichkeit. Hier reite ich Janosch ohne Sattel, Zügel und Zaumzeug zusammen mit einer kleinen Herde freier Pferde.
Auf diesen Bildern können Sie gut erkennen, wie einerseits gelassen und entspannt der Reiter ist, wie andererseits aber die klare und gerichtete Haltung des Reiters dem Pferd Richtung und Form gibt.

Wille, individuell und einmalig zu sein, und dennoch zurückhaltend und sanft. Denn nichts liebt der Teufel mehr als die sprachlose, laute Masse.

Und wenn ein solcher Mensch dann zu dem Symbol aller Symbole stößt, dem Pferd, dem Einhorn, dem Pegasus, dem Fährmann und Begleiter aller Seelen, dann braucht er nur noch seine Hand zu schließen, um Wahrheit zu greifen. Damit das geschieht, sind auch die Pferde unter uns.

Deshalb ist das Sein mit Pferden, wie ich es sehe, ein bewusstes Vergessen. Da sind Fragen über Fragen, da ist Neugier und der unbändige Drang zu verstehen, zu sehen, zu erkennen, zu fühlen, zu spüren und zu wissen. Doch in der Begegnung mit einem Pferd ist nichts mehr von alledem da. Da ist nur noch unbewusste Bewusstheit und da ist das große »Vergessen«. Da weitet sich der Raum ins Grenzenlose und da zerfließt die Zeit in Unwichtigkeit. Dann endlich kann der Schimmel Campeon 13 einfach nur noch weinen, statt immer nur zu kämpfen. Und in diesem Weinen liegt tiefe Heilung. Dann endlich kann Phaeton, der gefürchtete Gigant, endlich das tun, was er eigentlich immer nur tun will, nämlich wie ein gutmütiger Freund folgen. Dem Menschen folgen, der über das Fragen zum Vergessen kam, um die Antworten, die großen Geschenke des Himmels, einfach nur zu leben.

Eine Gebrauchsanweisung?

So wird das Sein mit Pferden zu seiner Natürlichkeit zurückgeführt. Es ist ausgelassenes Spiel, das sich um die Ernsthaftigkeit des Daseins legt. Hierzu möchte ich anregen: Ich möchte meine Fragen darstellen und die Antworten, die mir das Leben offenbarte. Dieses Buch will Beispiel sein und vielleicht auch Vorbild, aber nicht Gebrauchsanweisung.

Hier sieht man mich mit Janosch im ausgelassenen Spiel. Die Trennung von »Arbeit« und freiem »Herumtollen« ist aufgehoben. Das Pferd wird immer wieder auf einen weiten Bogen geschickt und wieder zu mir hereingeholt. Wichtig an dieser Stelle ist die Einsicht, dass wir Normalität und einfachste Unkompliziertheit anstreben.

Mein Tor in diese Welt
Ein Anfänger auf der Flucht

Zu viele Menschen gehen durch diese Welt und suchen das Große, das Fantastische und auch das endgültige Glück ohne zu merken, dass sie deren Spuren immerzu zertreten und zerstören. Alles das, was sie suchen, liegt im Grunde dicht vor ihnen, zum Greifen nahe. Im Allerkleinsten liegt das Wunder und in jeder Sekunde liegt die Unendlichkeit der Schöpfung. Alles ist schon vorhanden und gewirkt. Auf so einfache und zugleich den Menschen so ferne Wahrheiten wollen uns die Pferde stoßen mit allem, was sie haben.

Es war nicht lang nach der Zeit, als ich die spanischen Pyrenäen durchwandert hatte. Kurz nach Francos Tod war das Land noch rau und relativ unberührt. So hat das Furchtbare auch immer etwas Gutes im Gefolge. Weite Teile des Landes waren vollständig unbewohnt, und Bewohntes lag zumeist noch unter den zarten, empfindlichen Schleiern jener Zeit, die schon damals kaum mehr die Kraft hatte, sich zu behaupten. In den Straßen Pamplonas war tatsächlich noch der Ursprung zu spüren, den man empfinden konnte, wenn man den Schilderungen Hemingways folgte. Der Norden war ein grünes Paradies, das sich noch immer mit Erfolg zu wehren schien gegen alles Römische, gegen alles, das Maß anlegen wollte am Unermesslichen. Die Natur und die Menschen schienen einen Rest Eigenart bewahrt zu haben und einen reinen, verwurzelten Stolz, der mich meine eigene Herkunft vergessen ließ. Getrieben von unbestimmtem und doch mächtigem Verlangen, das Unsichtbare, das Zarte, das Geheimnisvolle in mir wie in jedem Menschen sichtbar werden zu lassen, folgte ich meiner Wanderung, die ja eigentlich in frühestem Kindesalter schon begonnen hatte. Ich suchte nach jener Frische, nach jenem Tau, der ganz früh morgens all die Hunderte fein gespannter Gewebe der Spinnen so deutlich erstrahlen ließ in der noch flach stehenden milden Sonne. Jetzt, wo sie sich hell und glitzernd von ihrer Umgebung abhoben, da traute man sich nicht, sie zu zerstören. In der Routine des Tages war der Zauber verschwunden, zerschnitt man sie mit jedem Schritt, ohne sie auch nur zu bemerken.

Die alte Frau

Dieses Geheimnisses war ich mir immer bewusst. Eines Daseins, das wie der Zauber dieser Morgen präsent war, wenngleich sich auch der Tau des Neuen nicht fassen, nicht hinüberretten ließ in den Gleichklang der Tage.

Darum verließ ich, was ich sowieso nicht mochte, um zu finden, was es in dieser Welt nicht zu geben scheint. Und so betrat ich eines Tages die seltsam duftenden, schummerigen Räume jener Frau, die so manche aufsuchten, um sich ihrer Zukunft zu versichern. Ich schämte mich. Unsicher und stumm setzte ich mich auf einen Stuhl. Mit den Pferden hatte ich zu dieser Zeit noch keinen Kontakt. Den bekam ich ja erst etwa drei, vier Jahre später im Alter von 29 Jahren.

Die Frau betrachtete mich lang mit einem ebenso ungläubigen wie freundlichen Ausdruck. Ein Schmunzeln lag in ihrem Gesicht, so, als wollte sie es aber nicht zeigen, als wollte sie es vor mir verbergen. Schließlich begann sie zu lachen und nach einer Weile sagte sie dann: »Sie sind ja ein Pferd – Sie sind ja zu zwei Dritteln ein Pferd.«

Mit diesem und mit so manch anderem, was sie mir noch sagte, konnte ich nicht viel anfangen. Es war mir eigentlich egal. Sie bestätigte mich in meinem Weg und sagte nur, ich würde schon sehen.

Alles ist doch da!

Mein erstes Buch schrieb ich, da war ich gerade einmal zwei bis drei Jahre mit Pferden zusammen. Das war wohl einer der größten Kritikpunkte, vor allem in meinem Geburtsland. Wie konnte ein solcher Anfänger sich trauen, ein solches Buch zu schreiben! Heute ist das vergessen. Aber ich denke, man sollte das nicht vergessen. Ein Buch ging und geht um die Welt, und Abertausende von Menschen versuchen sich danach zu richten. Versuchen sich nach etwas zu richten, was ein blutiger Anfänger geschrieben hatte. Und sie haben Erfolg damit.

Was ich versucht habe zu tun, und was ich noch immer versuche zu tun, ist doch nichts weiter, als jenen Zauber zu beschreiben, von dem man einfach ergriffen werden muss, wenn man einen Tag nicht mit Hektik und Plänen beginnt, sondern mit jenem kindlichen Blick, der die Tautropfen bemerkt auf den sonst unsichtbaren Fäden und unendlich zarten Gewirken. Ich selbst brauche sie doch nicht zu weben, ich brauche sie mir doch nicht auszudenken. Sie sind doch da. Und wenn man den rechten Zeitpunkt abwartet und sich an die richtige Stelle begibt, dann dringt der Zauber des ewig Neuen, des immer Unberührten, unweigerlich auch in die verborgensten Räume des nicht mehr bewussten Wahrnehmens.

In diesem Buch beschreibe ich viel Neues aus dieser Welt. Auch dieses Buch ist, wie das erste, in knapp zwei Monaten entstanden. Und mit dem vollkommen neuen System einer Charakterbeschreibung aller Pferde dieser Welt habe ich wieder etwas gefunden, nicht etwas gewirkt. Wieder bin ich nur aufgestanden und habe staunend vor den Wundern jener Wirklichkeit gestanden, die die Menschen um mich herum nur eilend durchkreuzen und zerstören. Wieder habe ich nur einige Fragen gestellt und mich so lange an sie geklammert, bis der Tau der Nächte sich auf die sonst unsichtbaren Antworten geräuschlos und doch ganz real legte, um sie im ersten Licht des immer wieder neuen Tages erstrahlen zu lassen.

Auf den Wegen von einst

Seit jenem Nachmittag bei jener weisen Frau sind inzwischen zwanzig Jahre vergangen. Und es ist nicht lange her, da fuhr ich noch einmal auf den Wegen von einst durch die Pyrenäen, durch den Norden Spaniens durch jenes Land, das seither meine Heimat war. Heute wird es gelobt dafür, dass es eine einfache Norm der europäischen Staatengemeinschaft so beispielhaft erfüllt hat. Diese Norm besagt, dass jede Mitgliedsnation maximal 6% der Bevölkerung in landwirtschaftlichen Bereichen beschäftigen solle. Ja, wenn das belobigungswürdig ist, dann mag man sie loben. Auf den gigantischen Gebäuden aber, die jetzt die einst so grüne Küste auf über mehr als tausend Kilometer säumen, finde ich auch morgens kein Glitzern mehr.

Mit dem Wechsel des zweiten ins dritte Jahrtausend durfte ich womöglich noch Augenzeuge werden von jener allmählich verblassenden Spur einer unumkehrbaren Verwandlung, die beweisen konnte, dass Wahrheit existiert. Und das ist womöglich das Seltsamste an meinem Wirken. Denn ich wollte niemals einen Beweis für Wahrheit, ich glaubte immer ganz fest an ihre Existenz. Und dabei stieß ich mit Wucht auf jene Wesen, die den Beweis in sich tragen. Denn heute kann ich mit Fug und Recht und immer wieder behaupten: »Gib mir ein Pferd und ich führe dir vor Augen, dass Gott existiert«.

Beliebigkeit oder Klarheit, Form und Sinn?

Vom Chaos in die Harmonie

Dieses Buch will das Wesen der Pferde ergründen und beschreiben. Und das so dicht und praxisnah, dass sich ihr Geheimnis jedem, der danach wirklich fragt, offenbart. Von der ersten Begegnung bis zum Freund fürs Leben kann jeder seinen Weg finden. Wonach aber genau soll man suchen? Und wie soll man suchen? Antworten jedenfalls auf noch immer offene Fragen können nur dann für die tägliche Praxis gefunden werden und zur Erfüllung führen, wenn wir unseren eigenen Standpunkt genau kennen. Das ist der Ausgangspunkt für unsere neue Reise. Wie wir sehen werden, eine exemplarische Reise vom Chaos in die Harmonie.

Denn: Die Zeit ist reif für einen weiteren, großen Schritt!

Eine ganz typische Situation mit einem Hengst nach einigen Minuten des ersten Zusammenseins. Kraft, Respekt, beginnendes Vertrauen und unbedingte Zentrierung auf das Geschehen halten Mensch, Pferd und Raum zusammen. Körper und Geist müssen einen festen Standpunkt finden, um aus dem Jetzt heraus Kraft, Authentizität und Harmonie gebären zu lassen. Wie sollte sich ein Mensch erleben und wahrnehmen, um sich einer anderen Qualität des Lebens zuwenden zu können? Dazu in diesem Kapitel mehr.

Sprechen wir weiter Klartext – Pferde, die Chaosmaschinen

An dieser Stelle versuche ich, das Augenmerk meiner Leser darauf zu richten, dass beides, sowohl Chaos als auch Harmonie in den ersten Anfängen der Beziehung von Mensch und Pferd begründet ist. Das ist im Bewusstsein vieler Menschen nicht wirklich präsent. Die Bildbeispiele der folgenden drei Sequenzen zeigen im Grunde ganz »alltägliche Situationen«. In den hier dargestellten Fällen ist noch einmal alles gut gegangen. Neben der immensen Unfallgefahr aber liegt in diesen Alltagssituationen der Beginn von großen Missverständnissen zwischen Mensch und Pferd und auch von Leid begründet. In all meinen Veranstaltungen und vor allem in meiner Schule lege ich darum allergrößten Wert auf diese Anfänge.

In der ersten Bildsequenz sehen wir, wie eine Reiterin brüsk von ihrem Pferd beim Satteln zur Seite geschoben wird. Ein Pferd soll sich satteln und pflegen lassen, ohne dass es angebunden ist. Das auf den Bildern dargestellte Verhalten zeugt von einem außerordentlich schlechten Verhältnis zwischen Pferd und Mensch. Mit verblüffend wenig Aufwand lässt sich derartiges Verhalten leicht vermeiden. Besonders wichtig: Alle anderen Aktionen, die der Pferdemensch auf ein Verhalten wie das Dargestellte begründet, sind absolut vergebens. Zuerst muss ein vertrauensvolles Verhältnis zwischen Mensch und Pferd etabliert werden, das solche Situationen vollkommen unmöglich macht.

Bevor wir uns im Einzelnen mit meinem neuen »Pferdeerkennungssystem« auseinandersetzen, mit dem Phänomen der ersten Begegnung und der Frage, wie ich mein Pferd wirklich zu meinem Freund mache und ihn mir als Freund erhalte, möchte ich noch ein paar große Fundamentsteine setzen. Eine einzelne Wand unseres Gebäudes ist schnell mal ausgebessert und repariert, aber ein wackeliges Fundament ist eine Gefahr für das ganze Bauwerk. Also gehen wir besser gleich jetzt besonnen zu Werke.

Pferde könnten wohl auch getrost den Namen »Chaosmaschine« tragen, denn sie bringen mit Sicherheit ein hohes Maß an Gefährdung, Frust und Chaos. Die Sehnsüchte, die sie auslösen und für die sie auf Hochglanzbildern posieren, gehen natürlich in ganz andere Richtungen. Da zeugen sie, ebenfalls ganz zu Recht, von Freiheit, Glück und Harmonie. Diese Bandbreite, dieses Vorhandensein der Extreme in den Pferden selbst, ist heute praktisch unbekannt, es wird nicht beachtet. Das führt zu großen Unzuträglichkeiten und zu vielen Problemen. Diese wollen wir durchschauen und auflösen. Darum gehen wir den Dingen auf den Grund. Zuerst will ich zu diesem Thema eine erste einfache Regel aufstellen.

Regel eins

Mit Pferden sein heißt den Mut aufzubringen, Chaos zu ertragen und die Kraft und die Weisheit in sich zu finden, das Chaos immer wieder zu besiegen.

Als Pferdemann kann ich nur auf ungewöhnliche Ergebnisse verweisen. Diese geben mir das Recht zu lehren. Doch sind die Ergebnisse ungewöhnlich, ist die Lehre ungewöhnlich, dann sind auch die einzelnen Schritte ungewöhnlich, die zu diesen Ergebnissen führen.

Ich möchte, dass Sie das formulierte Ziel erreichen. Aus diesem Grund will ich

Pferde, die Chaosmaschinen

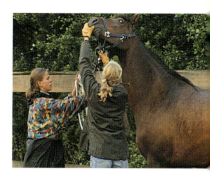

uns gemeinsam auf den folgenden, noch immer vorbereitenden Seiten auf eine andere, durchaus unbekannte »Wahrheit Pferd« einstimmen.

Nicht jedem war es gestattet, mit Pferden zu sein

Viele Menschen haben Angst vor Pferden – Jungs und Männer vor allem. Hier versagen oft die Klischees vom starken Mann, vom mutigen Beschützer. Auch Kühe sind zum Beispiel große Tiere, und dennoch ist die Angst vor Pferden, so unbegründet sie auch vielen erscheinen, viel größer. Das kommt aber nicht von ungefähr. In alten Kulturen war es sehr häufig nur ganz bestimmten, hoch stehenden Menschen gestattet, mit Pferden zu sein. Denn man wusste, dass ein sehr hohes Maß an Selbsterkenntnis dazu nötig ist, mit einem Pferd so zu sein, dass das innere Wesen keinen Schaden nimmt. Heute klingt dieser Gedanke geradezu absurd, doch wenn man nur ein wenig die Augen öffnet, dann zeigt sich jedem der wahre Gehalt dieser alten Regel. Hier will ich das erst einmal so formulieren:

Regel zwei

Wem nicht bewusst ist, dass das Pferd in allen Zeiten und in allen Kulturen auch ganz besonders für Chaos und Triebhaftigkeit steht und stand (der Teufel hat 'nen Pferdefuß), der begibt sich in ein brennen-

Hier geht es darum, ein Pferd zu halftern und zu zäumen. Wie tiefgehend negativ der Eindruck des hier gezeigten menschlichen Verhaltens bei Pferden ist, das vermag sich kaum jemand vorzustellen. Alles, was in anderen Bereichen womöglich erreicht wurde, wird mit Sicherheit durch solche Situationen in Sekunden zerstört. Wir wollen lernen, wie man von Grund auf anders mit Pferden umgeht und unser Verhalten eine Situation wie die hier dargestellte gar nicht erst entstehen lässt. Dazu aber bedarf es einer ganz anderen, einer ganz neuen inneren Einstellung.

Auf diesen Bildern sehen wir, wie der Schimmelwallach seine Besitzerin beinahe umrennt, um möglichst schnell in die Koppel zu gelangen. In meiner Berufpraxis begegnen mir solche chaotischen und gefährlichen Zustände leider unentwegt. Es fehlt in diesen Fällen immer an einem wirklichen Grundverständnis für das Zusammensein mit solch fordernden und mächtigen Wesen, wie es Pferde nun einmal sind. In meiner Arbeit mit den Pferden wende ich mich diesen Symptomen nicht zu. Es geht in der ersten Begegnung darum, unmittelbar die Beziehung so zu festigen, dass alle Eventualitäten unter dem Zustand des Vertrauens eingebunden sind.

Vom Chaos in die Harmonie

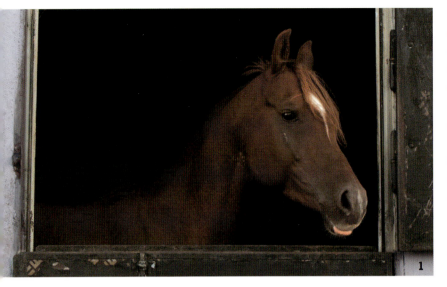

Hund wohl nie tun würden. Sie tun Dinge, die sich sonst mit ihrer Würde und mit ihrem Verständnis von Humanität überhaupt nicht vereinbaren lassen. Sie erkennen das auch, nehmen sich womöglich vor, so etwas nicht noch einmal zu tun, um dann doch bei der nächsten oder übernächsten Situation wieder genauso zu handeln. Dahinter steht zum Schluss ganz sicher auch eine persönliche Schwäche. Doch warum wird diese persönliche Schwäche gerade im Zusammensein mit Pferden so schnell und so deutlich sichtbar? Oder anders ausgedrückt: Warum wirken Pferde auf unseren Charakter wie »Brenngläser«?

1: Der Hengst von Klaudia stürmte ihr bei jeder sich bietenden Gelegenheit aus der Box. Dieses problematische Verhalten zog viele Unzuträglichkeiten beim Führen und beim Reiten nach sich. Die hier abgebildete Sequenz zeigt, wie man zu einem Pferd in Minuten ein Verhältnis aufbauen kann, das Bindung und Sicherheit gibt und somit das Fehlverhalten des Pferdes im Keim erstickt.

2: Lange vor dem eigentlichen Arbeiten mit den Pferden lernen die Schüler in meiner Schule Dinge, die zuerst unbedeutend erscheinen. Die Ergebnisse aber, die nach unserer Vorarbeit zu Tage treten und von großer Harmonie zeugen, belegen den Wert dieser »unscheinbaren« Schritte.

3: Ruhe und Zeit ist die erste Bedingung. Der Mensch ist klar, gefestigt und gelassen. Seine Ausstrahlung ist ebenso mächtig wie sanft und verständig.

4: Dies ist die einzig richtige Art und Weise, ein Pferd in problematischer Situation zu halten. In Verbindung mit der des Haus, um sich dann zu wundern, dass es zuweilen sehr gefährlich werden kann, ja, um sich zu wundern, dass er gar verbrennt – und zwar innerlich und äußerlich.

Die Angst vor dem Pferd also ist durchaus eine tief begründete Urahnung. Ein Beispiel: Selbst friedfertigste Menschen werden in einem Reitstall und auf ihren Pferden nicht selten zu schimpfenden, ja sogar zu schlagenden Rohlingen, die tun, was sie sonst mit einer Katze oder einem

Wegweiser aus dem Chaos

Ich möchte Sie auf den folgenden Seiten mit einem wichtigen Teil der Pferdeseele vertraut machen, indem wir uns ein wenig über das wahre Wesen von Chaos und Harmonie unterhalten. Denn wenn Sie das dann von Anbeginn an mit den Pferden in Verbindung bringen, dann starten Sie von einer ganz anderen Plattform aus.

Was also wollen uns die Pferde lehren, was können sie, was kaum ein anderes Wesen dieser Welt so gut kann? Es ist das Erkennen von Chaos und von Harmonie

Pferde, die Chaosmaschinen

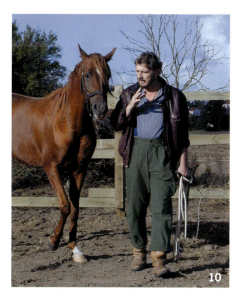

und es ist der Weg von dem einem zu dem anderen. Nun ist Chaos im Zusammensein mit Pferden alles andere als schön, aber nicht unbedingt extrem bedrückend. Chaos im Leben aber kann sehr gefährlich, erstickend und tödlich sein. Das Pferd also ist sozusagen das »Klassenzimmer« für uns, die »Übungsstunde«, um das Wesen von Chaos und Harmonie überhaupt einmal zu erkennen und um dann das Erfahrene im Leben anwenden zu können. Das ist der Weg vom Reiter zum Ritter.

Warum ist es ausgerechnet das Pferd, das diese Aufgabe hat? Warum fühlen wir uns trotz all der aufkommenden Schwierigkeiten so zum Pferd hingezogen? Was ist eigentlich Harmonie im Sinne der Pferde? Wie können wir sie erzeugen und auf welche Weise können wir dies in unserem Leben anwenden?

inneren Kraft des Menschen hat dies eine harmonisierende und mächtige Wirkung. Erst einige Minuten später öffne ich die Box.

5 u. 6: Das Pferd zeigt sich inzwischen sehr beruhigt. Körper, Gerte und Strick bilden eine deutliche Grenze für das Pferd. Die rechte Hand legt sich bestimmt auf die Brust des Pferdes und veranlasst es dazu zurückzutreten. Die in der Hand vibrierende Gerte kann unterstützend eingesetzt werden. In der Box wird das Pferd wieder in derselben Weise wie zuvor bei noch geschlossener Boxentür gehalten.

7: Der Mensch ist jetzt eine unüberwindliche Barriere für das Pferd geworden. Leichte Signale halten es am Ort. Das Wichtigste aber ist, dass das Pferd ein grundsätzliches Vertrauen zu der inneren Kraft und zur Fairness des Menschen aufbaut. Dann kommt es erst gar nicht zu einem Kampf oder zu einer riskanten Situation.

8: Jetzt lernt das Pferd, das zuvor stets aus der Box herausgeschossen kam, sobald die Türe geöffnet wurde, auch bei offener Tür in der Box zu bleiben, selbst wenn sich der Mensch etliche Meter entfernt. Ruhe und Harmonie haben Chaos und Gefahr in wenigen Minuten verdrängt.

9 u.10: Erst jetzt kann das Pferd vorsichtig aus der Box geholt werden. Es ist sehr entspannt und hält den Kopf sichtbar ruhig und tief. Auch beim Führen kommt es nicht mehr zu einem Kampf. Von sich aus hält der Hengst einen natürlichen Abstand. zum Menschen.

> *Sehr geehrter Herr Hempfling,*
>
> *ich sehe in meiner momentanen Lebenslage keine andere Möglichkeit mehr, als mich von meiner Hündin Amanda zu trennen. Sucht vielleicht einer Ihrer Freunde einen Hund oder bestenfalls gar Sie? Hoffentlich empfinden Sie dieses Schreiben nicht als Belästigung, denn ich möchte, indem ich mich an Sie wende, den Kreis der Menschen auf solche beschränken, die ausschließlich im Sinne des Hundes handeln.*
> *Lang genug hat Amanda meine Wut, meinen Zorn und mein grenzenloses Selbstmitleid ertragen müssen.*
>
> *Mit den besten Wünschen,*
> *Bettina*

Mein erstes Buch »Mit Pferden tanzen« ging inzwischen um die Welt und aus der ganzen Welt bekommen wir Briefe, Kommentare und Anfragen. Diesen Brief hier nehme ich von Zeit zu Zeit mit in meine Veranstaltungen, um ihn vorzulesen. Da versucht also ein offensichtlich junges Mädchen ihren Hund loszuwerden, weil sie ihn nicht gut behandelt. Ein seltsamer Brief, nicht wahr? Irgendwie scheint da etwas nicht zu stimmen. Warum um alles in der Welt bekommt denn dieser arme Hund nur die Wut und den Zorn und all das grenzenlose Selbstmitleid dieses Mädchens zu spüren? Sie ahnen natürlich längst, was hinter diesem Brief in Wahrheit steckt! Natürlich habe ich das Wort »Pferd« gegen das Wort »Hund« einfach nur ausgetauscht. Das Unfassbare aber ist: Jetzt bekommt dieser Brief in der Tat einen erschreckenden Sinn. Dass ein junges Mädchen ein Pferd loswerden will, damit dieses eben nicht mehr täglich die Wut, den Zorn und das Selbstmitleid zu spüren bekommt, das ist jedem sofort eingängig, das erscheint sogar sehr verständlich. Was also um alles in der Welt ist los in den Beziehungen zwischen Mensch und Pferd?

Bedeutsame Wahrheiten in einem kurzen Brief

Da wünscht sich ein Mädchen womöglich nichts mehr, als ein eigenes Pferd zu bekommen, um es dann wieder abgeben zu wollen – in gute Hände, in solche, die offensichtlich besser sind für das Pferd als ihre eigenen.

So einfach und kindlich wie sich dieser Brief mir und jetzt Ihnen zeigt, so viel Wahrheit steckt doch in den wenigen Zeilen. Und es lohnt sich, zu Anfang unserer neuen Reise in die Welt der Wahrheit zwischen Mensch und Pferd, diesen Brief etwas tiefer zu ergründen, ihn sich einmal genauer anzuschauen. Denn dieser Brief ist beileibe alles andere als ein Einzelfall. Nein, ganz im Gegenteil. Er bekundet einen durchgängigen Tenor, eine Aussage, die sich entweder so offen wie hier zeigt, oder die sich hinter den unterschiedlichsten Formulierungen versteckt. Was können wir ihm Wichtiges entnehmen?

1. Das Mädchen liebt dieses Pferd namens Amanda.
2. Dieses Mädchen will für das Pferd unbedingt nur das Beste. Das geht sogar so weit, dass es das geliebte Tier lieber abgeben möchte, als es weiter in ihrer, für das Pferd belastenden, Umgebung zu wissen.
3. Bettina weiß ganz genau um ihre eigenen Schwächen. Ob diese nun wirklich so gravierend sind, das sei einmal dahingestellt. Fakt aber ist, dass Bettina sich selbst und ihre Verhaltensweisen selbstkritisch erkennt.
4. Bettina weiß oder ahnt auch, dass ihr Verhalten für das Pferd negative Folgen hat. Sie erkennt, dass ihr Pferd leidet.
5. Sie hat alles versucht, um sich dem Pferd gegenüber unter Kontrolle zu halten und um dem Pferd ein anderes Leben zu ermöglichen. Denn ein solcher Hilferuf kommt zumeist am Ende einer langen, qualvollen Entwicklung.

6. Bettina erkennt auch, dass ihr Verhalten symptomatisch ist und mit einer bestimmten Lebenslage in Verbindung steht. Das ist eine sehr tiefe Einsicht.
7. Offensichtlich ist Bettina nicht in der Lage, ihr Verhalten in der kommenden Zeit zu verändern, und damit auch nicht ihre Lebenslage.

Sehr bemerkenswert ist, dass uns das alles im Zusammenhang mit einem Pferd durchaus vertraut erscheint – hier stehen wir nicht mehr vor einem ungewöhnlichen Ereignis, wie zuvor bei dem Brief mit dem vertauschten Wort »Hund«. Hier stehen wir vor einer bekannten und nachvollziehbaren Realität.

Bedeutsam ist: Bettina weiß um sich und um ihre Situation. Sie weiß auch um ihr Pferd und um dessen Situation. Sie weiß, dass das so alles nicht weitergehen kann, dass etwas geschehen muss. Aber sie weiß nicht wie!

Es geht um den Weg

Die Menschen, die zu mir kommen, die in meinen Büchern und/oder in der realen Begegnung mit mir Rat suchen, das sind die, die so wie Bettina zumeist sehr genau um ihre Situation wissen oder aber von ihr eine erste Ahnung haben. Das sind die, die das »Andere« wollen, aber nicht wissen, wie sie das »Andere« erreichen. Es geht also nicht um eine grundsätzlich neue Einsicht, es geht um den Weg, seinen Beginn und seine konkrete Ausformulierung. So viele wissen um die Reise, haben Vorstellungen vom Ziel, aber sie wissen nicht, wo sie anfangen und welche Richtung sie einschlagen müssen.

Sie werden umhergetrieben von unbestimmten Ahnungen, Hoffnungen, Träumen und einer genauen oder einer diffusen Vision von einem Sein mit und ohne ihr Pferd, das von einer anderen Tiefe, von einer anderen Authentizität geprägt und geleitet wird. Und damit kommen wir zu einer anderen sehr wichtigen Botschaft aus Bettinas Brief. Denn zwischen den Zeilen und in den Zeilen selbst macht sie deutlich, dass so oder so auch ihr Pferd mit ihrer Lebenssituation unmittelbar etwas zu tun hat. Offensichtlich sind da zwei bedeutsame Komponenten:

1. Das Pferd hat ganz direkt und offensichtlich, anders als dies zum Beispiel bei einem Hund oder bei einer Katze der Fall wäre, unter der augenblicklichen Situation zu leiden. Das Pferd ist Leidtragender, ist Prügelknabe, ist sogar Blitzableiter. Und das selbst dann, wenn sich Bettina offensichtlich alle Mühe gibt, das Pferd von alledem, eben auch von sich selbst, zu verschonen. Ihr Pferd, Amanda, scheint ihre Wut, ihren Zorn, ihr grenzenloses Selbstmitleid nahezu unausweichlich anzuziehen, eben wie der Blitzableiter den Blitz. **Das heißt, ein Pferd lässt also unsere negativen Seiten sichtbar werden wie kaum ein anderes Wesen, um dann selbst unter ihnen in hohem Maße zu leiden.**
2. Bettina glaubt offensichtlich auch, dass sich ihre Lebenslage in der Gemeinschaft mit ihrem Pferd nicht oder nur sehr zögerlich ändern könnte. Sie will auch ganz bewusst jenen im Brief beschriebenen Schritt tun, um für sich selbst, und vor allem ohne Pferd, eine andere Klarheit zu gewinnen. Mit ihrem Pferd zusammen scheinen sich Lebensverhältnisse eingespielt zu haben, die so nicht mehr aufzulösen sind.

Das Zusammensein mit einem Pferd ist also etwas grundsätzlich Anderes als das Zusammensein mit einem anderen Tier, das nicht auch ähnliche Bilder wie ein Pferd in uns erzeugt, wie zum Beispiel der Adler, der Delfin oder der Elefant. Mit diesen Tieren, wie mit den Pferden, scheint es etwas ganz Besonderes auf sich zu haben.

Warum mir die Pferde folgen

Neben der Ruhe und Gelassenheit des Pferdes zeigen diese von oben fotografierten Bilder noch etwas Anderes. Der Kopf des Pferdes ist immer nach unten gesenkt. Auch in den Biegungen befinden sich Mensch und Pferd nahezu perfekt auf einer Linie. Und das Erstaunliche: Das Pferd scheint keine Sekunde der Reaktion zu benötigen. Es ist, als folgten beide einem zuvor festgelegten Weg. Der Mensch scheint nicht zu überlegen und zu suchen, und das Pferd ebenfalls nicht. Das ist exakt mein Erleben, wenn ich Pferde führe. Auf diesen Bildern scheint es manchmal sogar so zu sein, als bestimme das Pferd den Weg und als ob ich nur einen Schritt voraus ginge.
Bei den meisten Bildern sieht man deutlich, dass auch ich meinen Kopf gesenkt halte. Dennoch bleibt der ganze Ausdruck meines Körpers klar und bestimmt. Doch wenn Sie sich einmal in Ruhe den Ausdruck des Pferdes anschauen und dann meinen Ausdruck von Gesicht und Körper – geht es Ihnen dann nicht auch so, dass Sie eigentlich keinen Unterschied wahrnehmen? Ist nicht mein Ausdruck dem des Pferdes in allem ganz ähnlich?

Die Fotos auf diesen Seiten zeugen von Harmonie. Da ist ein schönes Zusammenspiel zwischen Mensch und Pferd, da ist Vertrauen und Gleichmaß in den Bewegungen beider. Man hat das Gefühl, das »stimmt eben einfach«. Das, was sich da abspielt, das spielt sich nach wenigen Minuten nahezu immer gleich ab. Immer häufiger ist es sogar so, dass ich zuvor mit den Pferden überhaupt nichts getan habe, dass sich die Pferde zuvor überhaupt nicht bewegt haben. Darauf komme ich später noch zurück. Nicht nur, dass mir die Pferde folgen, sie tun das ja zu alledem auch noch in einer sehr beruhigten und hingebenden Form – auf allen Bildern kann man das sehr genau beobachten. Warum folgen mir die Pferde, und warum sollen und werden sie Ihnen folgen?

Die Antwort auf diese Frage wird Sie überraschen.

Weg ohne Konsequenzen, Konsequenzen ohne Weg?

Glauben wir den Vorfahren, dann ist das Leben eine Aneinanderreihung von Ereignissen, die alle miteinander in Verbindung stehen, alle! Diese einfache Erkenntnis ist aus dem Bewusstsein der Menschen heute fast vollständig gewichen. Wenn die Pferde mir folgen, wenn in diesem Geschehen in kurzer Zeit sichtbar Harmonie entsteht, dann ist das den Alten zufolge nicht mehr und nicht weniger als die Konsequenz **aller Ereignisse meines Lebens zuvor. Wenn Ihnen die Pferde folgen, dann ist es eben die Konsequenz Ihrer Lebensereignisse.**

Ich zum Beispiel war sehr früh auf mich alleine gestellt und darum hatte mein Kindsein eine andere, eine größere Bedeutung, als das bei den meisten anderen Menschen der Fall ist. Das Urvertrauen, das ich in der Zeit meiner Kindheit entwickelte, ließ mich auch sehr früh eben diesen Zusammenhang des Lebens entdecken, von dem die Alten – unsere Vorfahren – sprechen.

Bis heute habe ich mir viel meines Kindseins bewahren können, zum Beispiel auch das immer aktuelle Bewusstsein, dass jede Konsequenz, jede Erscheinung des Lebens immer die Folge ist von dem, was den bisherigen Weg ausmachte. Da ist Form, Struktur und

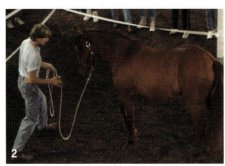
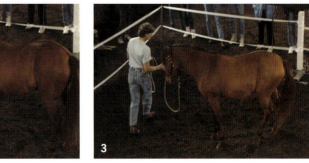

Zusammenhang im Gegensatz zur Beliebigkeit, zur Zersprengung und zu dem Glauben, dass einzelne, auch leidvolle Ereignisse eben einfach so entstehen wie der Defekt einer Maschine.

Für den modernen Menschen ist sein Schicksal so etwas wie der Spielball der Willkür. Das ist in meinen Augen eine erschreckende Vorstellung. So lebe ich nicht und so will ich niemals leben. Denn am Ende steht dann Angst vor jedem neuen Tag, ein unbestimmter Schrecken schon beim Aufwachen, statt kindliche Vorfreude auf neues Leben und Überraschungen. Die Angst hat dann keine Herkunft mehr, sie hat keinen Adressaten und sie ist ohne

Diese Bilder zeigen sehr deutlich, was ich meine, wenn ich sage, dass sich die Grenzen von Führen und Geführtwerden aufzulösen scheinen. Beide Wesen bewegen sich, gehen auf derselben Spur und haben einen fast identischen Ausdruck. Sie sind zwei getrennte Wesen und doch in einer großen zusammenhängenden Verbindung.

Zum Schluss nehmen Sie sich doch noch die Zeit, um im Einzelnen zu studieren, wie gelassen der Mensch seine Schultern und seinen Kopf trägt, ja wie gelassen und selbstverständlich die ganze Haltung unverändert klar und zugleich bescheiden bleibt. Der Führende zeigt nicht im Mindesten einen äußeren Anspruch der Berechtigung zu führen. Körper und Geist lauschen dem Augenblick, um auszuführen, was jetzt miteinander ausgeführt werden soll.

Bei dieser Gelegenheit möchte ich noch einmal auf die einzelnen Führpositionen und Körperhaltungen hinweisen, die in dieser Sequenz so eindeutig zu erkennen und nachzuvollziehen sind. In meinem Buch »Mit Pferden tanzen« sind die einzelnen Führpositionen detailliert beschrieben.

Hoffnung. Pferde riechen das. Pferde spüren das, Pferde verabscheuen das, denn Pferde wollen sich von jenen leiten lassen, die sich mit (Selbst)-Bewusstsein auf einem Weg befinden, der beiden, Mensch wie Pferd, Richtung und Maß gibt, also Form und Bewusstheit für die Zukunft.

Wenn mir die Pferde folgen, dann ist das also die Konsequenz eines Weges. Es ist weder ein Zufall noch ist es ein Ereignis, das alleine so für sich steht. Wenn man das so betrachtet, dann sucht man nur die Tricks, nur die Kniffe, und die wird man bei mir nicht finden.

Abel und die Schafe
Ich mache jetzt einen weiten Schritt zurück, wenn auch nicht ganz bis Adam und Eva, aber doch beinahe. Das biblische Bild des ersten Hirten Abel hilft uns nämlich erstaunlicherweise hier weiter. Abel steht ja in einem seltsamen Kontrast zu seinem Bruder Kain, der ihn schließlich erschlägt. Man kann die Bilder der Bibel vielfach anders deuten als das oftmals heute geschieht, nämlich im Natursinne. So gedeutet geschieht um Abel das Folgende: Abel ist ein Hirte im ursprünglichsten Sinne. Und bei einem Hirten stellt sich die Frage, wer eigentlich wen führt. Zieht das Gras die Schafe? Ziehen die Schafe zum Gras, und läuft der Hirte hinterher? Lockt das Gras den Hirten, und führt er dann die Schafe?

Das Bild eines Schäfers hat bis heute eine sprichwörtlich beruhigende Wirkung auf die Menschen, weil es ein Urbild des Lebens ist. Und darum auch kommt es in der Urbibel gleich zu Anfang vor. Denn das Leben des Urhirten ist ein Zusammenspiel aller Ereignisse, die Führen und Geführtwerden im Entstehen auflösen. Wer wen führt ist weder von Bedeutung noch nachvollziehbar. Wichtig ist nur, dass Leben und Überleben entsteht ohne Konsequenzen und zugleich dennoch Form, Inhalt und Harmonie. Da, wo der Schäfer mit seinen Schafen war, wächst das Gras grüner und saftiger als zuvor. Und die Schafe ernähren den Schäfer und sein Volk. Im Flug der Stare weiß keiner, wer wen eigentlich führt, und doch entstehen die kunstvollsten Choreografien. Himmel, Erde, Gras, Schafe und Hirte werden zu einem Ereignis, das nur in seinen Zusammenhängen und als Ganzheit sinnvoll zu erklären und zu begreifen ist. Bis in unsere Zeit hinein.

Warum Kain dann, der Planende, der die Erde Formende und Begrenzende, schließlich seinen Bruder erschlägt, darauf kommen wir gleich noch kurz zu sprechen.

Geht das Pferd hinter mir, oder gehe ich vor dem Pferd?
Das ist jetzt die schlichte Frage. Denn was würden Sie mit folgendem höchst ungewöhnlichen Gedanken anfangen: Was ist, wenn nicht ich das Pferd auf meinen Weg bringen würde, um es dann zu führen, sondern wenn ich mich einfach auf den Weg des Pferdes begebe und dann nur zwei Meter vorhergehe? Führe ich dann das Pferd? Oder laufe ich eben nur auf seinem Weg ein kleines Stückchen voraus?

Immer wieder lasse ich bei meinen Begegnungen mit fremden Pferden diese wie hypnotisiert meiner Hand folgen. Die Bilder zeigen das. Doch was, wenn ich in Wahrheit dem Kopf des Pferdes folge, also der Bewegung des Pferds nur einen Augenblick voraus bin? Das erscheint vollkommen absurd, aber in Wahrheit geschieht in gewisser, übertragener Weise genau das. Denn ich begebe mich in eine Welt zusammen mit den Pferden, wie der Hirte zusammen mit den Schafen. Bei mir entsteht ein vergleichbares Zusammenspiel: Führen und Geführtwerden vermischen sich zu einem gemeinsamen Erleben. Ich führe das Pferd, das Pferd führt mich, der Boden und die Zeit führen uns. Nur so gelingt, was so unglaublich erscheint. Wir sind einfach auf einem gemeinsamen Weg. Wir offenbaren uns gegenseitig.

Was also ist Chaos?

Kain war der erste Chaot der Bibel. Und sein Weg beginnt und endet mit einem Mord. Warum ist er ein Chaot? Weil er das Zusammenspiel der Kräfte zerstört zugunsten seiner eigenen Ideen. Er will planen, verändern, Mauern um seinen Besitz bauen und sein eigenes Maß schaffen. Alles, was dem nicht entspricht, wird vernichtet – auch wenn es ihm so nahe steht wie sein eigener Bruder.

Bin ich mit Pferden, dann hört jedes Wollen, jedes Planen, jedes Überhöhen meines Seins einfach auf. Denn wenn Harmonie zwischen mir und dem Pferd entstehen soll, dann kann das nur geschehen, indem ich mich diesem Urrhythmus hingebe und führe im Augenblick des Geführtwerdens. Wobei sich die Grenzen dazwischen auflösen. Chaos ist demzufolge nichts Anderes als die sichtbar gewordene Arroganz des Menschen.

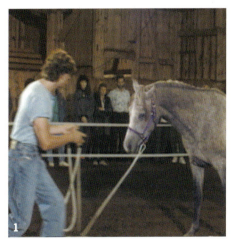

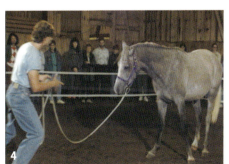
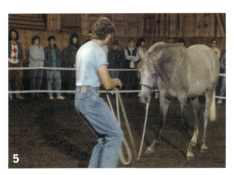

Keine Frage, der Mensch scheint das Pferd dazu zu bewegen, seinen Kopf wie verzaubert den kleinsten Bewegungen des Menschen folgen zu lassen. Doch betrachten Sie jetzt bitte das Geschehen einmal genau anders herum. Stellen Sie sich vor, der Mensch würde versuchen, ganz schnell seinen Körper so zu bewegen, wie es der Kopf des Pferdes ihm geböte. Könnte man das nicht auch so herum aus den Bildern lesen? Ich denke schon. Und genau darin liegt eines der Geheimnisse meines Seins mit den Pferden. Denn im Grunde geschieht das eine wie das andere zugleich.

Alles eine Frage der Macht?

Mein Sein mit den Pferden habe ich mit dem Ursein eines Hirten verglichen. Der führt und trägt Verantwortung, ohne sich auf sein eigenes mögliches Machtvolumen zu stützen.

Abel war der erste Urhirte im Bilderkanon der Bibel. Kain veränderte machtvoll sein Stück Erde. Und er sah sich dazu befähigt, so viel eigene Macht zu entwickeln, dass er sogar glaubte, über Leben und Tod seines Bruders entscheiden zu können. Folgt man den Bildern der Bibel weiter, dann wird dem wachsamen Betrachter schnell klar, dass Abel und Kain in Wahrheit eine einzige Person sind. Innerhalb einer einzigen Person spielt sich dieser Mord ab. Und dieser Mord steht bildlich und symbolhaft für so viele Morde, die in allen von uns geschehen.

Einen Augenblick noch will ich bei diesem Urbild verweilen, denn in meinem Sein mit den Pferden fühle ich mich gerade in diesem Bild sehr zuhause. Wie auch immer der einzelne Leser zu dieser Urquelle stehen mag, erscheint es mir so oder so hilfreich, mit dieser Überlieferung schwer Beschreibbares etwas greifbarer zu gestalten.

Der Kreislauf beginnt

Vor dem Mord bringen beide Brüder dem Himmel ein Opfer dar. Aber nur das Opfer von Abel wird gnädig angenommen. Warum ist das so? Abel, so heißt es, opfert den besten Teil der Schafe. Das ist das Fett. Fett steht in allen Urquellen als Symbol für Materie. In unserer Zeit kommen uns symbolhafte Bilder von Beuys und seinen Butterbergen in den Sinn.

Abel opfert die Materie, und übrig bleiben Geist oder Seele. Kain aber, so heißt es, opfert die Teile der Früchte, die mitten aus der Erde kommen. Die Erde ist ebenfalls Symbol für Materie, aber ihr Kern ist Geist, ist Seele. Das opfert Kain. Kain verzichtet auf die Seele, verzichtet auf jene geistige Kraft, die ihn verbinden würde mit eben jenem Urgeschehen, über das wir die ganze Zeit hier sprechen. Das aber will Gott nicht. Ein ihm gefälliges Opfer besteht aus Materie, damit sich der Geist, die Seele erheben kann. Nach dem Opfer ist Abel Symbol für Seele und Kain Symbol für Materie. Die Seele aber kann ohne den Körper nicht sein. Darum geht Abel zu seinem Bruder und betritt sein Land. Der wiederholt nur seine Tat von vorher und erschlägt wieder die Seele, seine eigene Seele – ein Kreislauf beginnt. Der Kreislauf des Chaos im unbewussten Menschen. Denn, wenn immer er kann, stellt er seine Vorstellungen der Welt vor den Tanz eines wahrhaftigen Seins, das nur im Zusammenhang mit allen Qualitäten und Aspekten der Schöpfung gleichermaßen existieren kann.

Die zwei Formen der Macht

Dieses Bild also stellt menschlich provozierte und verwaltete Macht und reduziertes, also rein materielles Denken auf eine Stufe, ebenso wie verbundenes, im Kanon der Schöpfung harmonisches Dasein mit Seele und Geist. Und hier sind wir dann beim Ursymbol des Pferdes.

Denn das Pferd symbolisiert diese zwei Formen des Daseins ebenso wie die zwei Formen der Macht. Beides steckt im Pferd und beide Verhaltensformen sind mit ihm möglich. Und folgt man den Alten, dann gilt das zumindest in unserem Kulturraum nur für das Pferd. Nur ein reitender Mensch kann so oder so bezeichnet werden, nämlich als Reiter oder als Ritter. Ist aber ein reitender Mensch eben kein Ritter, dann ist er ein Reiter. Diese scheinbare

Banalität ist wichtig und sehr bedeutsam. **Denn folgen wir ernsthaft den Weisungen unserer Vorfahren, dann bedeutet das konkret: Der Reiter ist zwangsläufig auf dem Wege der äußeren Macht und damit zwangsläufig auf dem Weg der Zerstörung seiner Seele.**

Darum warnen alle alten Schriften davor, sich ungeprüft den Pferden hinzugeben. Den Israeliten, den Hirten also, war es laut Bibel immer untersagt, mit Pferden zu sein. Erst König Salomon besaß Pferde. Denn er war der König der Weisheit.

Erst wenn ein Mensch Geist und Seele, also echte Weisheit, besitzt, dann ist er in der Lage, mit einem Pferd so zu sein, dass Lenken und Führen nicht mit äußeren Machtmitteln erzwungen und verbrochen werden, sondern als ein Zusammenspiel von Schöpfung allgemein erfahren werden kann.

Nur darum kann ich mit jenen Hengsten, die wir zuvor auf den Bildern sahen, so sein, wie ich es bin. Nur weil ich auf jede Form äußerer, materieller Macht verzichte. Nur darum bleibe ich gesund, nur darum folgen mir auch diese Pferde. Wie der Hirte begebe ich mich in ein sanftes Spiel, begebe ich mich in die Welt als Ganzes, in die Welt, in der auch das Pferd existiert. Und nach einigen Minuten schwingen wir eben gemeinsam. Das ist eigentlich alles. Wir gehen dann denselben Weg, wir haben ungefähr dasselbe Tempo und wir sind miteinander Teil eines Großen und Ganzen.

Die, die auf ihre rein menschlich begründete Macht bauen, die kommen auch dann mit Pferden letztendlich nur zu kläglichen Ergebnissen, selbst wenn sie von den Problemen nicht gänzlich überrollt werden. Bei Pferden aber wie jenem 1000-Kilo-Bretonen, da zeigt sich dann überdeutlich die wahre Ursache des Chaos.

Wenn Abstraktes konkret wird

Ich erscheine zusammen mit jenem Bretonen machtvoller als alle Soldaten, bin aber vollkommen ohnmächtig. Ich führe den Bretonen wie Abel die Schafe. Gerne würde ich es Ihnen, lieber Leser, leichter machen, aber das kann ich nicht. Es ist genau das, was Bettina sucht und was Bettina vermisst und von dem Bettina ahnt, dass es existiert. Wie man da hinkommt, wie die ersten Schritte aussehen sollten, wie wir dann unter diesen Gesichtspunkten erkennen können, jedes einzelne Pferd, wie wir dann weiter mit ihnen arbeiten müssen, alles das werde ich im weiteren Verlauf dieses Buches besprechen. Mit den Pferden jedenfalls wird Abstraktes sehr konkret. Mit den Pferden werden abstrakte Möglichkeiten und Chancen sehr real, aber auch mystisch erscheinende Gefahren. Denn nur weil Flugzeuge fliegen, treten Urgesetzte nicht außer Kraft.

Das wahre Bild von Reiter und Pferd

Pferde stehen, wir sagten das schon, symbolhaft für Triebhaftigkeit und Materie. Der Mensch hat die Wahl. Er kann dem materiellen oder dem geistig-seelischen Aspekt seines Daseins den Vorrang einräumen. Ist Kain – oder besser gesagt ein Kainsmensch – mit einem Pferd, dann addiert sich eben Materie mit Materie. Wie zwei gleiche Pole stoßen sie sich ab. Zu einer wahren Begegnung kommt es nicht. Bettina hat das in ihrem Brief knapp und kurz dargestellt – Leid entsteht und Chaos. Ist aber ein Abelmensch, ein geistiger Mensch, mit einem Pferd zusammen, dann kann er die Materie lenken mit Mitteln des Geistes, mit Mitteln der Seele. Jetzt kommen die Antagonisten zusammen. Jetzt findet sich Gegensätzliches, um sich wirklich zu begegnen. Der geistige Mensch lenkt die Materie.

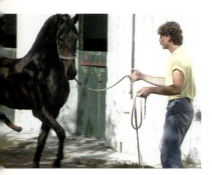

Fassen wir zusammen: Naranjero und die Angst

Das Pferd löst also beides in den Menschen aus, nicht selten unbegrenzte Faszination, aber auch eine subtile, unbegründet erscheinende Angst. Es löst in vielen den Wunsch nach einer innigen, verstehenden und kommunikativen Beziehung aus, aber genauso scheint es Kräfte zu entfesseln, die ebenso negativ wie verborgen sind.

Wir sind dem Geheimnis Pferd und seiner Stellung in den Mythologien der Welt auf der Spur. Das Pferd, folgt man den Forschungen der Anthropologen, bewirkte und förderte ursächlich die Entwicklung des Menschen zu seiner heutigen Form. Das tat es sicher auch, weil es den Menschen mit all seinen Möglichkeiten spiegelt.

Das »Brennglas Pferd«, von dem wir sprachen, richtet sich auf folgendes Wirkschema des Menschen:

Niemals ängstigen

Wir alle kommen mit einem mehr oder weniger großen Gefühl der Ohnmacht auf diese Welt. Unbewusste Eltern und eine rohe Umgebung verstärken dieses Erleben bis ins Pathologische hinein. Bei den Urmenschen gilt darum die Regel, Kinder niemals und in keiner Weise zu ängstigen oder ihnen leichtfertig den Mut zu nehmen. Denn der kommt sonst womöglich niemals zurück. Das sich ohnmächtig fühlende Kind entwickelt natürlich allerlei Ängste, die in der Welt der unbewussten Erwachsenen keine Antworten finden, sondern allenfalls Bestätigungen und Entsprechungen. Somit wächst die Gewissheit, nur durch eine immer stärker werdende Selbstbehauptung könne das Leben bewältigt werden. Nur durch Selbstbehauptung könne man für sich selber sorgen, sich so seinen Begierden hingeben

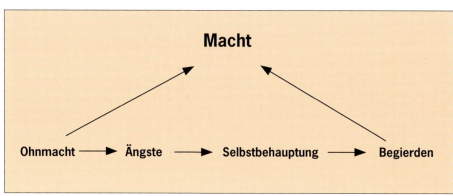

Dieses hier abgebildete »Dreieck« bildet im Grunde die Begrenzung des unbewussten Menschen, der sich nahezu ausschließlich in diesen Markierungen bewegt.

Wird das Pferd da hineingezwängt durch die Art und Weise, wie ein Mensch mit ihm umgeht, dann entsteht unausweichlich Chaos und Kampf.

und sie sich erfüllen. Durch Machtanhäufung könne man sich davor bewahren, selbst unterdrückt zu werden. Dadurch, so glaubt man, könne man die Ängste besiegen und die Ohnmacht auflösen. **Macht also, wie subtil oder vordergründig sie auch immer sich ausdrücken mag, ist das Ziel und die erwünschte Konsequenz allen Handelns.**

Naranjero und die Angst

Dass das nicht funktioniert, erkennt der Mensch erst dann, wenn er wirklich äußere Macht zu haben scheint. Wenn er einen riesigen Lotteriegewinn nach Hause trägt oder einen großen Posten bekleidet. Denn der Wunsch, noch mächtiger zu werden, endet damit nicht. Wohl aber kommt die Angst, das Erreichte wieder zu verlieren. Wie groß auch die vermeintliche Macht ist, die Ängste und das Gefühl verbleibender Ohnmacht bleiben in diesen unbewussten Strukturen Sieger.

Macht über Naranjero?

An jenem Tage im Militärgestüt in Barcelona hatte ich auch mit Naranjero zu tun. Er war der hengstigste aller Hengste der Zuchtstation. Er hatte etliche Soldaten zum Teil schwer verletzt und einige Stuten so gebissen, dass sie starben. Auf seine Gene aber wollte man nur ungerne verzichten. Die Bilder zeigen mich mit diesem Hengst zusammen vor einer hoch rossigen Stute. Am kleinen Finger jongliere ich den Braunen bis in die unmittelbare Nähe der Stute. Das ist schon bei einem »normalen« Hengst ein nicht ungefährliches Unterfangen. Bei einem solchen Tier aber kann das nahezu tödlich sein.

Warum habe ich diese Macht? Weil es eben nicht die Art vordergründige Macht ist, von der ich die ganze Zeit spreche. Es ist eben nicht die Macht, die aus Ohnmacht, Angst und Begierde erwächst. Denn die gebiert sich im Menschen selbst und versagt dann mit Sicherheit, wenn wahrhaftige und wirklich lebendige Schritte vom Menschen verlangt werden. Auf den Bildern ist Wahrheit festgehalten worden. Man mag von meinen Vorgehensweisen halten, was man will, an diesen Ergebnissen aber führt kein Weg vorbei.

Pferde wollen und müssen uns den Weg weisen, der uns hinaus führt aus jenen begrenzten Betrachtungen, die ich in der kleinen Grafik festgehalten habe. Das ist ihre Aufgabe. **Denn erst in der Überwindung der Angst als solche, in der dann notwendigen Hingabe an das Leben und in dem Verzicht auf vordergründige Macht und auf vordergründige Bedürfnisbefriedigung liegt Harmonie. Dazwischen ist nur Chaos.**

Naranjero war wohl einer der beeindruckendsten, aber auch hengstigsten und von daher gefährlichsten Pferde der Militärstation. Ihn zeigte man mir zuletzt.
Die »härteste Nuss« wollte man bis zum Schluss aufbewahren. Um das Ganze auf die Spitze zu treiben, bat ich darum, mir noch eine rossige Stute auf den Vorplatz zu stellen. Am kleinen Finger und am losen Strick führte ich dann den hoch erregten Hengst bis in die unmittelbare Nähe der Stute. Nur ein Lebensmüder, ein Idiot oder Einer, der seiner Sache ganz besonders sicher ist, wird so etwas tun. Warum bin ich mir meiner Sache so sicher? Warum gibt mir das Pferd so viel Macht über sich? Was hat es mit dieser Macht auf sich?
Auch in dieser Bildfolge zeigt sich sehr schön, wie sich selbst aus einer solch dramatischen Ausgangssituation heraus schnell ein sanfter Tanz einstellt. Bitte beachten Sie die subtile Körpersprache, die Erdung des Menschen, seine Klarheit und den immer liebevollen Ausdruck dem bedrohlichen, sicher Angst einflößenden Pferd gegenüber.

Die Schlange:
Die verborgenen Seiten unseres Daseins

Unseren Vorfahren war das Pferd heilig. Vor allem erkannten sie die zwei Seiten in seinem Wesen. Für sie war das Pferd ein Tier unter dem Symbol der Schlange. Und die Schlange bringt beides, Erfüllung oder Niedergang – je nach dem, wie man mit ihr umgeht. Diese keltischen Münzen drücken deutlich die Nähe des Pferdes zur Schlange aus.

Das Pferd »lockt« also den Menschen in eigentümlicher Weise, Macht auszuüben. Der Drang in jedem Menschen, sich durch offene oder versteckte Macht zu versichern, wird sozusagen »angefacht« und »potenziert«. Und nicht selten bekommt man ja den Eindruck, als seien die Reiter wirklich davon überzeugt, dass das Pferd das Strafen in der Tat »verdient« hätte.

Darum also die so seltsame Verwandlung vieler Zeitgenossen, sobald sie mit Pferden etwas erreichen, etwas darstellen wollen.

Das Pferd testet und prüft uns. Und wer nicht wirklich innerlich sehr gefestigt ist, der erliegt der Gefahr, Dinge zu tun und zu denken, Empfindungen und Emotionen zu entwickeln, die nur noch erschrecken können. Die Misshandlung der Pferde ist geduldeter Bestandteil unserer modernen Gesellschaft.

Wir wollen und müssen das Pferd lenken. Tun wir das nicht, ist nicht nur jeder Umgang mit ihm unmöglich, er ist auch extrem gefährlich. Die Verführung liegt dann in der Oberflächlichkeit des Führen- und Lenkenwollens. Mit erschreckender Unsanftheit wird erzwungen, was der sich selbst bewusste Mensch durch innere Klarheit geschenkt bekommt. Dieses »lockende«, dieses »verführende« Element ist in vielen Urkulturen der Schlange zugeordnet. Verblüffend ist auch folgende Parallele: Das Pferd im Spanischen heißt caballo. Das kommt im antiken Wortstamm von cava, die Höhle. In der Höhle aber lebt das Pferd nicht. Ganz im Gegenteil, es lebt in den Weiten der Steppe.

Im spanischen Wort für Pferd liegt das innere Wesen dieses Tieres verborgen. Oftmals drücken alte Wortstämme etwas aus, was im Innern eines Begriffes verborgen liegt. Hier ist es das Wesen des Tieres aus der Höhle, der Schlange, des Schattigen. Das erste Tier, das in der Bibel vorkommt, ist die Schlange – mit ihren verführenden Zügen. Und die Urdarstellungsform des Pferdes in unseren Urkulturen ist ebenfalls die Schlange. Unsere Vorfahren, die Kelten, bildeten das Pferd in aller Regel mit einer einfachen Linie ab, mit einer unmittelbar an eine Schlange erinnernde Form. Die Abbildungen zeigen das deutlich. Und gleicht nicht das versammelte, sich präsentierende Pferd in all seiner Pracht in der Oberlinie einer Schlange?

Die zwei Zungen der Schlange

Die Schlange finden wir auch auf dem Stab des Hippokrates, auf dem Stab der Ärzte. Dass Hippokrates das Wort Pferd ebenfalls in seinem Namen trägt (Hippos = das Pferd) ist wohl eher Zufall. Die Schlange aber steht auch hier für beides, für den Tod wie für die Heilung, also für das Leben. Meine Betrachtungen zu diesem Thema enden im Prinzip an dieser Stelle. Wer mag, kann für sich tiefer eindringen in die unglaublich spannende

Welt der Symbole und der inneren Verknüpfungen. Wichtig war es mir, durch verschiedene Aspekte aufzuzeigen, dass das Pferd immer nur in seinen Extremen anzutreffen ist. Das muss man wissen und verinnerlichen, bevor man mit Pferden zusammenkommt!

Denn wer nicht erkennt, dass er nicht nur symbolisch mit einer »Schlange« ist, wenn er vor einem Pferd steht, vor seinem eigenen zum Beispiel, dessen Seele wird früher oder später »gebissen«.

Leben ist auch heute noch der Urkampf der Gewalten, der Kampf um die Vorherrschaft von Materie oder Geist.

Darum ist das Pferd heute wieder so »modern« und so gegenwärtig. Denn die Pferde führen uns unmittelbar zu den verlorenen und verborgenen Seiten unseres Daseins.

Die Oberlinie der sich hier präsentierenden Hengste ist schlangenförmig geformt. Je stärker diese Ausformung, desto prächtiger der Eindruck. Natürlich mag man über derartige mythologische und urzeitliche Betrachtungen schmunzeln. Doch was, wenn handfeste Ergebnisse im Zusammensein mit Pferden diese verstaubt scheinenden Erkenntnisse bestätigen?

Die bitteren Früchte der Liebe

Es hatte gerade aufgehört zu regnen. Die Reporterin erwartete uns bereits in der Einfahrt vor der kleinen Stallung des Freizeitreiterhofes. Neben ihr stand ein junges Mädchen mit neugierigem und erwartungsvollem Blick. Sie wurde uns als Mette vorgestellt. Die Reporterin hatte sie ausgewählt, um über ihr Pferd und meine Begegnung mit diesem zu berichten. Gemeinsam betraten wir den Stall. Und da, angebunden, sah ich gleich ein in sich gekehrtes, sehr verstörtes Tier. Die Reporterin wollte sofort loslegen und mir die Probleme beschreiben, die Mette mit ihrem Pferd hat. Ich winkte freundlich ab.

Hier sieht man mich noch ganz am Anfang in der Zusammenarbeit mit dem kleinen Isländerwallach von Mette. Obwohl Mette ihr Pferd über alles liebt, läuft es ihr, wann immer es nur geht, davon. Trotz der Zuneigung von Mette ist das Pferd extrem verstört und den Menschen gegenüber sehr skeptisch. Eine bestimmte Art von »Liebe« und »Zuneigung« bewirkt also ganz offensichtlich etwas sehr Negatives. Was hat es damit auf sich?

Das sei nicht nötig, sagte ich, das alles stehe dem Pferd mit riesigen Buchstaben auf der Stirn geschrieben. Und so begann ich, das Pferd, Mette und das Verhältnis beider miteinander zu beschreiben und zu umreißen. Wie das geht, das werde ich sehr ausführlich in diesem Buch beschreiben.

Und so tat ich das, was ich immer tue. Ich versuchte die wahre Ursache herauszufinden, warum das Pferd sich so und nicht anders verhält, warum es sich so und nicht anders verhalten kann. Und hier, wie zumeist immer, lag die Ursache eben auch in der Art und Weise der Haltung und des Verhaltens des Menschen. Mette tat es immer in der Seele weh, dass sie ihr Pferd kaum einfangen konnte. Wenn immer möglich, nahm die kleine Stute Reißaus vor ihr.

Mette wurde sehr still und nachdenklich. Schließlich begann meine Arbeit. Nach einigen Minuten folgte mir das Pferd und schließlich folgte es auch Mette. Sie konnte es jetzt ohne Probleme anfassen und auch einfangen, ja das Pferd folgte ihr sogar ohne Strick über weite Strecken. Und als das kleine Pferd dann immer näher zu mir kam und sich immer vertrauter zeigte, da konnte sich Mette einfach nicht mehr beherrschen. Die Tränen rannen ihr über die Wangen und schluchzend sagte sie nur: »Aber ich liebe sie doch so sehr, ich liebe sie doch so.«

Es entstand ein Augenblick des Schweigens, den ich dann mit einigen klaren und manchem auch hart erscheinenden Worten durchschnitt. Denn ich versuchte Mette und den Anwesenden zu erklären, dass eben Liebe allein nicht nur nicht genug ist, sondern dass Liebe allein oftmals schlimmer ist als eine rein sachliche, aber fachkundige Beziehung. Denn Liebe allein ohne Klarheit, Verantwortung und sachliche Distanz ist oft wie eine Implosion ins eigene Ich hinein. Man »liebt« zwar etwas, das außerhalb von einem selbst ist, meint aber im Grunde sehr oft doch nur sich selbst, die Bedürfnisse, die eigenen Wünsche und Sehnsüchte. Das sind die bittern Früchte einer isolierten, einer durchaus fragwürdigen »Liebe«.

Heute hat Mette ein anderes Verhältnis zu ihrem Pferd. Es läuft nicht mehr fort, wenn sie kommt, flüchtet nicht mehr vor ihrer Zuneigung. Diese kleine Geschichte will ich zum Anlass nehmen, auf die drei

Hauptgefahren hinzuweisen im Zusammenhang mit »Pferd und Mensch im Chaos«. Herrscht das Schlangengift vor, unter welchen Vorzeichen der »Zuneigung« und der »Liebe« auch immer, dann lauern drei »heftige Bisse«:

1. **Die unsichtbare oder sichtbare Dauerfrustration.** Ganz einfach: Die Wunschvorstellungen des Menschen über sein Dasein mit Pferden sind fast immer bei weitem glanzvoller als die Realität, die er herzustellen vermag. Statt kontinuierlicher Freude erlebt der Mensch dann einen dauernden Mangel. Die Vorstellungen werden eben nie wirklich erreicht. Abgesehen von einigen wenigen wirklich innigen Momenten bleibt das Gefühl des Mangels. Geht das über Jahre so, dann kann das schwer wiegende Folgen für die gesamte psychische Befindlichkeit des Menschen haben.

2. **Die Dauerspannung in der Erwartung von Schmerz und Unheil.** Auch das ist ein vollkommen unterschätzter Faktor in der Pferdewelt. In den meisten Lebensbereichen versucht der vernünftige Mensch seine potenzielle Gefährdung auf ein Minimum zu reduzieren. Natürlich kann dann immer noch etwas passieren, aber man bewegt sich doch allgemein in dem Bewusstsein, für seine Sicherheit gesorgt zu haben. In nahezu den meisten Begegnungen innerhalb der Reiterwelt aber musste ich erfahren, dass die Menschen mit einem zu großen latenten Risiko leben. Und das ist ihnen auch in aller Regel bewusst. Mit kaum einem Pferd, das mir begegnet, würde ich gleich ins Gelände gehen. Das Risiko wäre mir viel zu groß. Denn in aller Regel sind diese Pferde beileibe nicht gut genug ausgebildet. Doch ein Leben in dem Bewusstsein von unkalkulierbarem Risiko und Gefahr, in Verbindung mit Freizeit, Erholung, Entspannung und Natur ist ein sehr ernst zu nehmender Stressfaktor. Ganz abgesehen davon, dass der Reiter in der Unfallstatistik tatsächlich sehr weit obenan steht.

3. **Das Versinken in dem Gefühl der Minderwertigkeit.** Das hat etwas mit dem ersten Punkt zu tun, geht aber in einem wesentlichen Bereich noch weit darüber hinaus. Die oben angesprochene Frustration darüber, das über Jahre Erstrebte dann doch nicht wirklich zu erreichen, führt allein natürlich schon zu dem Empfinden der Minderwertigkeit. Dort, wo Freizeit und Aktivität das Selbstwertgefühl steigern kann und soll, da entstehen in der Reiterwelt genau gegenteilige Tendenzen. Doch wir sind mit einem ganz besonderen Lebewesen zusammen. Und wenn dieses Lebewesen Pferd nicht wahrhaftig und geerdet behandelt und geführt wird, dann straft es uns mit Verachtung. Und es verachtet uns dann tatsächlich. Es ignoriert, kämpft, lacht innerlich, wird traurig, abwesend und sogar verächtlich. Der Mensch wird sich dann, ob er will oder nicht, über die Jahre vor diesem Wesen im Grunde immer »kleiner« vorkommen. Selbst dann, wenn er durch äußere Macht und Gewalt zu dominieren scheint. Innerlich verbrennt er doch und nur oberflächliche Arroganz kann den Schein von einer starken Persönlichkeit, die sich aber in Wahrheit innerlich zerfrisst, noch wahren.

Die Medaille Pferd hat zwei große Seiten. Leider bewegen sich die meisten Pferdemenschen auf der dunklen Hälfte, auf der Seite des Schlangengiftes. Auch dieses fünfte meiner Bücher will darüber Bewusstheit schaffen und klare Wege aufzeigen, wie man auf die helle Seite dieser Münze gelangt, um sich dann dort dauerhaft und wohlig einzurichten.

Als Ureinwohner der alten Welt
Fischen, jagen, Schafe schlachten

Hier sieht man ein Stück meines Strandes im Süden der dänischen Insel, auf der ich lebe. Vieles erscheint hier noch so wie vor Hunderten von Jahren. Die Ureinwohner in anderen Welten haben wir verdrängt. Das ist eine große Schuld. Hier aber sind wir die Ureinwohner. Und mit meinem Dasein und mit meinem Wirken versuche ich auch, diese Urbeziehung wieder bewusst werden zu lassen.

Chaos ist dem Dunklen, dem Tod zugewandt. Wenn das Ganze geteilt, zerstückelt und getrennt wird, ist Leben nicht mehr möglich. Pferde aber sind Symbol für den Weg aus dem Chaos hinein in die Harmonie, hinein ins authentische Leben. Darum ist das Pferd Symbol für das Ganze, für das Heile, für das Unzertrennte.

Will man die Pferde verstehen und sucht man ihre Offenbarungen, dann muss man sich zwangsläufig dem Leben als Ganzes, also allen Facetten des Lebens zuwenden. Das Leben mit den Pferden in diesem Sinne strahlt wie von einem konzentrierten Punkt aus nach außen, um immer weitere Gebiete zu beleuchten. Das ist mein Leben, und nur so ist mein Wirken und nur so sind meine Bücher und Filme zu verstehen. Ich bin Schriftsteller, Musiker, Künstler und Theatermann genauso wie Hirte, Fischer und Jäger. In allem versuche ich, wie bei den Pferden, den Ursprüngen auf die Spur zu kommen. Inzwischen haben wir eine Ziegen- und Schafherde mit über 150 Tieren aufgebaut. Das tägliche Fischen mit dem Netz dient unserer Ernährung ebenso wie die Jagd auf Enten, Fasane, Hasen, Rehe und andere Wildtiere. Dabei versuchen wir unter allen Umständen die Gesetze der Alten, unserer Vorfahren, aufzuspüren und wiederzubeleben. Und das bringt mich zu einem weiteren wichtigen Punkt.

Pferde sind Mythologie und Geschichte. Pferde sind aus der anthropologischen Betrachtung nicht wegzudenken. Meine Väter wohnten hier. Die Kelten, die

Als Ureinwohner der alten Welt

Wikinger, die Germanen, die Goten, die Kimbern. Ich betrachte mich als ein Ureinwohner dieses Kulturraumes. Mit meinem Sein mit den Pferden konnte ich einen weiteren Verbindungsstrang zu den Vorfahren unserer Welt knüpfen. Die keltische Welt und die Welt der Germanen und Wikinger war die der Pferde.

Dass wir in einer sogenannten modernen Zeit leben, dagegen habe ich nichts. Mir geht es nicht um einen sentimentalen Blick zurück. Im Gegenteil, mir geht es um einen klaren, aufgeklärten Blick nach vorne. Die Richtung aber kann man dann gut bestimmen, wenn man den jetzigen Standpunkt durch eine Linie zurück anbindet. Dann bekommt das augenblickliche Sein plötzlich ebenfalls eine Richtung. Mit dem Gerüst aus Weisheit und Erkenntnis der Alten und dem Akzeptieren des Augenblickes kann man sich gut der Zukunft anvertrauen.

Das alles ist für mich in dem Bild des Pferdes verborgen. Es wird in ihm nichts ausgegrenzt und nichts verdeckt. Das Pferd ist womöglich der direkteste Zugang und der unmittelbarste Anknüpfungspunkt zwischen den Polen unserer Kultur. In diesem Sinne begreife ich mich als Europäer. Als ein Abkömmling jener Welt, die ihre Existenz und ihr Selbstverständnis wie keine andere dem Pferd verdankt.

Hier sieht man mich bei der morgendlichen Jagd für den Mittagstisch. Reiten ist nicht gleich Reiten und Jagen beileibe nicht gleich Jagen. Wahrheit macht eben nicht bei dem in Plastik verpackten Stück Fleisch im Supermarkt halt.

Jagen, fischen, Schafe schlachten – auch der Tod und das Töten will in einem großen Zusammenhang gesehen werden. Das Sein mit Pferden in meinem Sinne wendet sich den Ursachen und Wirkungen auf allen Gebieten zu.

Das Fischen gehört zu einem wichtigen Teil des Lebens hier auf der Insel. Unsere Gewässer sind sehr flach. Zumindest die küstennahen Gewässer gehören noch den kleinen Booten der Bewohner und Anrainer. Mehr als ein Dutzend Mitbewohner und Mitarbeiter erhalten ihre Nahrung inzwischen aus unseren unmittelbaren Aktivitäten in und mit der Natur, und auch unsere natürlich gehaltenen Schaf- und Ziegenherden sind ein wichtiger Faktor.

Auf dem Weg zum Ritter

Bleibt uns in diesem Kapitel nur noch dies: Die zehn wichtigsten Eigenschaften eines Pferdemenschen und die Überraschung, wenn man erkennt, wie Pferde diese »definieren«.

Die jetzt folgenden Eigenschaften selbst sind beileibe nicht neu, aber ihre wahren Hintergründe sind es durchaus. Denn diese sind so alt, dass sie inzwischen längst wieder in Vergessenheit geraten sind. So also betrachtet ein Pferd einen edlen Menschen und die Qualitäten, die ihn auszeichnen sollten:

1. **Dauerhaftigkeit:** Ein Pferdemensch sollte Konstanz und Beharrlichkeit besitzen. Ist das aber ein Lebensweg, der sich im Außen nicht verändert? Ein solcher, der keine »Karriereknicke« aufzuweisen hat und wechselnde, sich korrigierende Sequenzen? Die Dauerhaftigkeit jedenfalls, nach der das Pferd fragt, ist jene, die tut, was wirklich gerade jetzt getan werden muss! Auch und vor allem dann, wenn das im Außen für andere einen »Sprung« bedeuten mag. Wahre Dauerhaftigkeit ist also die, die die Notwendigkeit des Inneren erkennt, um ihr dauerhaft und unbeirrt zu folgen.

2. **Klarheit:** Ein Pferdemensch sollte immer um seine Klarheit bemüht sein. Für das Pferd bedeutet das, dass dieser Mensch nicht zuvorderst seine eigenen Pläne, seinen eigenen kleinen »Vorgarten« in Ordnung hält, sondern immer darum bemüht ist, Klarheit im Erkennen des Außen in Abhängigkeit vom Inneren zu gewinnen. Diese Klarheit lässt ihn dann im Sinne eines größeren, ja großen Zusammenhangs handeln.

3. **Gründlichkeit und Tiefe:** In der Tiefe liegt Gefahr. Die Tiefe ist unbekannt, unheimlich und dunkel. Diejenigen, die nach Tiefe streben, verlieren sich auch allzu leicht in ihr. Gründlichkeit und Tiefe, die nicht mit Freude, Leichtigkeit des Seins und Humor gepaart ist, wird schnell in Trauer, Einsamkeit und Verbitterung enden. Die Gründlichkeit und Tiefe, nach der das Pferd fragt, ist darum immer ganz eng mit Geduld gepaart. Denn die weiß, dass morgen auch noch ein Tag ist und dass Fanatismus selten über sich selber lacht.

4. **Kraft und Energie:** Erst, als ich erkannte, dass ich all meine Schwächen zuerst dem Pferd offenbaren müsse, und dass vor allem das Erkennen und Eingestehen meiner eigenen Ohnmacht mich dazu berechtigt, durch Führung führen zu dürfen, da gaben mir Pferde Macht über sich. Da erst spürte ich wirkliche Kraft und Energie.

5. **Bescheidenheit:** Für das Pferd hat das nichts mit Schwäche zu tun, mit Heuchelei, mit verkrampfter Zurückhaltung und auch nicht mit förmlicher

Hier sieht man mich mit Junque beim Hengsttraining. In unmittelbarer Nähe zu einer rossigen Stute wird er allein mit einem Stallhalfter am losen Zügel gehalten. Jeder Kampf wäre von vorneherein aussichtslos. Innere Werte lassen aus Gefahr und scheinbarem Leichtsinn Spiel, Bindung und Erleben werden. Welche Qualitäten also sind es in der Zusammenfassung, die Pferde von uns »auf dem Weg zum Ritter einfordern« und wie werden diese von den Pferden selbst gesehen? Besonders der letzte Aspekt birgt viele Überraschungen.

Höflichkeit. Und auch nicht damit, sein Licht unter den Scheffel zu stellen – im Gegenteil. Bescheidenheit im Sinne des Pferdes bedeutet zu erkennen, was man kann, wie die Schöpfung tatsächlich in einem selbst wirkt, um zugleich zu begreifen, welchen Ursprung das alles hat. Denn der liegt doch nicht in mir! In mir wirkt das Leben, eben dieses – und in einem anderen eben etwas Anderes. So ist wahre Bescheidenheit kein vordergründiges, heuchlerisches Statement im Außen, sondern wirkliche Demut gepaart mit präsentem Stolz im Innern.

6. **Ruhe:** Dieser Begriff wird heute viel mehr mit »Totem« als mit Lebendigem in Verbindung gebracht. Ruhe im Sinne der Pferde aber ist ein Sein, das mitten in den Stürmen des Lebens, mittendrin in aktiven Auseinandersetzungen mit den Kräften in Raum und Zeit, Gleichmut, Maß und Zeitlosigkeit zu erkennen vermag. Es ist weder die Routine eines Sanatoriums noch die Schalheit einer Lebensflucht in den besten Jahren. Und es ist auch nicht der Vorruhestand. Es ist die in sich gefestigte, verwurzelte Seele, die auch dann standhaft und sich selbst treu bleibt, wenn gewaltige Fluten die Ruhe der Anderen schon längst hinweggespült haben.

7. **Mut:** Mut im Sinne des Pferdes hat nichts mit dümmlichem Draufgängertum zu tun, sondern mit Überwindung. Da standen sie im Angesicht des Feindes. Und der junge Ritter sagte leise zu dem alten: «Ich habe eine solche Angst, dass sogar meine Rüstung klappert«. Einen Moment sagte der Alte nichts. Dann erwiderte er: »Glaubst du, dass ich in einen solchen Kampf ziehe mit jemanden an meiner Seite, der keine Angst hat?« Wieder verging ein kurzer Augenblick. Dann fügte der Alte hinzu: »Aber ich würde auch nicht in den Kampf ziehen mit jemandem, der es nicht verstünde, seine Angst zu überwinden. Nur darum übrigens kannst du meine Rüstung nicht klappern hören.«

8. **Freude:** Lustigkeit im Sinne des Pferdes ist nicht jene innere Angst, die im Wald laut rufen lässt. Das sind die Partys, das ist der »Fun« dieser Welt. Freude im Sinne des Pferdes aber bedeutet im Inneren Stärke und Kraft, so dass sich der Mensch im Außen gelassen, heiter, humorvoll und sanft zeigen kann. Glücklich der, der diesen Zustand kennt!

9. **Hingabe:** Im Sinne des Pferdes hat wahre Hingabe nichts mit jener scheinbaren Selbstvergessenheit zu tun, die gut sein will, selbstlos und edel. Bei solchen Menschen werden Pferde schnell aggressiv. Hingabe im Sinne des Pferdes ist ein Sein, das weder etwas von Hingabe, noch von Liebe, noch von Gut und Böse weiß. Hingabe im Sinne des Pferdes ist einfach. Sie nährt so selbstverständlich, wie es die Erde tut. So radikal sehen es die Pferde!

10. **Entschlossenheit:** Auch ein Räuber wird mit Entschlossenheit seine Untat vollbringen, und mit welcher Entschlossenheit vernichten wir unsere Welt. Die Entschlossenheit, die die Pferde suchen, ist darum so verschieden von jener, weil sie all die anderen neun Punkte zuvor zu ihren Grundsteinen erklärt. Erst wenn der Mensch sich selbst zu einem Teil der Schöpfung relativiert und ist, ohne gut sein zu wollen, lebt, ohne den Tod zu verdrängen, und handelt um des Handelns willen und nicht um zu gewinnen, dann erwächst in ihm eine Entschlossenheit, der sich die Pferde ohne zu zögern anschließen. Jetzt kann Dauerhaftes entstehen – der Kreis der Ritterlichkeit schließt sich.

Kraft und Sanftmut strahlen beide aus – Mensch und Pferd. Dabei ist die Kraft innen und die Sanftmut außen. Beide kennen sich – kennen Stärken und Schwächen, Siege und Niederlagen. Beide respektieren einander. Doch nach welchen Kriterien haben sie sich gefunden? Ist Finden, Erkennen und Kennen eine Frage des Zufalls und der Beliebigkeit?

Pferde kennen, heißt Pferde erkennen!

Von außen nach innen und wieder zurück

Wie ist das, wenn Menschen zusammenleben und erst am Punkt der Trennung erkennen: Das also bist du – ich habe dich gar nicht gekannt. Sie meinen: Ich habe dich gar nicht erkannt! Wer kennt schon wen? Wer erkennt schon wen? Und wer macht sich denn im Vorfeld Gedanken darüber, wie die Wahl des engsten Umfeldes eigentlich zustande kommt?

Vor jedem ersten meiner Schritte mit einem Pferd steht immer das Erkennen! In den Jahren meiner Arbeit mit Menschen und Pferden habe ich gelernt, dass die meisten Pferdemenschen zeit ihres Lebens auf der Stelle treten, weil sie bereits diese ersten Schritte nicht vollziehen.

Doch wie erkennt man in Sekunden ein Pferd? Lange habe ich nach einem Weg gesucht, dieses so geheimnisvoll Anmutende zu erklären und zu lehren. Jetzt habe ich ihn gefunden!

Raus aus dem Teufelskreis: Zeige mir dein Pferd und ich weiß, wer du bist!

Welchen Wesen, Mensch, Tier oder Pflanze, wenden wir uns eigentlich zu? Ist das im Grunde eine Art beliebiger Kuddelmuddel? Und welchen Einfluss haben wir dann auf die mögliche Veränderung dieses Wesens? Diese beiden Fragen sind für das Zusammensein mit Menschen und mit Tieren fundamental wichtig, wenngleich sie in aller Regel bislang kaum Beachtung finden. Um uns den Antworten auf diese Fragen zu nähern, müssen wir Folgendes fokussieren:

- Welche Relation besteht zwischen mir und jenen Wesen, die ich als anziehend oder abstoßend erlebe?
- Wie kommt es, dass ähnliche Probleme, welcher Art auch immer, in unterschiedlichen Partnerschaften sich gleichsam zu wiederholen scheinen? Und wie kommt es, dass wir uns immer wieder Partner und eine Umgebung wählen, die diese gleichen Probleme auszulösen und zu verstärken scheinen?
- Wie Erfolg versprechend ist der Versuch, ein Wesen, Mensch oder Tier, verändern, gegebenenfalls unseren Vorstellungen anpassen zu wollen? Wie sinnvoll und wie ethisch ist eine solche Absicht?
- Wie ist es möglich, mich und mein Gegenüber, sei es Mensch oder Tier, zu erkennen?
- Was geschieht, wenn ich mein Gegenüber wirklich erkenne, und was geschieht Wichtiges nicht, wenn ich mein Gegenüber nicht erkenne?

Ein Beispiel: Ein Mensch leidet unter Eifersucht. Immer wieder verdächtigt er seinen Partner, ihn zu hintergehen. Immer wieder findet er Anlässe, seine Eifersucht an dem Verhalten des Anderen »andocken« zu können. Wird sich dieser Zustand dann ändern, wenn er einen anderen Partner hat? Mit ganz großer Wahrscheinlichkeit nicht. Liegt das daran, dass die angeblichen Eifersuchtsgründe nur scheinbarer Natur sind, nur eingebildet, oder liegt das daran, dass sich dieser Mensch immer wieder Partner sucht, die ihm tatsächlich Gründe zur Eifersucht bieten?

Das Verhältnis zu einem Pferd ist in aller Regel ein recht bedeutsames im Leben eines Menschen. Ein Pferd fordert mehr Zeit, mehr Raum, mehr Pflege und auch mehr Geld aufgrund der Haltungsumstände als nahezu alle anderen Tiere. Auch darum ist das Verhältnis zwischen

Mensch und Pferd so sensibel und auch darum kommt es eben zu solchen Reaktionen, die ich im Vorfeld ausführlich dargestellt habe. Das Verhältnis zu einem Menschen ist ohne Frage das komplexeste, tiefste und vielschichtigste. Das Zusammensein mit einem Pferd offenbart aber viele Problemfelder in deutlicherer Form, die sich sonst leicht in gesellschaftlichen und privaten Zusammenhängen verstecken. Wie bekommen wir Klarheit in diese Verhältnisse und wie können wir jenen uns allen so bekannten Teufelskreis durchbrechen, der uns immer wieder an den Anfang vieler Probleme zu stellen scheint – ganz gleich, wie oft wir unser soziales oder geografisches Umfeld auch verändern? Worauf gründen sich Zusammenkünfte, Beziehungen und Partnerschaften überhaupt?

... wie ein Ei dem anderen

Einem selbst fällt das in aller Regel nicht auf – allen anderen aber schon. Die Bilder auf diesen Seiten zeigen Mensch-Pferd-Paare, die einen ersten wichtigen Zusammenhang sehr deutlich machen: Unser Tier, unser Pferd und in aller Regel auch unser Partner wird offensichtlich ganz besonders nach dem Kriterium der Ähnlichkeit ausgewählt. Versuchen Sie einmal, die hier abgebildeten Paare, die sich ja augenscheinlich sehr zueinander hingezogen fühlen, in neuen Konstellationen einander zuzuordnen. Sogleich entstünde der Eindruck: Irgendwie passen die dann nicht mehr zusammen. In meinen tausendfachen Begegnungen mit solchen Paaren ist mir eines überdeutlich geworden: Zeige mir dein Pferd und ich weiß, wer du bist! Denn diese Ähnlichkeit ist beileibe nicht nur äußerlich, sie bezieht sich vor allem auf innere Wesensmerkmale. Und jetzt kommt ein sehr interessantes, allgemein gültiges Naturgesetz zum Tragen:

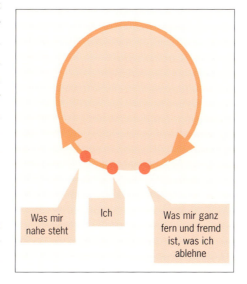

In der Abbildung liegen drei Punkte sehr dicht nebeneinander. Denn in der Natur ist nichts linear. Alles ist wellen- und kreisförmig – sogar die Grenzen unseres Universums. Also sind es auch Ähnlichkeiten und Unterschiede. Das, was ganz anders ist als ich, das ist darum in Wahrheit nicht an einem anderen Ende ganz weit von mir entfernt. Es ist vielmehr am anderen Ende

Nach welchen Kriterien sucht sich ein Mensch sein Gegenüber, sei es nun Mensch oder Pferd, aus? Diese Bilder zeigen eindeutig, dass das Phänomen der Ähnlichkeit in einer engen Mensch-Pferd-Beziehung offensichtlich eine sehr bedeutsame Rolle spielt. Wie wir sehen werden, richtet sich die Wahl unseres engen Umfeldes vor allem nach einem aus: Auf der Suche nach dem Gegenüber suchen wir vor allem uns selbst! Bekommt dadurch die Fähigkeit, sein Gegenüber, also sein Pferd zum Beispiel, zu erkennen, nicht noch einmal eine ganz andere Bedeutung?

Hier sieht man mich in den Pyrenäen mit einer Herde halb wilder Pferde bei der Auswahl eines Pferdes für die Dreharbeiten eines meiner Videos. Immer wieder konnte ich auch an mir selber erkennen, dass es entweder die große Ähnlichkeit zu eigenen Verhaltensweisen und Eigenschaften war, die mich zu einer Auswahl motivierte oder das genaue Gegenteil. Im Heißen oder Kalten liegt die Anregung und die Anziehung, im lauwarmen, grauen »Dazwischen« die Ablehnung.

eines sich beinahe schließenden Kreises! Das, was so ganz anders ist als ich, was ich sogar womöglich aus diesem Grund vollkommen ablehne, das ist mir in Wahrheit ganz nahe! So nahe, wie das, was mir beinahe vollkommen gleicht.

Da ist ein Mensch, der wünscht sich schon immer einen kleinen Hund, aber er bekommt einen großen. Da wünscht sich jemand einen Schimmel, aber er bekommt einen Rappen und so weiter – wer kennt das nicht? Daraus können wir eine erste einfache Regel herleiten:

Wir suchen uns für unser engstes Umfeld immer das, was uns entweder ganz ähnlich oder ganz unähnlich ist. Denn beides ist uns in Wahrheit gleich nahe! Beides liegt in unserer »Nachbarschaft« und beides hat unmittelbar etwas mit unserem ureigenen Wesen zu tun. So oder so – auf der Suche nach unseren Mitwesen suchen wir uns in Wahrheit selbst!

Die zwei Säulen des Lebens: Entwicklung und Konflikt

Die Urmenschen sagen, dass der Mensch als unfertiges Wesen auf die Welt komme, um sich im Laufe seines Lebens als Ganzheit zu entwickeln. Das sei bei Mann und Frau nicht gleichermaßen so, aber das wollen wir hier einmal unbeachtet lassen. Leben ist also Entwicklung und innere Reifung. Findet diese nicht mehr statt, dann ist der Mensch innerlich bereits tot. Entwicklung und Reifung aber geschehen immer nur durch Konflikte und Chaos, das entwirrt und aufgelöst werden muss. Wir sprachen schon davon. Da wir uns im Gegenüber eigentlich immer nur selbst suchen, suchen wir natürlich unbewusst auch nach unseren möglichen Entwicklungspotenzialen im Anderen! Und wir suchen natürlich im Anderen auch nach jenen Konflikten in uns, die in der Auflösung dann Reifung und Entwicklung möglich machen! Das bedeutet im Klartext:

Suchen wir uns selbst in unserem Gegenüber, dann suchen und finden wir auch immer unsere eigenen Konflikte in ihm! Das Finden der eigenen Konflikte im Gegenüber lässt uns auch das Potenzial zur eigenen Reifung und Entwicklung finden!

Ein eifersüchtiger Mensch, um bei unserem Beispiel zu bleiben, wird immer Menschen finden, die ihn auf sein Problem »ansprechen« – um es zu überwinden! Wir haben aber gesagt, dass es, folgt man den Weisheiten unserer Vorfahren, kein anderes Wesen gibt, das uns so sehr auf unsere Probleme anspricht wie ein Pferd. Darum kommen wir ganz geradlinig zu folgender Aussage:

Das Pferd als solches spricht uns auf unsere Probleme als Mensch allgemein an. Durch unsere eigene Wahl, die dann eben auf ein ganz bestimmtes Pferd fällt, werden wir darüber hinaus zusätzlich auf unsere Probleme als Individuum gestoßen. Die möglichen Konflikte im Zusammensein mit Pferden potenzieren sich also, aber auch in gleichem Maße die Möglichkeiten der Entwicklung und der Reifung.

Der große Irrtum

In meinen Veranstaltungen zeige ich den Menschen ganz deutlich: »Deine Probleme mit deinem Pferd haben nicht zuerst etwas mit dem Pferd zu tun, sondern mit dir! Denn bei mir zeigt das Pferd schon in kurzer Zeit andere Verhaltensweisen als bei dir.«

Und jetzt kommen wir zu einem weiteren wichtigen Punkt. Wenn ich in der ersten Begegnung mit einem Pferd bin, dann wird das hektische Pferd ruhiger, das aggressive braver, das faule fleißiger, das ängstliche mutiger und so weiter. Das ist mein »Job«, das ist ein Teil meiner Berufung.

Aber: Verändert sich das Pferd innerlich? Wird das Pferd wirklich mutiger, fleißiger, weniger hektisch? **Nein, das wird es ganz bestimmt nicht!** Was in Wahrheit geschieht, zeigen die folgenden zwei Abbildungen:

auch noch schwerfuttrig ist. Die hervorstechende Eigenschaft ist und bleibt aber die Ängstlichkeit. Nun schauen wir uns die rechte Seite der Grafik an. Hier ist der Besitzer des Pferdes mit einigen seiner individuellen Eigenschaften dargestellt. Er ist ein wenig dies und ein wenig das, und hat von diesem etwas mehr und von jenem etwas weniger. Eine der wichtigsten Grundkomponenten seines Wesens aber ist seine Ängstlichkeit. Die mag er verstecken oder verbergen, überspielen oder verleugnen oder auch ausleben und erkennen. Fakt ist aber: Mensch und Pferd docken an dem Punkt ihrer herausragenden Eigenschaften an! Hier finden und entsprechen sie sich am allermeisten. Und an dieser Stelle potenzieren sie sich. Siehe rechte Grafik.

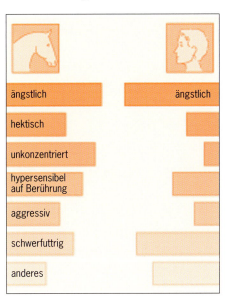
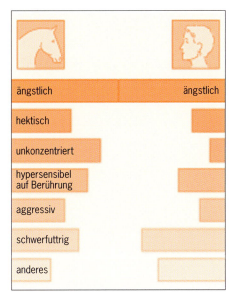

Das Andocken zweier Wesen

Auf der linken Grafik sehen wir auf der linken Seite ein Beispielpferd mit seinen möglichen inneren Prädispositionen, mit seinen inneren emotionalen, zunächst unsichtbaren, Eigenschaften. Da sehen wir, dass es innerlich recht ängstlich ist, dazu etwas hektisch, unkonzentriert, hypersensibel auf Berührung reagiert, dazu ein kleineres Potenzial an Aggression in sich trägt und, als letzte hier dargestellte Eigenschaft,

Die Ängstlichkeit von Mensch und Pferd potenziert sich also! Warum? Damit der Mensch die eigene Ängstlichkeit überdeutlich erkennt! Er wird über das Pferd mit dem »Vorschlaghammer« auf seine herausragende Schwäche gestoßen. Das Pferd wird jetzt alle Register ziehen, seine eigene Ängstlichkeit in aller Bandbreite und »Genüsslichkeit« auszuleben, ist doch der, der ihm Vorbild und Führung sein sollte, ebenfalls sehr ängstlich.

Wenn sich Pferde auf einer Koppel zum Beispiel zum ersten Mal treffen, dann sortieren sie sich untereinander sehr schnell zu kleinen Familien- und Paargruppen. In Windeseile finden sich diejenigen zusammen, die sich eben oft auch äußerlich sehr ähnlich sind. Selbst bei den Tieren erkennt man immer wieder diese Gesetzmäßigkeit: Auf der Suche nach seinem Gegenüber sucht man vor allem sich selbst.

In meinen Veranstaltungen »verändert« sich ein solch ängstliches Pferd ganz schnell – doch wodurch geschieht dies? Ich erkenne blitzartig die Ängstlichkeit des Pferdes als herausstechendes Merkmal. Ich erkenne sein Wesen und seinen Charakter. Das muss ich bei jedem Pferd tun, und im nächsten Kapitel beschreibe ich, wie das im Detail geht. Ich sehe das Pferd so »aufgeschlüsselt« vor mir, wie es in etwa die Grafik zeigt. In der ersten Begegnung wende ich mich dem Pferd dann wie ein geläutertes Wesen zu, also wie ein Mensch, bei dem das Pferd nicht mit seinen Schwächen »andocken« kann. Wie das funktioniert, erkläre ich Ihnen Schritt für Schritt im Kapitel »Die erste Begegnung«. Das Wichtigste ist: Ich kann dem Pferd nicht einen Millimeter seines Grundpotenzials an Angst nehmen! Ich bin ja nicht Gott! Wir sind ja nicht Gott! Ich kann das Pferd nur zu sich selbst führen und ihm die Aufgeregtheit nehmen, in die es im Zusammenhang mit dem »Andockmanöver Mensch« geraten ist. Mehr nicht! Daraus folgt:

Es ist unmöglich, sein Gegenüber zu verändern! Bei Tieren kann man insgesamt harmonisierend und heilend, und beim Menschen kann man harmonisierend, heilend und beratend einwirken. Mehr kann man nicht. Tiere verändern sich praktisch überhaupt nicht! Und Menschen verändern sich nur durch Selbsterkenntnis!

Jetzt wird deutlich, wie absurd der Gedanke ist, man könne ein Pferd verändern und es sich so zurechtbiegen, wie man es eben haben wolle. Und es wird deutlich, wie bedeutsam es ist, ein Pferd zu erkennen – es nach Möglichkeit sofort in all seinen inneren Strukturen wahrzunehmen, es wie ein offenes Buch zu lesen.

Reflektieren Sie das hier Gesagte bitte und versuchen Sie, das für Sie Bedeutsame in seiner ganzen Tragweite herauszulesen. Ich, der erwiesenermaßen Pferde in Sekunden und Minuten zu verändern vermag, sagt, dass es nicht möglich ist, ein Tier in seinen Grundstrukturen zu verändern. Alle guten Dompteure und Tierdresseure stimmen mir da zu. Aus keinem Hund, keinem Löwen, keinem Tiger und keinem Pferd wird ein Mensch etwas herauslocken, was nicht ganz klar als Anlage und Grundeigenschaft bereits seit seiner Geburt in ihm ist. Bei Pferden aber wird das immer wieder versucht – bis zur Tierquälerei und bis zum immer wieder erfolglosen Zerbrechen. Was also steckt in mir, was in meinem Pferd? Warum wähle ich dieses Pferd und warum wähle ich jenes nicht?

Wenn Sie am Ende dieses Buches Ihr Pferd erkennen, dann haben Sie auch sich selbst ein ganzes Stück mehr erkannt. Das ist der einzig richtige Weg. Und Sie werden an Ihre eigenen Grenzen, an die Ihres Pferdes und vor allem an Ihre gemeinsamen anders herangehen. Denn Sie werden erkennen, dass die größten Probleme in Wahrheit die größten Geschenke sind – nämlich Herausforderungen für persönliche Reifung und Entwicklung.

Von meinem System der Charakterbestimmung von Pferden erhoffe ich mir:
- Dass Sie Ihr Pferd und alle Pferde, die Ihnen begegnen, so gut wie möglich in Sekunden und Minuten erkennen können.

- Dass Sie die Eigenschaften Ihres Pferdes in Bezug zu Ihrem eigenen Wesen wahrnehmen können.
- Dass Sie Mittel und Wege an die Hand bekommen, mit deren Hilfe Sie diesen Eigenschaften Ihres Pferdes und damit indirekt auch Ihren eigenen begegnen können.
- Dass Sie überhaupt einen Überblick darüber bekommen, wie groß die Bandbreite der Möglichkeiten ist, wenn man von Pferden und deren möglichen Charakteren spricht.
- Dass Sie so genau wie möglich wissen, wie es in Ihrem Pferd wirklich aussieht, um mit diesem Wissen zu einer reifenden, klaren und harmonischen Partnerschaft zu gelangen.
- Dass Sie insgesamt auch an die scheinbar größten Fehleigenschaften Ihres Pferdes mit wissender Gelassenheit herangehen und mit weiser, erkennender Zurückhaltung reagieren. Denn die Eigenschaften, die Sie an Ihrem Pferd am wenigsten schätzen, sind so etwas wie eine Karikatur Ihres eigenen Wesens!
- Dass Sie insgesamt und auf allen Ebenen sensibler werden im Zusammensein mit Pferden – durch Erkennen, Verstehen und Begreifen dieser Wesen.
- Dass Sie in Zukunft ganz anders und bodenständiger an die Auswahl eines Pferdes herangehen und unnötige Fehler für sich selbst und Ihr zukünftiges Pferd vermeiden.
- Dass Sie lernen, wie man welches Pferd mit welchen Eigenschaften fördert und zur Blüte bringt.
- Dass Sie durch und durch begreifen, wo bei den einzelnen Pferdecharakteren die größten Gefahren liegen. Und dass Sie erkennen, in welchem Punkt bestimmte Pferde in aller Regel verkannt werden.
- Und dass Sie lernen, welcher Mensch zu welchem Pferd wirklich passt. Ich möchte, dass Sie erkennen, welches Pferd wirklich zu Ihnen passt. Denn Sie können auf bewusste und auf unbewusste Weise mit Ihren Problemen konfrontiert werden. Wenn ich mir aber über das grundsätzliche Wirkschema im Klaren bin, dann kann ich doch von Anfang an ganz anders mit meinem Pferd und mir umgehen. Denn man muss es sich ja nicht unnötig schwer machen, oder?

In seinen umfassenden Zusammenhängen umreißt mein System der Charakterbestimmung von Pferden Folgendes:

- Aussehen,
- Charakter,
- gesundheitliche Aspekte,
- Aspekte der Haltung bezogen auf den Grundcharakter des Pferdes,
- Verhalten in Normalsituationen,
- Verhalten in Stresssituationen,
- Verhalten gegenüber Artgenossen,
- Verhalten gegenüber Menschen,
- Beziehungsgeflecht zu den unterschiedlichen Menschencharakteren (welcher Mensch versteht sich mit welchem Pferd besonders gut),
- Ausbildungsformen und Strukturen im Hinblick auf die jeweilige Pferdecharaktergruppe,
- Zuordnung der einzelnen Pferdecharaktergruppen zu Farben, Emotionen, Art der Bewegungen bis hin zu Rhythmen, Klangfarben, Ausdrucksformen, Geschmäckern etc.

Wie weit ist es eigentlich möglich, sein Gegenüber, sein Pferd zum Beispiel zu verändern? Immer wieder liegt diese Versuchung ja vor uns, unseren Partner, unsere Kinder, unser Pferd bezüglich seines Wesens zu »korrigieren«. In all den Jahren konnte ich eines ganz eindeutig feststellen: Ein ängstliches Pferd wird immer ängstlich bleiben und ein faules immer faul. Der Verwandlung, die man an den Pferden beobachten kann, denen ich zum ersten Mal begegne, liegt etwas ganz anderes zu Grunde. Sollte man darum einen so großen Wert auf die richtige Auswahl des Pferdes legen?

Meine Vorgehensweise: Erkennen, Kennen, Sein

Bevor ein Mensch sagen kann, er kenne sein Pferd, muss er sein Pferd zuerst erkannt haben. Das ist etwas grundsätzlich Anderes. Die meisten Menschen leben mit ihren Pferden und auch mit Freunden und Partnern und glauben nur, sie würden sie kennen. Doch in Wahrheit folgen sie zumeist vorgeprägten Bildern. »Lerne wirklich zu beobachten – dich selbst und dein Gegenüber« ist darum eine der Forderungen dieses Abschnittes.

In aller Regel spielt sich eine Demonstration, eine Veranstaltung von mir so ab, dass ich das Pferd, das ich wie die zuschauenden Gäste auch zum ersten Mal sehe, zunächst in seiner ganzen Erscheinungsform beschreibe. Das wirkt, wie man mir immer wieder berichtet, als lese jemand etwas aus einem Buch. In der Tat ist es möglich, nicht nur den inneren Zustand des Pferdes sehr fein und sehr tief zu erkennen und darzustellen, man kann auch unmittelbar im ersten Augenblick etwas über sein Verhältnis zu den Menschen, zu den anderen Pferden, zu seiner Jugend, zu seinen Haltungsbedingungen erkennen. Und das, ohne überhaupt etwas mit dem Pferd gemacht zu haben. Mir ist es aus verschiedenen Gründen wichtig, diese Informationen sofort nach dem Hereinführen des Pferdes an die Zuschauer weiterzugeben. Unter anderem möchte ich damit verdeutlichen, dass das, was in den kommenden Minuten geschehen wird, keine Willkür, kein Herumprobieren und kein vorsichtiges Herantasten ist, sondern dass es vielmehr eine ganz klare und deutliche Ausrichtung gibt, die eindeutig von dem Pferd und seinem Wesen vorgegeben und bestimmt ist.

Wer kennt schon sein Pferd?

Jetzt kommen wir zu der wichtigen Frage, warum es so bedeutsam ist, sein Pferd sehr genau zu erkennen. Ein Pferd zu erkennen ist etwas anderes, als ein Pferd zu kennen. Man kann ein Pferd nur dann wirklich kennen, wenn man es zuvor erkannt hat. Doch das geschieht leider viel zu selten. Ein Mensch, der sein Pferd nicht zuvor erkannt hat, kann Jahre mit ihm sein, ohne es zu kennen. Ich habe leider die Erfahrung machen müssen, dass es kaum Pferdemenschen gibt, die ihre Pferde tatsächlich kennen. Wie kann das sein? Ganz einfach: Es ist wie bei den Menschen. In aller Regel haben wir Vorstellungen und Bilder in uns, Wünsche und sentimentale Illusionen. Einem Menschen, dem wir begegnen, stülpen wir nur allzu leicht diesen »undurchdringlichen Kleister« über. Wir sehen nicht wirklich, wir wollen nicht wirklich sehen und erkennen, wer und wie der andere in Wahrheit ist. Wir wollen nur zu gerne unsere Vorstellungen und Bilder in die Realität verpflanzen und benutzen Menschen und Wesen, die dann genau genommen in unserem Sinne agieren sollen. Menschen wie Tiere wehren sich zwar dagegen, aber solche Zustände können sich über Jahre oder Jahrzehnte aufrecht erhalten – wenn auch quälend und unbefriedigend. Am Schluss steht dann nicht selten das große Schweigen und die Einsamkeit in einer nur äußeren Gemeinschaft oder eben der endgültige Bruch. Dazwischen herrscht zumeist Unverstehen. Mann und Frau, Mensch und Pferd, Schüler und Lehrer, Eltern und Kinder – sie sind zwar zusammen, aber nicht miteinander!

So viele Menschen haben miterlebt, wie sich Pferde auf wundersame Weise allein dadurch sichtbar veränderten, ja gesundeten, dass ich laut und deutlich das ausgesprochen habe, was ich in dem Wesen gesehen und erkannt habe. Allein dies wirkt zuweilen wie eine Befreiung.

Was braucht es, um ein Pferd wirklich erkennen zu können?

1. **Die Anbindung des Subjekts, des eigenen Erlebens:** Ein Wesen zu erkennen setzt voraus, dass man sich vor allem über sich selbst erst einmal in wichtigen Grundzügen im Klaren ist. Wie soll ich ein anderes Wesen erkennen können, wenn ich von mir selbst kaum etwas weiß? Wenn ich selbst eigentlich nur eigenen Bildern und den Bildern der anderen, der Zeitströmung und deren Klischees folge? Darum ist es nötig, dass Sie versuchen, immer tiefer in Ihre eigenen persönlichen Erlebnisstrukturen einzudringen. Versuchen Sie die Furcht zu besiegen, die so manchen Blick in die Tiefe zu verhindern trachtet. Und versuchen Sie dann, Ihrem Gegenüber, sei es nun Pferd oder Mensch, die gleichen Chancen zu geben. Das bedeutet, dass Sie sich erneut so gut es geht öffnen müssen, um bei Ihrem Gegenüber zu sehen, was ist, und um zu verhindern, nur das zu sehen, was Sie eigentlich im Gegenüber gerne sehen wollen. Und das ist dann schon gleich der zweite Punkt.
2. **Das Erkennen des Gegenüber:** Lerne wirklich zu beobachten! In meinen Veranstaltungen mache ich gelegentlich folgendes kleines Experiment. Ich bitte meine Gäste, die Augen zu schließen und sich den Partner, das eigene Pferd oder einen guten Freund im Gedächtnis vorzustellen. Das Ergebnis ist oftmals erschreckend. Da verbringen Menschen viele Jahre miteinander und sind kaum in der Lage, den anderen wirklich zu beschreiben. Sie können nicht mehr wahrnehmen, beobachten, sie können nicht mehr aus ihrer eigenen Haut. Ein Freund von mir war inzwischen zwanzig Jahre mit seiner Frau verheiratet. Immer trug er einen Vollbart. Er fuhr allein in Urlaub und rasierte sich den Bart ab – nur noch den Schnäuzer ließ er stehen. Als ihm seine Frau bei der Heimkehr die Tür öffnete, schaute sie ihn lange an. Dann sagte sie erstaunt: »Meine Güte, du hast dir ja einen Schnäuzer stehen lassen«. Die Geschichte ist leider wahr.

Im Laufe dieses Kapitels will ich Ihnen nicht nur das wichtigste Rüstzeug an die Hand geben, um Pferde erkennen zu können. Ich will durch meine umfassenden Beschreibungen versuchen Ihnen darzulegen, wie fein, wie präzise eine Beobachtung sein kann und welche enormen Rückschlüsse daraus gezogen werden können. Ich glaube, Sie werden staunen!

3. **Brücke und Vertrauen:** Wenn Sie die ersten beiden wichtigen Schritte gemeistert haben, dann vertrauen Sie sich selbst. Ein Pferd zu erkennen geschieht im Grunde in wenigen Sekunden. Gerade der erste Eindruck ist so wichtig! Das, was Zeit braucht, sind die Erlebnisse und die Erfahrungen zuvor. Da gilt es, Sicherheit zu erlangen, Kenntnisse zu erwerben und verkrustete Strukturen aufzubrechen. Im »Ernstfall« aber geht dann alles ganz schnell. Sie sehen ein Pferd und im selben Augenblick schon haben Sie es in seiner ganzen Tiefe erkannt. Es steht vor Ihnen wie eine Geschichte, wie ein Palast mit vielen Räumen, in dem Sie wandeln und den Sie erkunden können. Ohne diese Sicherheit, ohne dieses Erkennen macht alles Zusammensein mit Pferden für denjenigen, der Wirklichkeit erleben will, überhaupt keinen Sinn.

Mein Erkennungssystem der Pferdecharaktere
Das Prinzip der 26 Charaktergruppen

Jedes Pferd ist ein absolutes Individuum. Jedes Pferd will ganz und gar für sich erkannt werden. Nun stand ich aber vor der großen Frage, wie ich dieses gewaltige Gebiet so darstellen könnte, dass tatsächlich jeder, der will, einen Zugang dazu finden kann. Die Lösung war prinzipiell ganz einfach – doch es hat Jahre gebraucht, um dorthin zu gelangen. Und so habe ich mich darangemacht, alle Pferde der Welt 26 spezifischen Pferdecharaktergruppen zuzuordnen und diese zu benennen. Es gibt kein Pferd, das nicht in einer dieser Charaktergruppen wiederzufinden wäre. Da findet sich zum Beispiel der »König«, der »Minister« und der »Halbgeborene«, der »Frosch«, die »Taube« oder der »Freund«.

Mein System zur Charaktererkennung von Pferden gibt einen umfassenden Überblick. Den aber kann man nur gewinnen, wenn man andererseits erkennt, wie selbst das kleinste Detail das gesamte Wesen eines Pferdes prägt. Der Leser wird sehr überrascht sein, wie sich einzelne Charaktergruppen bis ins kleinste Detail eines Hufes oder eines Auges hin zum Beispiel bestimmen lassen. Und umgekehrt, wie kleinste Details etwas über den Charakter aussagen.

Noch ist kein Meister vom Himmel gefallen. Doch hoffe ich, dass mit den folgenden Darstellungen, mit den Zeichnungen und Bildern dieses weite, wunderbare und ebenso wichtige wie bislang noch nicht erschlossene Feld jedem, der mag, vertraut wird.

Stichworte zum Procedere und zur Methodik

1. Meine Vorgehensweise der Darstellung
Ganz bewusst habe ich für diese Dokumentation kein einziges Pferd gewählt, das ich persönlich kenne. Für die hier folgenden Darstellungen lag mir nicht mehr zugrunde als dem Leser auch, nämlich die abgedruckten Fotografien. So konnte ich sicherstellen, dass für den gesamten darstellenden und didaktischen Abschnitt keine zusätzlichen und verfälschenden Hintergrundinformationen mehr oder weniger bewusst mitschwingen würden. Die Beschreibungen sind somit absolut »ursprünglich und jungfräulich«. Sie beziehen sich ausschließlich auf die uns gemeinsame Grundlage der Bilder.

2. Schön oder hässlich, dick oder dünn?
In der Beurteilung eines Pferdes, auch in der Öffentlichkeit, nehme ich kein Blatt vor den Mund. Ich weiß, dass ich damit so manchen Pferdebesitzer und Züchter tief ins Mark getroffen habe. Doch: Es gibt kein Pferd, das ich mehr oder weniger schätze, mehr oder weniger mag als ein anderes – keines!

Darum erlaube ich es mir auch, die Pferde so zu beschreiben, wie ich es tue, nämlich ohne jedes Pardon.

Denn ich kann nur dann wirklich erkennen, wenn ich, frei von falschen Sentimentalitäten, jeder Realität frank und frei ins Auge schauen und sie genauso beschreiben und benennen kann, ohne mich davon in meinen Gefühlen beeinträchtigen oder lenken zu lassen.

Dann kann sich das Pferd mir öffnen. Sei es nun dick oder dünn, mit den gängigen Normen verglichen hässlich oder schön. Es kann sich mir öffnen, wenn ich es ohne Wenn und Aber begreife, sei es nun mein eigenes Pferd oder das eines anderen, um es dann mit offener Seele, so wie es ist, anzunehmen. Wünschen wir uns das nicht auch in der Welt der Menschen?

3. Vom Detail zum Ganzen

Sie kam aus Schweden zu einer Aufnahmebesprechung für meine Akedah-Schule. Wir saßen in einer kleinen Runde, als sie beiläufig ein Foto ihres neuen Pferdes aus ihrer Tasche zog, um es mir und der Gruppe zu präsentieren. Nach einem flüchtigen Blick auf das Bild sagte ich eigentlich nur so nebenbei, dass dieses Pferd ja doch sehr große Probleme mit den Hufen habe. Daraufhin schauten mich alle in der Runde verwundert an, denn man sah von dem Pferd nur den Kopf. Und die Verwunderung wurde nicht kleiner, als uns die Besitzerin bestätigte, dass das Pferd in der Tat über vergleichsweise sehr kleine und schwache Hufe verfügte. Ich bin beileibe kein Wahrsager. Doch im Laufe der nun folgenden Darstellungen werden auch Sie erkennen, wie tief man in das Wesen und die Natur eines Pferdes blicken kann, kennt man auch nur ein winziges Detail. Denn alles ist doch miteinander verwoben und verbunden.

4. Rasse oder Charaktergruppe?

Ein weiterer Punkt wird so manchen überraschen: Die Rasse eines Pferdes spielt bezüglich seines Verhaltens und der meisten Eigenschaften, mit wenigen Ausnahmen, nur eine untergeordnete Rolle. Suchte man bislang in dem Spektrum der unterschiedlichsten Rassen, um sich bestimmter Verhaltensweisen und Eigenschaften zu versichern, so belegt dieses Buch auf seine Weise meine lang geäußerte These, dass nicht Rassenmerkmale, sondern Charaktergruppenmerkmale viel prägnanter und praxisnäher Ähnlichkeiten und Verschiedenheiten offenbaren. Zwar finden wir bestimmte Pferderassen in einzelnen meiner Pferdecharaktergruppen häufiger als andere. Doch auf der Suche und bei der Bestimmung von Verhaltens- und Erscheinungsqualitäten sind die Charaktergruppenmerkmale ungleich dien

licher als die der Pferderassen. Ein Pferd der Charaktergruppe »Minister« zum Beispiel ist eben zuerst ein »Minister« und er verhält sich immer wie ein »Minister«, sei er nun ein Araber, ein Lusitano, ein Friese oder ein Lipizzaner. Ich glaube in der Tat, dass man hier von einer neuen Dimension in der Bewertung und Betrachtung von Pferden sprechen darf.

5. Auch das darf nicht vergessen werden:

Von der Einteilung und Klassifizierung, die in meinem Geburtsland zum Zwecke der Unterdrückung und Vernichtung von Menschen und von ganzen Volksgruppen vorgenommen wurde, will ich erst gar nicht sprechen. Aber bis heute gibt es ungezählte Versuche, vor allem aus esoterisch geprägten Lagern, Menschen, ihre Qualitäten, Merkmale und Eigenschaften zu klassifizieren und einzuordnen. Was mit einem Tier in sensibelster Form möglich und für den Umgang mit dem Tier sehr hilfreich ist, das ist in jeder nur denkbaren Art und Weise auf den Menschen übertragen und angewandt von Beginn an ein Verbrechen.

Nicht selten gleichen sich Pferde innerhalb einer Zucht und auch innerhalb von Rassen nahezu wie ein Ei dem anderen. Dennoch sind sie sich bezüglich ihres Charakters oft sehr unähnlich. Ich habe erkannt, dass Charaktergruppenmerkmale viel prägnanter und praxisnäher Ähnlichkeiten und Verschiedenheiten offenbaren als Zuchtzugehörigkeiten. So ähnlich sich die beiden vorderen Pferde auch sehen mögen, so unterschiedlich sind sie doch in ihrem Wesen. Die rechte Stute ist sensibler, feiner und intelligenter, die linke ist geerdeter, mütterlicher und ranghöher. Die rechte Stute reagiert sensibler auf psychische Spannungen und Veränderungen, ist sehr wählerisch ob ihrer Menschen- und Pferdegesellschaft und kann gelegentlich sehr launisch sein. Die linke Stute dagegen ist duldsamer, konstanter, beharrlicher, ausdauernder, aber dafür anfälliger für Magenprobleme und Koliken.

Zum besseren Verständnis: Wie sind die folgenden Kapitel aufgebaut?

Zuerst einmal werden wir uns in aller Ruhe die einzelnen 26 Charaktergruppen anschauen und besprechen. Da, wo es angebracht schien, habe ich gleich zwei oder noch mehr Abbildungen der Beschreibung zugeordnet. Hierbei ist es wichtig, einen ersten guten Eindruck von der jeweiligen Charaktergruppe zu bekommen. Die Bildbeispiele sind, so nicht anders vermerkt, immer besonders klare Vertreter des beschriebenen Typs.

Schnell werden Sie feststellen, wie typgenau dieses Charaktergruppenmodell ist und wie sehr es die sonst so schwere Aufgabe vereinfacht, sein Pferd und andere Pferde immer besser und vollständiger zu erkennen und zu kennen. Mir war es dabei auch wichtig, die einzelnen Pferdecharaktergruppen so darzustellen und zu beschreiben, dass das allgemeine Wesen Pferd mit Hilfe dieser Charaktergruppen nach und nach immer deutlicher wird. Mir war es wichtig, nicht nur einen Abschnitt an den nächsten zu fügen, sondern durch die Beschreibung einzelner Pferdecharaktere das Wesen Pferd als solches und seine Geheimnisse neu zu entschlüsseln.

Im 5. Kapitel dieses Buches wende ich mich schlicht und einfach den ersten Minuten des Zusammenseins mit einem Pferd zu. Denn wenn Sie ein Pferd erkannt haben, dann öffnet sich Ihnen auch ein anderes unbekanntes Tor. Nach dem Erkennen kommt jener Schritt, der das Fundament meiner Arbeit bildet. Aus dem Erkennen heraus und aus der dann folgenden ersten Begegnung folgt der Reifungsprozess, der zur Bindung und Freundschaft führt. Erst wenn ich den Bretonen zweifelsfrei erkenne, genauso

Alle Pferde der einzelnen Charaktergruppen stehen untereinander in Beziehung. Um ein bestimmtes Pferd einer bestimmten Charaktergruppe wirklich erkennen zu können, ist es auch wichtig zu wissen, was es von Anderen unterscheidet. Darum ist der Überblick so bedeutsam. Alle Charaktergruppen zusammen ergeben ein komplexes Bild über das »Wesen Pferd« ganz allgemein.

Campeon 13 und Naranjero, erst dann kann ich die Verwandlung bewirken, die dann die Basis darstellt für eine allmähliche, fast unbewusste Entwicklung.

Schließlich kommen wir zu dem Teil dieses Buches, in dem ich mich der Frage widme, wie sich die einzelnen Charaktergruppen in der Zusammenarbeit mit dem Menschen verhalten. Hier gehen wir sehr ins Detail, um zum Schluss einen weiten Überblick zu bekommen. Diese Beschreibungen sind auch übergreifend für andere Charaktergruppen bedeutsam. Es ist ein sehr praktisch orientiertes Kapitel, das anhand von speziellen Pferdeeigenschaften auch das Allgemeine Schritt für Schritt erläutert.

In Verbindung mit den anderen Kapiteln entsteht so ein weiter Bogen, beginnend in der eigentlichen Urwelt der Pferde hin zu den ganz praktischen Schritten im Zusammensein mit ihnen am Boden oder unter dem Sattel.

Schließlich habe ich die wichtigsten Kernpunkte aller Charaktergruppen noch einmal in kurzen strukturellen Übersichten zusammengefasst, die einen immer wieder neuen, schnellen Eindruck vermitteln, nachdem man zuvor den großen Bogen im Detail hat auf sich wirken lassen.

Ein filigranes Beziehungsgeflecht oder: Wie arbeitet man mit dem System der Charaktergruppen?

Das gesamte System ist wie ein zusammenhängender Körper. Alles ist ineinandergefügt und miteinander verbunden. Selbst die Reihenfolge ist in unterschiedlichster Hinsicht bedeutsam und sogar die Anordnung der Darstellung der 26 Charaktergruppen auf dem Fototableau.

Das bedeutet für den Leser, dass er zu einer bestimmten Charaktergruppe nicht nur an der einen zugeordneten Stelle wichtige Informationen erhält, die sich auf diesen Pferdetyp beziehen. Immer wieder vergleiche ich bestimmte Verhaltensweisen mit anderen Charaktergruppen und beziehe mich darauf. So gibt es am Ende ein ineinander gefügtes, großes Bild, das alle Pferdetypen der Welt in Abhängigkeit voneinander darstellt und als Ganzes begreift und erklärt. »Tänzer« »Taube«, »Kind« und »Nordwind« stehen ebenso miteinander in Beziehung wie »Freund«, »Wanderer«, »Hüter des Feuers« und »Der Bescheidene«. Was ist beim »Zigeuner« so anders als beim »Dandy« und warum sind sie sich dennoch so ähnlich? Warum stehen »Minister« und »König« in der Reihenfolge direkt hintereinander und warum sind sie trotz gewisser, auch äußerlicher Ähnlichkeiten, doch so unterschiedlich? Warum beginnt die Liste mit dem »Einhorn« und warum endet sie mit »Pegasus«? Und was ist an beiden so gleich und was ist auf der anderen Seite so verschieden?

Jede einzelne Charaktergruppe stellt also zum einen sich selbst dar, zugleich aber setzt sie sich in Beziehung zu allen anderen. Und erst in diesem Beziehungsgeflecht offenbaren sich die einzelnen Charaktere wirklich.

Das universelle Hilfsmittel

Mein Charaktergruppensystem ist also zunächst einmal ein universelles Hilfsmittel, um Pferde ganz allgemein verstehen und kennen zu lernen. Der Leser wird sowohl in die allgemeine als auch spezielle Welt der Pferde hineingeführt. Er bekommt einen Überblick über das Wesen aller Pferde und lernt zugleich die Bestimmbarkeit auch des winzigsten Details. Aus diesem großen Überblick kann sich die Sicherheit formen, die man braucht, um ein ganz bestimmtes Pferd zu erkennen und es dann schließlich wesens- und artgerecht zu betreuen. Das ist Sinn und Ziel dieser neuen Herangehensweise.

Hier sind Mensch und Pferd zusammen in einer Art und Weise, wie man es sich wünschen mag. Morgendlicher Nebel liegt über der Szene. Die Sonne sendet ihre ersten Lichtstrahlen in das flache Pyrenäental. Mensch und Pferd sind miteinander – und Mensch und Pferd haben gemeinsam Dinge erfahren und gelernt. Sie sind ein ganzes Stück ihres Lebensweges miteinander gegangen. Doch auf diesem gemeinsamen Weg gab es immer einen ganz seltsamen »Kleister«, der die Erfahrungen erst möglich machte: Emotion!

Um einen möglichst großen Lerneffekt zu erhalten, sollten Sie bitte das Folgende unbedingt beachten:

1. Lesen Sie sich beim ersten Mal die Beschreibungen durch, **ohne jede Absicht, das Gelesene auch zu behalten.** Schauen Sie sich einfach ganz entspannt und gelassen die Bilder an und lassen Sie das Ganze ruhig auf sich wirken. Das machen Sie bitte mit allen Charaktergruppen so.

2. Versuchen Sie auf keinen Fall schon beim ersten Durchblättern und Lesen, Ihnen bekannte Pferde einer Gruppe zuzuordnen. Verfallen Sie bitte nicht der Versuchung, schon beim ersten Mal Ihr eigenes Pferd bestimmen zu wollen. **Bleiben Sie konsequent und lassen Sie Ihre Pferde bei der ersten Runde noch aus dem Spiel.**

3. Dann sollten Sie sich anderen Kapiteln oder anderen Dingen zuwenden. Versuchen Sie nicht, auswendig zu lernen. Versuchen Sie vielmehr, ganzheitlich und intuitiv zu erfahren und zuzuordnen. Dann können Sie in den Charaktergruppen herumblättern, und immer wieder werden Sie Neues entdecken und Wichtiges erkennen. In dieser Art »Spiel« wird sich Ihr Verständnis langsam, aber grundlegend erweitern. Nehmen Sie sich ruhig einige Tage oder auch Wochen Zeit dafür. Das, was Ihnen spontan dazu einfällt, sollten Sie sich in einem separaten Heft notieren. **Ihr Unterbewusstsein arbeitet jetzt für Sie.** Ohne dass Sie es wollen, wird das Gesehene zu einem tiefen Bestandteil von Ihnen. Sie werden jetzt schon ganz anders auf Pferde zugehen.

4. Gerade mit der Beurteilung des eigenen Pferdes sollten Sie sehr behutsam umgehen, denn vor allem das Zusammensein mit dem eigenen Pferd ist, wie bei jedem Menschen, von Bildern und Vorurteilen geprägt. Glauben Sie mir, wenn Sie so wie beschrieben an dieses Thema herangehen, dann wird sich ohne Ihr bewusstes Zutun herauskristallisieren, wessen Kind Ihr Pferd denn eigentlich wirklich ist. Eines Morgens werden Sie aufstehen und anders als zuvor wissen: So ist es wirklich!

5. Natürlich ist es verlockend, jetzt so manches Pferd in der Umgebung blitzschnell zu charakterisieren – doch Vorsicht! Bevor Sie damit beginnen, prüfen Sie sich an Fotografien und warten bis zur realen Premiere so lange, bis Sie wieder eines Morgens erwachen und das sichere Gefühl haben, dass Sie das System wirklich durchdrungen haben.

Wie Lernen funktioniert

Das Potenzial eines jeden Menschen ist bei weitem größer, als er womöglich selbst glaubt. Lernen funktioniert in Wahrheit jedoch ganz anders, als wir es in aller Regel in der Schule erfahren. Ja, ganz im Gegenteil – die Formen des Lernens, die wir gemeinhin kennen, sind eher dazu geneigt, Lernen, Reifen und sich Entwickeln zu verhindern. Hier einige Stichworte zum Thema aus meiner Sicht:

1. Der Wunderkleister Emotion

Sie müssen wissen, dass jede Information, die nicht mit Fühlen und Emotion verbunden ist, nur für einen sehr kleinen Augenblick haften bleibt. Stellen Sie sich das Ganze wie ein Netz vor. Da hinein gelangt eine Information. Ist sie ohne »Kleister«, also ohne Zusammenhang zum eigenen Erleben, das immer emotional und gefühlt ist, dann bleibt sie wohl einige Augenblicke wackelig im Netz liegen, aber schon bei der kleinsten Bewegung fällt sie wieder nach unten heraus und ist verloren. Das ist Schulwissen, das ohne Begeisterung für den Lehrstoff und ohne Bezug zur Realität vermittelt wurde. Das Wissen reichte gerade einmal für die nächste Klassenarbeit und selbst das Pauken bis dahin war Quälerei. Wenn Sie sich selbst oder einem Kind Wissen dauerhaft aneignen wollen, dann hüllen Sie es in »dicken Kleister« aus Fühlen und Emotion. Machen Sie es zu einem Teil gelebten Lebens. Dann bleibt es für immer im Netz der Erfahrungen »kleben« und wird Teil einer vielschichtigen und schillernden Persönlichkeit.

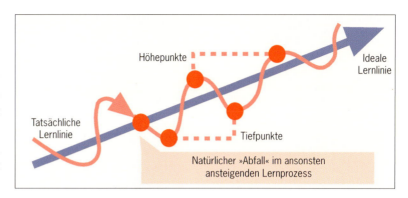

2. Wissen sammeln wie die Spinnen die Fliegen

Meine Fähigkeiten auf dem Gebiet der Pferde sind eben nur zu erklären, weil ich so viele Zusammenhänge wie möglich herzustellen versuche, die dann im Speziellen zu speziellen Erkenntnissen führen. Es ist wie das Bauen eines möglichst großen Spinnennetzes. Je weiter es gespannt ist, umso größer ist die Wahrscheinlichkeit, dass mit »Kleister eingeschmierte Wissensfliegen« auch im Netz hängen bleiben. Es gibt so vieles, was so interessant ist und was man darum auch tun sollte. So viele Menschen klagen heute immer wieder darüber, dass sie nicht mehr musizieren, sich nicht mehr für all das Andere interessieren, was womöglich einmal ihr Leben früher ausfüllte. Schließlich bleiben nur noch ein paar »Fäden« übrig und das Wesen verkümmert. In unserer Welt der Pferde ist das Gegenteil der Fall.

3. Der Abrutsch in den Himmel

Nichts funktioniert in der Natur linear. Auch das Lernen nicht. Die Grafik zeigt, wie es in Wahrheit vor sich geht. Das bedeutet, dass Sie immer wieder an eine Stelle gelangen, an der Sie das Gefühl bekommen auf einem ganz bestimmten Gebiet weniger zu wissen als Tage oder Wochen zuvor. Das stimmt in gewisser Hinsicht auch, aber dieser Augenblick ist nur die Vorbereitung für den nächsten Anlauf nach oben.

4. Die kreative Pause

Und was ist, wenn Sie sich in einem solchen Loch befinden und einfach eine Pause machen? Oder etwas ganz anderes? Dann sind Sie schon ein gutes Stück weiter im Erkennen von wahrem Lernen.

5. Der Jungbrunnen

Wehe dem, der glaubt alles zu wissen. Wehe dem, der aufhört immerfort wirklich zu lernen, sich zu wandeln, sich zu verändern, zu wachsen und zu reifen. Der ist alt und tot. Geistige Beweglichkeit ist Lebendigkeit schlechthin, ist der Jungbrunnen des Lebens überhaupt. Fangen Sie einfach immer von vorne an, wie ein Kind, dann sind Sie auf dem besten Wege, wirklich erwachsen zu werden. Und jetzt viel Vergnügen und viel »Kleister« bei dem Erfahren des Neuen!

Wie sich Pferde offenbaren

1. Das Einhorn

Das mag so manchen Pferdefreund überraschen: Nicht die Rasse ist entscheidend bezogen auf das Wesen eines Pferdes. Unbenommen von der Herkunft konnte ich alle Pferde der Welt 26 Charaktergruppen zuordnen. Und was nicht alles ist in jeder einzelnen Charakterbeschreibung zu finden. Wesen und Art, Vorlieben und Abneigungen, geistige und körperliche

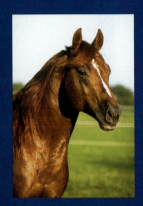
21. Der Prinz

3. Der Unteroffizier

4. Der Skeptiker

5. Der Freund

22. Der Sieger

9. Hüter des Feuers

10. Der Ursprung

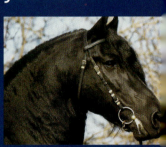
11. Der Wanderer

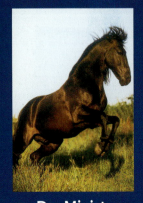
23. Der Minister

15. Der Einsame

16. Der Benutzte

17. Der Zigeuner

Das Spiel der 26 Karten

Erscheinungsform. Die einzelnen Charaktergruppen geben Auskunft über Haltungsformen und Wege der Zusammenarbeit. Sie beschreiben, wie Pferde reagieren in Normal- und Stresssituationen, sie geben Aufschluss, welches Pferd zu welchem Mensch passt und vieles mehr. Ist ein Mensch also bereit, ein Pferd zu erkennen, dann ist hier der Schlüssel dazu!

2. Die Taube

24. Der König

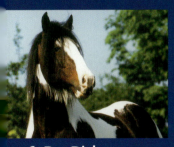

6. Der Dicke

7. Der Bauer

8. Der Tänzer

25. Der Harte

12. Das Kind

13. Der Halbgeborene

14. Nordwind

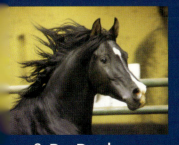

18. Der Dandy

19. Der Bescheidene

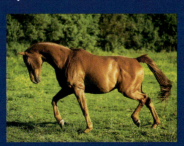

20. Der Frosch

26. Pegasus

Das Einhorn

Nicht ohne Grund beginnen wir unseren Reigen mit dem »Einhorn« und beenden ihn mit »Pegasus«. Beide Pferdecharaktere sind sich in gewisser Weise ähnlich und doch sind sie sehr verschieden.

Über das Wesen

Das »Einhorn« ist ein weises Pferd, und darum nicht für jedermann geeignet. Es ist ein Wesen, dem man sehr genau erklären und begründen muss, warum etwas welchen Gang nehmen soll. Dieses Pferd will überzeugt werden und ist es einmal überzeugt, wird es zu einem herausragenden Freund. Es ist ganz sicher kein Anfängerpferd. Ganz im Gegenteil, das »Einhorn« braucht einen erfahrenen und sehr geduldigen Pferdemenschen um sich herum.

Ein solches Pferd ist nur mit Mühe auch als Hengst in die Aggression zu treiben – aber wird es wirklich provoziert, dann attackiert es ohne große Vorwarnung und ohne jedes Pardon. Wenn also ein Pferd dieses Typus in einer Veranstaltung vor mir steht und seinem Besitzer gegenüber auch nur kleinste Signale der Übergriffigkeit zeigt, dann ist mein Weg der, dem Pferd aus ruhiger Distanz heraus in wenigen Minuten meine Kraft und meine innere absolut gleichmütige Haltung zu bedeuten. Aus dieser räumlichen Distanz und mit dieser inneren Einstellung geht sicher alles ganz schnell, und der Abschied nach nur wenigen Minuten fällt schwer.

▸ Spontane Assoziationen zum »Einhorn«

Das »Einhorn« ist klug, weise, edel, distanziert, ehrgeizig, will überzeugen und überzeugt, will anerkannt und gerecht eingeschätzt werden. Es legt weniger Wert auf eine enge als auf eine klare Beziehung zum Menschen. Dies ist ein bedeutsamer Faktor für die Einschätzung seitens so mancher »eher romantisch orientierten« Reiterin, denn auf diese übt gerade auch das »Einhorn« große Faszination aus. Sentimentale Nähe jedoch weist dieses Pferd zumeist schroff zurück. Es sucht einen klaren Weg der Entwicklung und darum einen in sich gefestigten, klaren Menschen, der diese Reifung auch fördern und unterstützen kann. Das »Einhorn« ist durch Ungerechtigkeit und vor allem durch Unklarheit leicht zu verletzen.

Wenn das »Einhorn« leidet, dann frisst es viele Probleme meist unerkannt in sich hinein. Es wird darum selten unter kleinen Wehwehchen leiden, dann aber plötzlich und mit einem Male schwer erkranken. Das Einhorn wird das Leiden zunächst negieren und dagegen ankämpfen, um dann mit einem Schlag »zusammenzubrechen«.

Darum ist es so bedeutsam, schon kleinste Zeichen des Unmutes sehr ernst zu nehmen.

Körpermerkmale im Detail

Hoch angesetzte, gut geformte und klare Augen. Relativ kleine Stirn und große Nasenpartie – Augen nicht zu weit stehend – das und der nur leicht gewölbte Nasenrücken, die feine Form der Nüstern und ihre hohe, weit vorn angesetzte Lage bedingen vor allem den edlen, aristokratischen Eindruck.

Die Ohren stehen eng, ihre Größe und ihre leicht nach innen zeigende Form sprechen von ruhigem Fleiß und von ausgeglichenem Wesen.

Die Unterlippe ist leicht nach hinten gezogen – für das Pferd auf unserer ersten Abbildung etwas zu weit, was von augenblicklichen Verspannungen zeugt. Nach nur wenigen Minuten guter Arbeit würde sich das jedoch sofort legen. Die Oberlippe ist schön ausgeprägt und geformt – sie zeugt von gutem Durchsetzungsvermögen und von Sensibilität.

Die Ganaschen unseres ersten Beispielpferdes erscheinen mir etwas klein und etwas eng. Das deutet darauf hin, dass gelegentlich etwas engstirnige Diskussionen zu erwarten sind. Da muss man dann mit einem ruhigen Schmunzeln hindurch. Hat man aber dem Pferd, seinem Charakter gemäß, die Lage noch einmal beschrieben und erklärt, zeigt sich schon gleich wieder seine freundliche Großzügigkeit.

Schulter, Ellenbogenpartie und Halsansatz sind im Wesentlichen schön, wenngleich mit einem leichten Hang zur Schwerfälligkeit. Dies kann grundsätzlich für einen weniger erfahrenen Pferdemenschen zu einem wirklichen Problem werden! Es weist auch darauf hin, dass dieses Pferd, vor allem zu Beginn der Ausbildung, immer weit unter seiner Belastbarkeitsgrenze gearbeitet werden muss, sonst kann es sogar »sauer« werden und seine Mitarbeit völlig verweigern. Man sollte ihm gute und lange Pausen gönnen. Auch sein Körperaufbau bezeugt das. Dieses Pferd ist kein Hochleistungsathlet, es ist ein sensibles »Einhorn«.

Welcher Mensch passt zum »Einhorn«?

Dies ist, wie schon gesagt, ein Pferd für einen erfahrenen, klaren und ruhigen Menschen. Es ist ganz sicher kein Kinderpferd.

Das »Einhorn« weist entgegen vieler Vorurteile so manche körperliche Schwächen auf. Auf diese kommen wir in Kapitel 6 noch einmal zurück. Das Pferd ist zwar in aller Regel durchaus bis in die Hohe Schule zu führen, jedoch nur mit einer langjährigen und vergleichsweise sehr vorsichtigen Grundausbildung. Das liegt vor allem an der relativen Schwäche seines Rückens und der Hinterhand speziell im Bereich der Knie. Mit einem Menschen, der diesem Pferd in all seinen Schwächen und Stärken gewachsen ist, wird es dann jedoch in nahezu unbegrenzte Höhen aufsteigen können.

Die Taube

Hier haben wir das Beispielbild eines Arabers, wie man es häufig zu sehen glaubt. Doch Vorsicht – hinter der rassetypischen Maske verbergen sich viele Einzelheiten und Details. Wir wollen anhand dieses Beispielbildes unseren Blick auf diese Einzelheiten richten und ihn schulen und schärfen im Hinblick auf die zweite Charaktergruppe, die der »Taube«.

Über das Wesen

Unterhalb der für Araber so typischen konvexen Nasenlinie erkennen wir in diesem Falle auch noch tief liegende Wangenknochen. Das ist typisch für das Wesen der »Taube«. Der gesamte Kopf erscheint der Nasenlinie folgend wie nach unten gebogen zu verlaufen. Das erlebt dieses Pferd als eine Art »grundsätzliche Schwäche« – als eine Art »Mangel an Selbstvertrauen«.

Dieses Pferd kann sich gemeinsam mit der Hilfe seines Menschen überwinden, und mit seiner sich zur Wachsamkeit wandelnden Ängstlichkeit entsteht dann eine schöne Leichtigkeit, Sensibilität und Beweglichkeit. Das hervorstechende Merkmal der »Taube« aber bleibt ihre auf Wachsamkeit und Zartheit begründete Ängstlichkeit, – die nicht unbedingt schlechte Anlage, sich einfach zu »sorgen«.

Die »Taube« ist leicht zu überfordern. Zugleich aber hat sie einen guten Vorwärtsdrang und ein großes Bedürfnis nach Bewegung – das drücken besonders die Lage und die nach innen gebogene Form der Ohren aus. Diese beiden Charaktereigenschaften schaffen im Innenleben des Pferdes eine seltsame Konstellation der Unentschiedenheit, die manchmal bis zu Zerrissenheit führt.

Das muss man wissen und immerzu beachten, wenn man es mit einem solchen Pferd zu tun hat! Erst wenn man nämlich diese Grundeigenschaft erkannt hat, können sich die positiv tragenden Anlagen im Zusammensein mit dem Menschen richtig entfalten.

Jene ängstliche Fuchsstute, der wir auf den Seiten zuvor im Kapitel 1 schon begegnet sind, war eine solche »Taube«. Das heißt, die angesprochene Ängstlichkeit ist für dieses Pferd Normalität! Gelingt es mir in wenigen Minuten, Charakter, Ängstlichkeit und Überwindung der Ängstlichkeit in einen für das Pferd normalen Zyklus einzubinden, dann habe ich das Tor zur inneren Vertrauenswelt dieses Pferdes schon geöffnet! Der Erfolg in dieser Begegnung und die Selbstfindung des Pferdes beruhte also zu einem ganz großen Teil im Erkennen des Charakters und in dem Wissen über das Wesen dieses Charakters.

Bleiben wir noch einen Augenblick bei der ersten Abbildung: Das Bild zeigt deutlich, dass in diesem Falle und zu diesem Zeitpunkt die grundsätzlich guten Anlagen der »Taube« nicht zur vollen Geltung kommen. Die Ängstlichkeit des Pferdes bewirkt hier eine schlummernde Abwehrhaltung, die bei unguter Behandlung zu nicht zu unterschätzender Aggression führen kann. Aggression aus Ängstlichkeit, gepaart mit dem Gefühl einer gewissen Schwäche, führt bei diesen Pferden in Stresssituationen nicht selten zu explosionsartigen Reaktionen. Bei Pferden des Typs »Taube« muss man immer damit rechnen.

Im Laufe der Jahre hat dieses Beispielpferd ganz eigene Wege beschritten, um seine eigene Ängstlichkeit und auch die unterschiedlichsten Verhaltensweisen der Menschen zu kompensieren. Hier also haben wir einen schönen Fall, bei dem man beides gut und deutlich ablesen kann: zum einen die angeborenen, genetisch bedingten Eigenschaften, zum anderen jene, die sich im Laufe der Zeit charaktertypisch herausgebildet haben.

Zu den letzteren Merkmalen gehören zum Beispiel das weit aufgerissene Auge, die Zerfurchung des Augenlides sowie die Verkrampfung vor allem im hinteren Bereich der Unterlippe. Der Ängstlichkeit des Pferdes wurde offensichtlich nicht genügend Rechnung getragen. Wie man prinzipiell mit einem solchen Pferd umgeht und arbeitet, das lernen wir in Kapitel 6. Jetzt fahren wir erst einmal in der allgemeinen Beschreibung fort.

Spontane Assoziationen zur »Taube«

Ängstlichkeit, Nervosität, Schreckhaftigkeit, guter Bewegungswille, Wachsamkeit, Sensibilität, Intelligenz, mangelndes Selbstvertrauen. Die Taube sucht darum die Anlehnung und die sicher führende, sehr geduldige und einfühlsame menschliche Hand. Sie braucht besondere zusätzliche Schritte in der Ausbildung, die sich ganz spezifisch an ihr Wesen und ihren Körperbau wenden.

Körpermerkmale im Detail

Konkave Form des gesamten Kopfes – hier sogar noch über das typische Maß des Arabischen Pferdes hinaus. Weite, sehr hoch angesetzte, eng liegende Nüstern. Auch hier zeigt sich die Sensibilität und zugleich fehlendes Selbstvertrauen sowie eine gute Portion innere Unsicherheit. Bei einer durchschnittlich breiten Stirn erscheinen die Augen relativ weit. Im Verhältnis zu den Proportionen des Kopfes zeigt sich hier auch wieder die Unschlüssigkeit im Verhalten des Pferdes. Die Ganaschen erscheinen oftmals vergleichsweise klein und eng – was wiederum auf Unschlüssigkeit und Ängstlichkeit bei diesem Charaktertyp hinweist. Die Form der Ohren und die Trockenheit des Kopfes bezeugen den großen Bewegungsdrang des Pferdes und seine Anlage, Klarheit und Kraft zu entwickeln. Alles deutet darauf hin, dass dieses Tier scharfe, helle Anlagen in sich bereithält, die durch einen sensiblen, dem Freiheitsdrang des Pferdes entsprechenden und zugleich innere und äußere Sicherheit bietenden Umgang herausgeschält werden können und müssen (siehe auch Kapitel sechs). An dieser Stelle will ich auch gleich auf die Ausführungen verweisen, die man in meinem Buch »Mit Pferden tanzen« zum Thema »Konkavpferd« findet. Denn um eine »Taube« zu einem guten und gesunden Reitpferd ausbilden zu können, braucht man einen weiten Erfahrungs- und Wissenshintergrund. Die »Taube« gelangt schnell von einem Punkt zum nächsten, aber das am liebsten alleine. Will man sich auf eine »Taube« setzen, um sie zu lenken, um sie in ihrer Freiheit einzuschränken, dann sind ganz andere Vorbereitungen dazu nötig als zum Beispiel bei einem Pferd des Charaktertyps »Freund« oder »Einhorn«. Nicht ohne Grund sind es gerade die »Tauben«, die vor allem bei Showveranstaltungen, bei denen die Pferde an der Hand vorgeführt werden, brillieren. Diese Eigenschaften sollte man sich ungetrübten Blickes bewusst machen, wenn man ein solches Pferd besitzt oder mit dem Gedanken spielt, sich einem solchen Pferd zuzuwenden.

Welcher Mensch passt zur »Taube«?

Grundsätzlich ist es auch einem Menschen, der nicht viel Erfahrung mitbringt, möglich, ein Pferd des Typs »Taube« zu halten und zu pflegen. Die besondere Erfahrung braucht es dann beim Ein-, Zu- und Bereiten. Wichtig ist vor allem, dass sich das Pferd, das Nähe sucht und Anlehnung braucht, in seinem Wesen verstanden fühlt, um dadurch einen Ausgleich zu den angeborenen inneren Spannungen aufbauen zu können. Die »Taube« sucht einen von Anbeginn an behutsam und sensibel handelnden, ruhigen, einfühlsamen und nicht ehrgeizigen Menschen. Unter Begleitung und Kontrolle können auch Kinder mit diesem Pferd gut zurechtkommen, obwohl es nicht das geeignetste Kinderpferd ist. Man sollte viel Zeit mit diesem Pferd in ruhiger Atmosphäre, bei langen Spaziergängen und ruhigen Ausritten verbringen. Ganz allmählich sollte das Tier sein Selbstvertrauen zusammen mit seinem Pferdemenschen erweitern und ausbauen können. Dann legt sich die äußerlich übrigens nicht immer so deutlich hervortretende innere Grundangst, und das Pferd wird zu einem verschmusten und unglaublich treuen Freund. Das »Flatterhafte« und Ängstliche der Taube wird sich wandeln in eine wunderbare Eleganz, die sich wie im Balzflug dieses symbolhaften Tieres schließlich in Zufriedenheit und beschwingtem Stolz ausdrückt.

Der Unteroffizier

Auch dieses Pferd sollten wir uns genau anschauen. Gerade durch das Kennenlernen seines Wesens können wir viel Allgemeines lernen, das uns grundsätzlich bei der Charakterbestimmung von Pferden aufgrund ihrer äußeren Erscheinung weiterhelfen kann.

Über das Wesen

Kommen wir zunächst einmal zu dem Phänomen »Fuchs«. Denn der »Unteroffizier« ist sehr häufig fuchsfarben. In der spanischen Zucht war es lange Zeit nicht erlaubt, Füchse zu züchten. Inzwischen hat sich das wohl hier und da ein wenig gelockert. Viele Altmeister der klassischen Reitkunst waren gar der Meinung, Füchse seien grundsätzlich nicht zu reiten. Nun, mein kleiner Janosch – inzwischen hat er es ja zu einigem Ruhm gebracht – ist auch ein Fuchs. Und ihn reite ich ja bekanntermaßen. Doch das hat natürlich auch seine Geschichte. In der Tat ist es so, dass Füchse in aller Regel über ein ganz charakteristisch eigensinniges Temperament verfügen. Sie haben oft ihren ganz eigenen Kopf – so wie der hier abgebildete Vertreter seiner Farbe auch. Fakt ist: Füchse leiden häufiger unter Herz- und Kreislaufproblemen, mögen Hitze nicht besonders, erkranken häufiger als andere im Bereich der Genitalien, und auch Augenleiden sind häufiger bei ihnen anzutreffen. Doch das ist ja alles bei guter Haltung und Behandlung kein Problem. Bemerkenswert für mich ist die Präsenz und die Wachsamkeit vieler Füchse. Auch dieser Fuchs zeugt davon.

Spontane Assoziationen zum »Unteroffizier«

Der »Unteroffizier« ist ein »messerscharfes«, feuriges, unabhängiges, schnelles, hartes, insgesamt sehr gesundes, Gerechtigkeit liebendes, zumeist auf einen Menschen fixiertes, in seinem Wesen immer auch wild bleibendes Ausnahmepferd.

Körpermerkmale im Detail

Auffällig ist die Nasenlinie von den Nüstern bis hin zu den Ohrenansätzen. Sie scheint ähnlich der des nächsten Pferdes, bedeutet aber in Wahrheit etwas ganz anderes für sein Wesen und Auftreten. Charakteristisch sind auch die Augen und die von der Seite betrachtet dreieckige Form des Kopfes. Dieses Pferd ist ein Kämpfer. Aber es ist kein Offizier und auch kein Soldat. Es braucht die klare »Weisung« von einem Herdenchef oder von einem erhaben handelnden Menschen, um dann, wenn er diese Weisung verstanden und eingesehen hat, mit aller Zuverlässigkeit selbstständig zu agieren.

Die zusammengekniffenen Lippen unseres linken Beispielpferdes und die Verspannungen, die man an dieser Stelle sehen kann, sind durch gute Arbeit leicht zu lösen. Hat sich das Pferd erst einmal nach ein paar Minuten schnaubend entspannt, dann kommt die Weichheit und die Gelassenheit, die auch in seinem Wesen liegt, ganz deutlich zum Ausdruck.

Die relativ kleinen Augen bescheinigen ihm nicht die höchste Weisheit – darum ist er kein »General« oder »Minister«, um im Bild zu bleiben. Aber sein ganzes Wesen ist von einer durchsetzungsfreudigen Schläue und Lebensintelligenz geprägt.

Jener »Huckel« über den Augen, der bei diesem Pferd ausgeprägt ist, zeugt von Stärke und Durchsetzungsfähigkeit. Immer, wenn ich in meinen Veranstaltungen auf eine solche Linie stoße, bin ich sehr vorsichtig – vorsichtiger als sonst ohnehin. Denn innerhalb anderer Konstellationen kann diese Linie auch durchaus »böse Überraschungen« beherbergen. Auch der »Unteroffizier« kann sehr unangenehm werden, wenn er es mit Menschen zu tun hat, denen er sich überlegen fühlt und die ihm nicht ganz zweifelsfrei den Sinn ihrer Handlungen darlegen können. Dann wird er zum Befehlenden, zum Boss – und das mit allen Mitteln.

Die gerade Unterlinie des Kopfes weist ebenfalls auf ein Wesen hin, das zwar große Fähigkeiten in sich wähnt und sie auch besitzt, das aber durchaus mit der zweiten Position einverstanden ist, wenn sie ihm gerechtfertigt erscheint. Die Nüstern sind sensibel und relativ fein. Die Ohren zeugen von mittlerem Arbeitswillen, der einem sonst leicht hitzigen Fuchs auch gut zu Gesicht steht. Wie bei so manchen Füchsen ist auch hier der Kopf vergleichsweise kurz – das ist immer ein Zeichen zum »Pferdestehlen«, diese Pferde gehen mit ihren Menschen durch dick und dünn. Darüber hinaus ist es ein Zeichen von Härte und innerer Kompaktheit.

Der Halsansatz bei unserem linken Beispielpferd ist schön – lediglich die Oberlinie des Halses zeugt von einer gewissen Schwäche, die aber durch gutes Arbeiten ausgeglichen werden kann.

Welcher Mensch passt zum »Unteroffizier«?

Dieses Pferd kann beides sein – einfach und kompliziert, je nachdem, welcher Mensch sich auf welche Art und Weise diesem Pferd nähert. Es ist absolut kein Pferd für einen Anfänger und auch ganz sicher nicht für Kinder. Ganz im Gegenteil: Für Kinder hat der »Unteroffizier« in aller Regel nicht viel übrig.

Dieses Pferd braucht eben einen »General«. Denn, wie schon gesagt, wenn der »Unteroffizier« keine klare Beziehung zu seinem Menschen hat, dann kann er auch schon mal etwas »härter nachfragen«. Er fühlt sich dann schnell einsam und verlassen und wird sich neben einem aufbegehrenden Verhalten immer weiter in Trauer zurückziehen.

Findet dieses Pferd jedoch ein klares Gegenüber, einen starken, in sich gefestigten, um Gerechtigkeit bemühten, auf Ordnung und Maß bedachten Pferdemenschen, der ihn fördern und ihm die Welt zeigen kann und ihm viel Zeit widmet, dann wird er diesem ein wunderbares Bild vermitteln können von der Freiheit, die Pferde nun einmal in sich tragen. Denn dieses Pferd hält dann sehr viel Glück auf seinem Rücken bereit.

Der Skeptiker

Über das Wesen

Wie bei dem Fuchs zuvor, erkennen wir auch hier wieder jene Erhöhung der Nasenlinie im Bereich der Augen. Doch schauen Sie sich bitte einmal das Verhältnis Augen, Ganasche, Ohren, Nasenlinie und Nüstern zusammen an. Denn wie schon eingangs gesagt, geht es nicht darum, blindlings aus einzelnen Merkmalen auf das Innere eines Pferdes schließen zu wollen. Erst das Zusammenspiel aller nur erdenklichen, oft kaum wahrzunehmenden Einzelheiten öffnet die Tore und erlaubt einen wirklichen Blick in die Tiefe unseres Schützlings. Bei dem hier oben groß abgebildeten Pferd dominiert die Skepsis in jeder Faser seines Wesens.

Ein Pferd wie dieses hier kann bei falscher Behandlung sehr schnell bösartig gemacht werden. Wie kommt das?

Körpermerkmale im Detail

Die relativ kleinen Augen, die flache und relativ grobe Ausprägung der Augenknochen, die Lage der Augen dicht unterhalb der Nasenlinie, die relativ kleinen, fleischigen Nüstern, die grobe, nach innen gezogene Oberlippe, die wenig ausgeprägten Ganaschen, die etwas hängende Unterlippe, alles das zeugt von einem wenig intelligenten, nicht sehr bewegungsbetonten, aber dennoch eigensinnigen, durchaus auch charakterstarken Pferd, das kräftig und durchsetzungsfähig ist.

Dieses Pferd ist nur schwer von Neuem zu überzeugen. Ihm muss man die einzelnen Angebote der Zusammenarbeit in »kleinen Häppchen« immer wieder anpreisen, sodass sie dann auch für ihn schließlich leichtverdaulich und schmackhaft werden.

Welcher Mensch passt zum »Skeptiker«?
Einem solchen Pferd wird sehr leicht Unrecht getan. Denn von ihm wird allzu oft gefordert, was es einfach körperlich und geistig nicht leisten kann. Und dann haben wir jenen Teufelskreis, der in Ungeduld bei dem Besitzer und in immer schärferen Reaktionen bei diesem energischen Pferd mündet. Im schlimmsten Fall kann ein solches Tier zu einer wirklich großen Gefahr für den Menschen werden. Der Besitzer eines solchen Pferdes sollte also zum einen sehr genau wissen, wen er da vor sich hat. Und er sollte insgesamt nur sehr wenig von seinem Pferd verlangen und erwarten. Denn hat das Pferd erst kleine Schritte geduldig gelernt und stimmt das Dominanz-Vertrauensverhältnis zwischen ihm und seinem Menschen,

dann kann es zu einem schönen, kumpelhaften und treuen Verhältnis kommen. Dieses Pferd ist weder ein Anfänger- noch ein Kinderpferd, obgleich man solche Pferde immer wieder bei Anfängern und Kindern antrifft. Das ist in höchstem Maße unverantwortlich, liegt aber wohl auch daran, dass sich der erfahrene Pferdemensch mit diesem Pferdetypus eher nicht abgeben möchte.

Der Mensch muss wissen: Alles an seinem Pferd scheint erst einmal sagen zu wollen: »Das stimmt doch wohl nicht, was du mir da erzählst«.

Darum sollte man die Ausbildung so oft wie möglich mit anderen Pferden zusammen bestreiten. Anderen Pferden glaubt der »Skeptiker« nämlich grundsätzlich viel eher als Menschen. Der »Skeptiker« muss das Neue erst bei anderen Pferden sehen, und er muss sehen, dass es anderen keinen Schaden, sondern Freude bringt. Dann wird auch dieses Pferd mit der Zeit so manches mittun und freudig lernen, wenn auch nur in kleinen Schritten.

Ganz wichtig ist, dass der Besitzer weiß, dass sein Pferd eben eines ist, das nicht lange fackelt, um seinen Unmut zum Ausdruck zu bringen. Schlagen, beißen, buckeln sind nun einmal die Waffen der Verteidigung eines Pferdes. Und bei diesem Pferd braucht es nicht viel, um sie zum Einsatz zu bringen – auch ohne große Vorwarnungen. Das Pferd auf der ersten Abbildung ist eines, auf das das Beschriebene in reinster Form zutrifft. Das Pferd der zweiten Abbildung ist durchaus beweglicher, intelligenter und sensibler, aber dennoch mit denselben Grundeigenschaften versehen. Vor allem die gesamte Nüstern-/Maulpartie ist wesentlich weicher gezeichnet und daher ist dieser »Skeptiker« insgesamt offener und aufnahmebereiter.

Mit dem richtigen, bodenständigen und gelassenen Menschen zusammen ist es ganz leicht, es niemals auch nur bis in die Nähe der angesprochenen unangenehmen Verhaltensweisen kommen zu lassen. Und dann wird auch dieses Pferd mit den Jahren ein guter Freund werden und es wird seinem Menschen dankbar sein, denn es fühlt sich erkannt und gefördert.

Noch einmal will ich an dieser Stelle mit allem Nachdruck betonen, dass es mir niemals um eine Bewertung geht, um gut oder schlecht, um sympathisch oder nicht. Selbst die Spur eines solchen Denkens und Empfindens würde meiner persönlichen Arbeit den Boden unter den Füßen wegziehen. Hochachtung und liebende Annäherung aber setzen klares Erkennen und Benennen voraus.

Der Freund

Zu ähnlich scheinen sich die einzelnen Pferdetypen zu sein, und doch verbergen sie gewaltige Unterschiede. Auch dieses Pferd hat eine ähnliche Nasenlinie wie die zwei davor besprochenen Pferdetypen, es hat ebenfalls einen deutlich erkennbaren »Huckel« im Bereich der Augen, und doch ist es in seiner Gesamtheit wieder ein ganz anderer Typ. Ihnen allen gemein ist die Kraft und die Fähigkeit sich durchzusetzen. Doch die Art und Weise, in der sie das tun, ist sehr unterschiedlich.

Über das Wesen

Wer einen solchen Pferdewesen besitzt, der kann eigentlich kein schlechter Mensch sein, denn dieser Typ Pferd ist der »Freund«.

Jedes Pferd ist ein guter Freund, aber Wesen, die in diese Charaktergruppe passen, vereinigen das, was man unter einem Freund verstehen kann, in der reinsten und schönsten Form. Dabei haben sie durchaus nicht alle guten Qualitäten in sich vereint – aber das verlangt ja auch niemand von einem Freund – oder?

Spontane Assoziationen zum »Freund«

Geerdet, treu, zuverlässig, unkompliziert, mittel intelligent und mittel begabt, gesund, ausdauernd, psychisch stabil und klar, positiv, bindungsstark, verständnisvoll, relativ anspruchslos, körperlich massig und grobstrukturiert, freundlich, eher mutig, bescheiden und offen.

Körpermerkmale im Detail

Auffällig bei dem Schecken ist die geradlinige, symmetrische Kopfform. Das Auge ist klein, hoch und dicht unter der Nasenlinie platziert. Das spricht nicht von großer Intelligenz, sondern eher von gelegentlicher Sturheit. Aber es spricht vor allem von Zuverlässigkeit und der Fähigkeit, sich bedingungslos zu binden. Schöpft dieses Pferd erst einmal Vertrauen, dann wird man es so leicht »nicht mehr los«.

Diese Art von Freundschaft ist nicht zu verwechseln mit Kleben. Dieses Pferd neigt, bei all seiner Treue, nicht unbedingt zum Kleben – auch das im Grunde ein Zeichen von Hingabe und Freundschaft.

Bezeichnend für dieses Pferd ist die Nasenlinie. An keiner Stelle hat sie eine Einbuchtung. Das deutet darauf hin, dass dieses Tier in Maßen, nicht so ausgeprägt wie der »König« oder der »Minister«, überlegen und durchaus auch mutig ist. Es ist sich seiner selbst bewusst, dabei aber auch zurückhaltend und bescheiden. Es hat Takt und ein mittleres Feingefühl, kann aber auch gelegentlich mal »auf stur schalten«

Die Nüstern sind vergleichsweise klein, grob sowie hoch und weit vorn angesetzt. Das deutet auf Unkompliziertheit und Einfachheit hin. Die Kopfsilhouette ist scharfkantig, auch das deutet auf Einfachheit und Unkompliziertheit des Wesens. Die Ganaschen dieses Pferdes erscheinen klein und eng, es ist sicherlich nicht für die Hohe Schule des Reitens geeignet. Der Hals ist gut angesetzt, wenn auch im oberen Bereich etwas zu kompakt und unbeweglich.

Welcher Mensch passt zum »Freund«?

In der Arbeit mit diesem Pferd muss man sehr darauf achten, es niemals zu überfordern. Es ist nicht der Typ, der immerfort nach neuen Herausforderungen fragt. Ein solches Pferd möchte eigentlich recht schnell durch die Schule gleiten (zwei bis drei Jahre), um dann seinem Menschenfreund in dauernder Konstanz zur Seite stehen zu können. Ein solches Pferd ist dann 20 oder 30 Jahre lang ein kaum zu erschütternder Kumpel. Körperlich sind diese Pferde in aller Regel sehr fit, werden selten krank, wenn man darauf achtet, sie nicht ganz ihrer Fresslust zu überlassen. Das Stockmaß dieser Pferde beträgt in aller Regel etwa 140 bis 150 Zentimeter.

Aus alledem kann man leicht die Eigenschaften herauslesen, die ein Mensch besitzen sollte, um mit diesem Pferd glücklich werden zu können.

Dieses Pferd wird leider viel zu selten den Anfängern überlassen. Es ist eben nicht besonders schnittig, erscheint wenig elegant, darum wendet sich der Neuling oft den »schöneren« Pferden zu. Auch Kindern gegenüber ist der »Freund« ein guter und zuverlässiger Partner.

Mit einem solchen Pferd kann man die Welt umrunden oder in den »Kampf« ziehen. Der unerfahrene Besitzer wird sich bei der Ausbildung des »Freundes« leicht Rat einholen können. Wichtig ist die eigene, gutmütige und keinesfalls ehrgeizige Haltung des Menschen dem Pferd gegenüber. Wer repräsentieren und angeben möchte, wer hoch hinaus will, der ist für dieses Pferd sicher nicht der Richtige. Freunde suchen Freunde – und darum sollte der Mensch über ähnliche Eigenschaften wie das Pferd verfügen – oder aber diese suchen und vom Pferd erlernen.

Unser zweites Beispiel, ein süddeutsches Kaltblut, ist sicherlich ein ganz außergewöhnlicher Vertreter dieser Gruppe. Solch ein Pferd wird in aller Regel verkannt. Es ist eben nicht besonders intelligent, ist nicht ganz so sensibel wie andere, ist aber im Grunde so etwas wie ein mit Fell überzogener Goldklumpen. Das Kaltblut ist adliger als der Schecke. An seiner wohlmodulierten Nüstern- und Maulpartie erkennt man trotz seiner Masse die größere Sensibilität und den höheren Rang. Der Schnitt des Kopfes ist nicht ganz so geometrisch, darum kommt der Besitzer dieses Pferdes gelegentlich auch einmal in etwas kritischere Situationen. Dieses Pferd hinterfragt den Menschen immer wieder und verlangt eine stärkere Führung.

Mit diesen »Freunden« an seiner Seite kann man sich getrost auf seinen »Lebensweg« wagen.

Der Dicke

Wenn ich von dem »Dicken« spreche, dann meine ich nicht unbedingt die Statur, das wirkliche Körpergewicht. Der Schecke zum Beispiel ist durchaus kein dickes Pferd, und dennoch fällt er eindeutig unter die Charaktergruppe »Der Dicke«.

Über das Wesen

Der »Dicke« ist dem »Freund« in seiner äußeren Erscheinungsform recht ähnlich, weist jedoch vollkommen andere Charakterzüge auf. Der »Dicke« ist zunächst einmal ein Pferd, das in seiner eigenen Welt lebt. Er kommt sehr gut ohne die Menschen zurecht. In Veranstaltungen, bei denen es darauf ankommt, dass meine Gäste so manches Pferd und so manche Verwandlung mitbekommen, lege ich ein solches Pferd immer an den Schluss. Ich weise dann darauf hin, dass wir bei einem solchen Pferd mit einer viel langwierigeren Reaktion rechnen müssen. Diese Pferdetypen verlangen mir eigentlich immer recht viel ab. Nicht der extrem Hektische, nicht der Aggressive und nicht der extrem Scheue bedarf einer solchen Geduld wie dieses Pferd.

In der Unterscheidung zum Beispiel von »Freund« und »Dicken« mag der Leser gut erkennen und nachvollziehen, wie dicht die einzelnen Pferdetypen beieinander liegen, und wie unterschiedlich ihre Wesenszüge doch sind. Nur eine Gruppe von Pferden fordert noch mehr an Geduld als der »Dicke«: Das ist die Charaktergruppe des »Bauern«, zu der wir im Anschluss kommen werden.

Zunächst einmal halten wir fest, dass wir es hier mit einem außerordentlich gutmütigen Pferdetyp zu tun haben. Den kann so leicht nichts aus der Ruhe bringen. Der ist auch nicht so leicht zu verderben, doch wenn er verdorben ist, dann ist er eben auch nicht so leicht zu korrigieren. In unserem vorhergehenden Beispiel hatten wir in der Tat ein dickes Pferd, ein Kaltblut. Das aber hatte nicht im Mindesten die Eigenschaften, über die wir jetzt sprechen. Bitte beachten Sie, dass es sehr viele dicke Pferde gibt, die außerordentlich schnell, wachsam und flink sind und sehr gewandt auf jede Art der Kommunikation reagieren.

Spontane Assoziationen zum »Dicken«

Insgesamt behäbig, vorsichtig, langsam. Wenig bewegungsfreudig, durchsetzungsfähig, mutig, kaum zu erschüttern, mittel bis wenig intelligent, ausdauernd, durchaus auch stur. Wenn dieses Pferd in die Aggression geführt wird, dann will es sich des Problems mit so wenig Energie wie möglich entledigen – dann wird dieses Pferd zu den gefährlichsten überhaupt.

Körpermerkmale im Detail

Auch hier ist das Auge klein, liegt hoch und dicht unter der Nasenlinie. Die Partie direkt hinter und über dem Auge ist jedoch sehr knochig und ausgeprägt. Nicht selten liegt das Auge dieser Pferde sozusagen wie »vermenschlicht«. Damit meine ich, dass es nicht seitlich anliegt, sondern eher wie von vorne aufgesetzt erscheint. Bei dem Schecken kann man das deutlicher sehen. Insgesamt wirkt der Kopf grob und wenig moduliert. Die Nüstern sind fleischig, besonders bei dem Schecken kann man das deutlich erkennen. Das Maul ist »nicht kommunikativ«, es ist nicht verspielt. Die Ohren sind kurz und fleischig, der Hals ist wuchtig, kompakt und erscheint wenig beweglich. Die Ganaschen sind wenig ausgeprägt und von fleischiger Konsistenz.

Der Schecke ist in seiner Struktur der Charaktergruppe noch ähnlicher. Besonders auffällig ist hier der Maulwinkel. Unter- und Oberkiefer driften kurz hinter der Maulspalte weit auseinander und hinterlassen darum noch einmal einen verstärkt groben, unmodulierten Eindruck. Hier sind die Lippen besonders einfach gestaltet, der Eindruck besonders unbewegt.

Welcher Mensch passt zum »Dicken«?

Der »Dicke« weist eine ganz besondere und sehr wichtige Eigenart auf, die auf den abgebildeten Schecken in besonderem Maße zutrifft. Da diese Pferde von einer enormen Durchsetzungsfähigkeit sind, aber zugleich wenig Bewegungsdrang verspüren, können sie besonders Anfängern gegenüber sehr gefährlich werden. Leider werden Anfängern, vor allem solche in der Ausbildung zum Profi, gerne derartige Pferde überlassen, weil keiner sonst so recht Lust hat, sich mit ihnen lange auseinander zu setzen. Sie wirken vollkommen ruhig und behäbig, gelten darum in Freizeitreiterkreisen nicht selten als so genannte »Verlasspferde«. Das sind sie aber nur so lange, wie keiner wirklich etwas von ihnen will. Werden sie in ihrer Ruhe gestört, und ein Anfänger wird das leicht tun, dann wird der Mensch in den Augen eines solchen Pferdes zu einer kleinen lästigen Fliege. Und in aller Regel stimmt das ja auch. Denn nur der wirklich Erfahrene kann ein solches Pferd in die Bewegung bringen (siehe Kapitel 6). Leider geschieht das in den meisten Fällen mit viel »Nachhilfe«. Diese Pferde sind absolut keine Anfänger- und ganz und gar keine Kinderpferde. Der Mensch zu diesem Pferd sollte absolut geduldig und gelassen sein, und nicht im Mindesten von Ehrgeiz ergriffen. In der Tat sollte er dem Wesen des Pferdes entsprechen und in ihm ein Pendant finden. Er sollte sich in den Grundlagen der Pferdeausbildung auskennen und vor allem die Hinweise beachten, die ich im Kapitel 6 zu diesem Thema gebe. Er sollte kurz und knapp das sein, was man einen »Gemütsmenschen« nennt. Alle anderen werden an dieser Charaktergruppe verzweifeln. Ein Apfelbaum ist eben keine Eiche!

Jener Bretone, den wir auf den ersten Seiten dieses Buches kennen gelernt haben, war nicht nur körperlich massig, er gehörte auch ansonsten voll und ganz zu dieser Charaktergruppe – und er verhielt sich dementsprechend. Ohne die Kenntnisse, die ich hier darlege, wäre es unmöglich für mich gewesen, auf dieses Pferd einzuwirken. So wusste ich, dass ich ihm immer nur eines geben musste zwischen den Attacken: Ruhe! Ich wusste, dass in seiner Aggression im Grunde nur der Wunsch zum Ausdruck kam, in Ruhe gelassen werden zu wollen. Das machte die Begegnung mit ihm noch lange nicht zu einem Frühlingsspaziergang, aber immerhin zu einem kontrollierbaren Abenteuer.

Der Bauer

Grundsätzlich haben wir mit diesem Pferd jene Charaktergruppen abgeschlossen, deren konvexe Kopfform auf eine gewisse problematische Struktur, auf ein nicht immer ganz einfaches Wesen hindeutet.

Unsere Reise führte uns vom »Unteroffizier«, der gar nicht so leicht zu erkennen ist, über den »Skeptiker«, dem in der Tat oftmals mit Vorsicht zu genießenden Pferdetyp, über den so gutmütigen »Freund«, bis hin zum »Dicken« und jetzt schließlich zum »Bauern«. Zum Merkmal Ramskopf kommen wir am Schluss dieser Darstellungen noch einmal zurück, wenn wir die Charaktergruppen des »Königs« und des »Harten« beschreiben. Aber wir werden dann sehen, dass deren Art der Ramsköpfigkeit auf gänzlich andere Eigenschaften schließen lässt.

Der Bauer

Über das Wesen

Der »Bauer« ist das einzige Pferd in diesem Kanon, das ich an Hand einer Fotografie nicht endgültig bestimmen kann. Und dies ist in der Charaktergruppe selbst begründet. Denn bei dieser Art Pferd gibt es in der Tat zwei Extreme, da kommt es zu Polarisierungen und Überraschungen.

Die eigentliche Basis dieser Charaktergruppe lässt sich natürlich wie bei jedem anderen Pferd auch zweifelsfrei festlegen. Dann aber kommt jenes letzte Quäntchen, das das Pferd entweder zu einem verspielt-lustigen Burschen werden lässt oder zu einer Geduldsprobe sondergleichen. Das Letztere ist bei weitem häufiger der Fall.

Zuerst einmal aber wollen wir festhalten, dass dieses Pferd, im Gegensatz zu der vorherigen Charaktergruppe, eigentlich nur ganz selten aggressiv wird bei Überforderung und ungerechter Behandlung. Dieser Pferdetypus lässt eher alles an sich abprallen. Wird er jedoch dauerhaft in die Defensive getrieben oder in anderer Form bedrängt, dann kann es schlussendlich zu einer kompromisslosen Aggression kommen.

Körpermerkmale im Detail

Die geschwungene Linie des Kopfes ist bei diesem Pferdetyp mit Abstand am ausgeprägtesten. Dann ist auffällig, dass sie bereits zwischen den Ohren mit der Wölbung ansetzt, um dann nahezu ohne jede Einbuchtung in einem großen Schwung an der Oberlippe zu enden. Die Augen sind oft, wie hier bei diesem Beispielpferd, extrem klein, was auf wenig Intelligenz und eine geringe innere Beweglichkeit schließen lässt. Die Ohren sind klein, nach außen gestellt und wenig schwungvoll. Die Maulspalte liegt tief, ist kurz, nicht ausdrucksvoll und von zusammengekniffenem Eindruck. Die Unterlippe ist klein, leicht zurückgenommen und von fester Struktur. Die Ganaschen sind wenig ausdrucksvoll ausgeprägt, klein und eng, der Unterkiefer ist insgesamt aber massig und schwer. Der gesamte Eindruck des Kopfes ist unedel und grob. Der Hals erscheint kurz und unbeweglich, der Halsansatz liegt tief. Die Oberlinie des Halses ist gerade und mündet in aller Regel mit einem sogenannten Axthieb weit vorne vor dem Widerrist. Das Pferd ist in aller Regel überbaut, das bedeutet, dass seine Kruppe höher liegt als der höchste Punkt am Widerrist. Auch das hat Folgen für die Arbeit mit diesem Pferd – in Kapitel 6, dem Kapitel über die Arbeit mit den unterschiedlichen Charaktergruppen, gehe ich darauf ein.

Spontane Assoziationen zum »Bauern«

Unedel, schmalbrüstig, wenig intelligent, entweder extrem stur und unflexibel oder auf eigenwillige Weise lustig und fröhlich. In aller Regel von kleiner Statur, naturbelassen, einfach, robust, von guter Gesundheit, sehr flache Gänge, in der Regel überbaut, nur mit viel Aufwand und Geduld zu einem Reitpferd auszubilden. Wenn man nichts oder nur sehr wenig von ihm verlangt, ist es ein wunderbares und sehr liebenswertes »Urwesen«.

Welcher Mensch passt zum »Bauern«?

Pferde dieses Typs finden nicht selten in Freizeitreiterkreisen glühende Verehrer. Ein solches Tier aber bis zu einem gutwilligen Reitpferd begleiten zu wollen, braucht schon sehr viel Geduld und viel Erfahrung.

Nach meiner Einschätzung handelt es sich bei solchen Pferden um lokal vorkommende Rassen, die in der Vergangenheit zu Reitpferden ausgebildet wurden, weil schlicht und einfach keine anderen Pferde zur Verfügung standen. Ein solches Pferd ernsthaft in die Ausbildung zu stellen heißt nämlich auch, dem Pferd nicht gerecht zu werden. Dies ist kein Reitpferd!

In der überwiegenden Zahl der Fälle ist dieser Pferdetyp extrem eigenwillig und unflexibel. Wie bereits gesagt, erlebt man aber auch hin und wieder jene Überraschung, dass ein Tier dieser Charaktergruppe zeit seines Lebens von großer Verspieltheit und von kindlichem Wesen ist. Doch selbst wenn sich das Pferd dadurch aufnahmebereiter zeigt und insgesamt etwas neugieriger ist, so spricht dennoch nach wie vor der gesamte Körperbau gegen eine ernsthafte Ausbildung zum Reitpferd.

Der Mensch, der zum »Bauern« passt, wird wahrscheinlich eher zufällig zu einem solchen Pferd gekommen sein. Ganz sicher sind es nicht die hochstehenden Reitambitionen, die jemanden dazu bewegen, sich einem solchen Pferd zuzuwenden. In der Tat passt ein Pferd wie der »Bauer« zu einem gutwilligen und bodenständigen Menschen, der sich zu dem inneren Wesen dieses Tieres hingezogen fühlt, eben in erster Linie als Tier und nicht so sehr als Pferd, das der Ausbildung bedarf. In meinen Augen sollte der »Bauer« eine gute Grundausbildung erhalten, damit man ihn einwandfrei führen kann und damit er ohne jedes Problem in unserer Welt der Menschen zu handhaben ist. Der unambitionierte und geduldige Mensch wird dann in dem »Bauern« einen sympathischen und ursprünglichen Hofgenossen finden.

Der Tänzer

Die größte Schwäche dieses hübschen und reizvollen Pferdetyps ist der Rücken. Das Pferd auf der ersten Abbildung erscheint wie aufgehängt an zwei Fäden, nämlich an der Kruppe und zwischen den Ohren. Dadurch erhält es auch seine Leichtigkeit, den Ausdruck eines Tänzers. Insgesamt ist dieses Pferd aber von schwächlicher Konstitution. Gemäß seiner Rückenlinie neigt es dazu, die Hinterhand hinauszustellen, sich »lang« zu machen und den empfindlichen Rücken wegzudrücken. In der Ausbildung zum Reitpferd stellt dieser Pferdetyp darum hohe Anforderungen an das Können und an die Erfahrung des Menschen.

Über das Wesen

In aller Regel ist ein solches Pferd von hoher Intelligenz und sehr kreativ. Dies deutet darauf hin, dass es sich hierbei nicht um ein Anfängerpferd handelt. Das Gemüt dieses Pferdes ist sehr freundlich und sensibel. Es ist anhänglich und in seiner Annäherung an den Menschen unkompliziert und liebenswert. Der »Tänzer« ist in aller Regel neugierig, bewegungsfreudig und sehr arbeitswillig.

Trotz seiner Erscheinung und trotz des von mir verliehenen Namens hat dieses Pferd durch seine Rückenschwäche oftmals Probleme mit seinen Gängen. Natürlich sind diese bei weitem ausgeprägter als die der Vertreter der letzten vier Charaktergruppen. Der wirklich lockere, schwungvolle Ausdruck der Bewegungen, den man spontan beim »Tänzer« vermutet, fehlt ihm jedoch in aller Regel.

Spontane Assoziationen zum »Tänzer«

Von ansprechendem Wesen und äußerer Erscheinung, leichtfüßig, beschwingt, aber von geringer Ausdauer. Die Gänge sind zumeist schwächer und flacher als erwartet, Rücken- und Haltungsprobleme, intelligent, sensibel, insgesamt von feinem Wesen, gelegentlich überbaut, sehr abhängig von der Zuwendung und Anerkennung des Menschen.

Körpermerkmale im Detail

Der Kopf dieses Pferdes ist fein geschnitten und in aller Regel trocken und scharf akzentuiert. Auffällig sind die breite, charaktervolle Stirn und die großen, nach »vorn geschwenkten« Augen. Die gesamte Erscheinung des Kopfes ist durchaus verwandt mit

Der Tänzer

der letzten von mir beschriebenen Charaktergruppe, mit dem »Pegasus«. Dem »Tänzer« aber fehlt es an dem letzten Quäntchen Tiefe und an der Ernsthaftigkeit und Härte.

Die Nasenlinie ist gerade und von »harter« Erscheinung. Die Nüstern sind weit, fein geschnitten und tief unten angesetzt. Alles das weist auf eine Leichtigkeit des Wesens hin, auf Sensibilität und innere Beweglichkeit. Bezogen auf die relative Massigkeit des Körpers erscheint der Kopf etwas zu klein und zu fein. Das ist auch der Grund, warum ein Pferd dieses Typs nicht selten Schwierigkeiten hat, in der Pferdeherde gut zu bestehen. Ein solches Pferd »kann oftmals besser mit Menschen« als mit seinen Artgenossen. Vor allem mit gröberen Charakteren hat dieses feine und eigentlich überlegene Pferd Probleme, denn aufgrund seiner körperlichen Schwäche und seines darum oftmals angeknacksten Selbstvertrauens vermag es sich nicht durchzusetzen. Die anderen Pferde, vor allem eben die härteren, nehmen diesen Pferdetyp zuweilen nicht so ganz ernst. Daran kann ein solches Pferd zerbrechen. Darum ist es bei diesem Pferdetyp sehr wichtig, auf die richtige Zusammenstellung der Herde zu achten. Am besten kommt dieses Pferd mit kleineren Vertretern seiner Art zurecht. Ein hübsches Pony würde es ganz sicher mütterlich und zärtlichst behüten und sich sehr eng an es binden.

Die Kruppe des »Tänzers« ist zumeist überbaut, der Halsansatz hoch und das ganze Wesen darum aufgerichtet und stolz. Der Hals insgesamt ist aber wiederum, wie schon der Rücken, ein Schwachpunkt dieses Pferdes und von geringer Tragkraft.

Die Ohren sind fein gestellt, energisch und edel nach innen gerichtet und gemäß seinem Wesen von ausdrucksvoller Erscheinung.

Welcher Mensch passt zum »Tänzer«?

Auf keinen Fall darf sich der Besitzer eines solchen Pferdes dazu verleiten lassen, dieses Tier in die Hohe Schule nehmen zu wollen. Anfängern mag dieser Fehler leicht unterlaufen, erscheint das Pferd doch hochkarätiger, als es in Wahrheit ist. Dann wird sich der schwache Rücken, die insgesamt schwache Oberlinie als tiefe Fallgrube erweisen. Das Pferd wird hart und verkrampft sich, es zieht sich in sich zurück, verliert auch all seine charmante Verspieltheit und ist nur noch schwer aus seinem in sich gekehrten und nach außen nicht unbedingt sichtbaren Leiden zu befreien.

Dieses Pferd ist ein schönes Pferd, mit dem man ohne besondere Ansprüche das Leben und die Natur genießen sollte. Es ist spektakulär in seiner Erscheinung und wird vor allem bei Nichtpferdemenschen, also bei pferdeunerfahrenen Betrachtern, auf großen Zuspruch stoßen.

Feingeistige, innerlich sensible und bewegliche Naturen, die zu alledem auch noch künstlerisch begabt und interessiert sind, werden mit dem »Tänzer« ein schönes Paar bilden. Das Pferd braucht keine kontinuierliche Ausbildungslinie. Solange es sich verstanden und bestätigt fühlt, solange es die innere Verbindung zum Menschen vernimmt, wird es einen glücklichen und leichten Lebensweg vor sich wissen.

Das isabellfarbene Pferd ist ein etwas härterer Vertreter dieser Charaktergruppe, aber gerade darum läuft er große Gefahr, von seinem Besitzer überschätzt zu werden. Sein Wesen zeigt bereits ein wenig in Richtung der Charaktergruppe »König«. Das Pferd verfügt über eine gute Muskulatur, und die Oberlinie ist etwas tragfähiger als bei dem Braunen. Nichtsdestoweniger bleibt die Gesamtschwäche auch hier bestimmend. Meinen Schülern, die später einmal professionell mit Pferden umgehen wollen und Menschen beraten sollen, rate ich sehr dazu, sich gerade diesen Pferdetyp besonders deutlich bezüglich seiner Oberlinie einzuprägen. Denn der unerfahrene Mensch ist nur schwer davon zu überzeugen, dass dieses an sich kräftig erscheinende und durchaus repräsentative Pferd in Wahrheit mit vielem schnell überfordert ist. Also Vorsicht!

In Kapitel 6 werden wir diesem Umstand weiter Rechnung tragen.

Hüter des Feuers

Über das Wesen
Ganz gleich ob Stute, Wallach oder Hengst, dies ist unter allen Pferden der mütterlichste Typus.

Es ist sehr angenehm, mit diesem Pferd zu sein. Das Tier ist schlicht und unkompliziert, sehr genügsam, beharrlich, dauerhaft und zuverlässig.

Es ist ein wunderbares Anfängerpferd – wahrscheinlich wohl das beste Tier für einen unerfahrenen Pferdemenschen. Es hat in aller Regel weiche Gänge, verzeiht durch seine Masse und durch seine relative Kraft so manche anfängliche Unsicherheit des Sitzes und durch seine Gutmütigkeit so manche zumindest leichte Unkontrolliertheit der noch unerfahrenen Menschenseele.

Dem erfahrenen Pferdemenschen und der großen Menschenseele ist dieses Tier sehr dankbar und sehr zugetan.

Dieses Pferd wird wegen seiner äußerlichen Unscheinbarkeit allzu oft erheblich unterschätzt! Wer sucht schon die Qualitäten dieses Pferdes dort, wo sie versteckt sind? Im Verborgenen unter der Einfachheit seiner Erscheinung?

Spontane Assoziationen zum »Hüter des Feuers«
Natürlich zeigt dieses Pferd keine spektakulären Gänge, und natürlich ist dieses Pferd nicht in die höchsten Höhen der Reitkunst zu führen. Aber der »Hüter des Feuers« ist noch einfacher in seinem Wesen als der »Freund«: Er ist noch beständiger und gleichförmiger, noch hingebender und wärmer in seinem Empfinden – und ist damit der ideale

tägliche Begleiter. Der »Hüter des Feuers« steht in seinem eigenen Zentrum, ist geerdet und mit sich im Reinen. Er vermag den Menschen immer wieder auf den Mittelpunkt zu verweisen, auf die Einfachheit seines Ursprungs und des eigentlichen Lebens, eben auf das Feuer im Zentrum. Darum ist dieses Pferd der Hüter des Feuers.

Stuten dieses Typus sind hervorragende Mütter und, ohne jede Ambition auf kämpferische Auseinandersetzungen, besonders besonnene Leitstuten.

Körpermerkmale im Detail

Die gesamte Erscheinung ist schlicht und deutet in Richtung »Grobschlächtigkeit«. Genau das ist dieses Pferd aber in Wahrheit keinesfalls. Beim »Hüter des Feuers« müssen wir besonders auf das Zusammenspiel der einzelnen Merkmale schauen. Trotz der relativen Kürze des Kopfes, der Kleinheit der Augen, der Fleischigkeit der Erscheinung, der Kürze des Halses und der Grobheit der Ohren ist der Gesamteindruck ebenmäßig und stimmig. Es passt einfach alles zusammen, und ist auf eine ganz eigene Art harmonisch, so einfach und eben auch so sensibel und zart, dass dem wirklich erfahrenen und tief fühlenden Betrachter das eigentliche Wesen nicht entgehen kann.

Schauen Sie auf die Sanftheit der Augen, auf die feine geschwungene Lidform. Betrachten Sie die Schlichtheit der Stirn, die Selbstverständlichkeit, die sie zum Ausdruck bringt. Schauen Sie auf das sensible Spiel der eigentlich fleischigen Nüstern. Schauen Sie auf das zwar fleischige, aber sehr ausdrucksvoll getragene Maul. Dieses Pferd ist von einer großen inneren Schönheit, die es selbst nur erahnt, auf die es sich aber nie verlässt, die es im Zusammensein mit anderen Pferden oder mit Menschen niemals in die Wagschale werfen würde. Jede Form von Arroganz ist diesem Pferd fremd. Es wird darum von anderen Pferden auf das Höchste geschätzt und verehrt – und besitzt deshalb auch eine große Veranlagung zur Leitstute, selbst bei kleinerer Statur.

Hengste dieses Pferdetyps sind unkomplizierte Kameraden. Selten sind sie übermäßig hengstig und haben trotz durchaus maskuliner Erscheinung immer auch etwas Maternales, etwas Behütend-weibliches in ihrem Wesen.

Der Rappe ist ein ernsterer Vertreter dieser Charaktergruppe. Seine Nasenlinie ist nicht so ebenmäßig – sein Wesen nicht ganz so geradlinig. Das Auge zeugt von jener Traurigkeit, die diese Pferde dann befällt, wenn sie die Leiden der Menschen durch Wettstreit, Konkurrenz, Überforderung und Eitelkeit zu sehr mittragen müssen. Dieser »Hüter des Feuers« weint um seine Kinder.

Welcher Mensch passt zum »Hüter des Feuers«?

Eigentlich ist dazu schon alles gesagt. Die Bandbreite der Menschen, die zu diesem Pferd passen, ist beinahe so groß wie die Verbundenheit dieses Pferdes zur Erde. Und so wie die Erde alle nährt und alle beherbergt, so wendet sich dieses Pferd jedem Menschen mit Hochachtung und Demut zu. Die Gutwilligen werden sich in dem Pferd leicht finden, die Böswilligen werden sich hoffentlich irgendwann zwangsläufig erweichen. Nur die Ehrgeizigen wenden sich diesem Pferd in aller Regel nicht zu, denn es verbirgt seinen Schatz unter dem Mantel der Unscheinbarkeit.

Der Ursprung

In gewisser Weise verwandt mit dem »Hüter des Feuers« ist der »Ursprung«, ebenso mit dem nächsten Charaktertypus, dem »Wanderer«. Zwar sind hier ein Island- und ein Fjordpferd abgebildet, aber man lasse sich auch diesmal nicht dazu verleiten, Charaktergruppen unmittelbar mit bestimmten Rassen in Verbindung zu bringen.

Über das Wesen

Bei der Betrachtung dieser beiden Bilder fällt gleich auf Anhieb etwas Bezeichnendes ins Auge: Beide Pferde sind von sehr ähnlichem Wesen und darum auch in keine andere Gruppe einzuordnen. Doch wie unterschiedlich ist diesmal ihre körperliche Erscheinungsform!

Der Rappe ist von konkvexer Struktur, das Fjordpferd von konkaver! Die Nüstern könnten unterschiedlicher kaum sein, auch die Augen haben wenig Gemeinsamkeiten. Dennoch gleicht sich ihr Inneres beinahe wie ein Ei dem anderen. Es kommt wieder einmal auf den Gesamteindruck an – bei dieser Charaktergruppe ganz besonders. Immer deutlicher kann man erkennen, warum ich von festgelegten Betrachtungs- und Charakterschablonen so gar nichts halte! Doch da mag jeder selbst urteilen und sich seinen eigenen Weg heraussuchen.

Körpermerkmale im Detail

Tasten wir uns ganz langsam an ihre Gemeinsamkeiten und damit an die Parameter dieser Charaktergruppe heran. Zumindest die Ohren sind sehr ähnlich. Form und Stellung der Ganaschen gleichen sich, und das Maul zeigt bei beiden Vertretern den absolut gleichen Ausdruck.

Und jetzt kommt etwas Sonderbares: Das Zusammenspiel von Nüstern, Nasenlinie und Augen lässt beide Pferde nahezu identisch erscheinen. In diesen Pferden liegt eine »Unbelastetheit«, die keine andere Charaktergruppe sonst noch aufweisen kann, nicht einmal die des »Kindes«, zu der wir gleich kommen werden. Diese »Unbelastetheit« im Wesen, diese Ursprünglichkeit in ihrer Erscheinung machen die hier abgebildeten Pferde zu so scheinbar unterschiedlichen Vertreten ein und derselben Charaktergruppe.

Spontane Assoziationen zum »Ursprung«

Freiheitsliebend, unabhängig, unbeugsam, schwer zu beeinflussen, lebt tief in seiner Welt, kulturfremd. Das, was als Sturheit in Erscheinung tritt, ist in Wahrheit der Ausdruck unabhängigen Daseins. Der »Ursprung« ist sehr erdbezogen und an seine Region gebunden, darum reagiert er sensibel auf Klima und Nahrungsangebote und vor allem auf Umstellungen. Der »Ursprung« ist von seinem Wesen her viel edler, als er erscheint. Er ist zumeist sehr intelligent, durchsetzungsfähig, gewandt und wendig, geschickt und gerecht. Bevor durch Verständnis- und Haltungsfehler körperliche Symptome auftreten, zieht sich dieses Pferd zuerst in sich zurück.

Welcher Mensch passt zum »Ursprung«?

Pferde dieser Art werden oft Kindern an die Seite gestellt: ein grober und folgenschwerer Fehler. Das reinste und ungleich beste Kinderpferd ist der »Minister«. »Ursprungspferde« wie diese hier sind in ihrem Wesen viel zu, ja mir fällt es schwer ein geeignetes Wort zu finden, sagen wir einmal: viel zu »unausweichlich«, viel zu »kompromisslos«.

Und sicherlich werden auch Sie beobachtet haben, dass sich in den Konstellationen Kind/Ursprungspferd schnell eine gewisse Art von »Hassliebe« herausbilden kann. Nur unerfahrene Nichtpferdeleute machen einen solchen Fehler und bringen solche Paare zusammen. Nicht nur, dass das ganze Unterfangen auch recht gefährlich werden kann für das Kind, es wird dem Kind schnell das Wesen Pferd als solches verleidet. Nicht, weil dieser Charaktertyp etwas Negatives an sich hätte. Es wird dem Kind verleidet, weil es das im Grunde hochfeine und extrem unabhängig reagierende Pferd einfach nicht wirklich führen und betreuen kann. Denn das fällt selbst den meisten Erwachsenen sehr schwer! Entgegen aller Praxis kann ich nur immer wieder darauf verweisen: Ein Shetty, ein Islandpferd, ein Fjordpferd, wenn auch etwas seltener, ist, wenn sie dieser Charaktergruppe angehören, absolut **kein Anfänger- oder Kinderpferd!!!**

Schauen Sie sich nur landauf, landab all die Probleme an, die Pferdebesitzer mit diesen Tieren haben. Hier finden wir einen der großen und folgenschweren Irrtümer der Pferdewelt! Nicht alles, was klein ist, ist darum auch niedlich, simpel und kindgerecht! Auch ein Haflinger und ein Camarguepferd sind zum Beispiel in ihrer inneren Struktur oft sehr komplizierte Pferde und überhaupt nicht für Anfänger und unerfahrene Pferdemenschen geeignet. Auf alles das gehe ich sehr ausführlich in Kapitel 6 ein.

Das Pferd des Typs »Der Ursprung« wird in seinem Wesen vom Menschen kaum verstanden. Die Kluft zwischen beiden ist ein wenig wie der Unterschied zwischen einem sogenannten »modernen« und einem »Natur- oder Urmenschen«.

Das »Ursprungspferd« ist in der Tat trotz seiner Jahrhunderte dauernden Sozialisation von dem Gang der Zeit unberührt geblieben. Das »Ursprungspferd« stirbt nach einem gewaltigen Aufbegehren innerlich am radikalsten. Es zerbricht, es zerbröselt geradezu. Leider finden sich in der Welt der Freizeitreiter sehr viele solcher Beispiele. Ihre körperliche Kleinheit verhindert hier oft die Katastrophe, nämlich das große Unglück für den Menschen durch wirklich gefährliche Attacken.

Gerade das Islandpferd ist von einer solch komplizierten und reichen inneren Struktur, die nach meinen Beobachtungen von nur ganz wenigen Besitzern wirklich verstanden und umgesetzt wird. Dieses Pferd ist in aller Regel kein Fluchttier mehr, hat vollkommen andere Verhaltensweisen durch seine Umgebung in den letzten tausend Jahren annehmen müssen. Viele dieser so wichtigen Eigenschaften bleiben den Besitzern, auch den professionellen Ausbildern, nur allzu oft unbekannt.

Der Mensch zum Ursprungspferd sollte sehr weise sein, abgeklärt und durch und durch erwachsen. Er sollte sich von keiner Illusion betören und von keiner Sentimentalität leiten lassen. Er sollte bodenständig sein, sensibel, sehr fair und um Gerechtigkeit bemüht. Es ist nicht so wichtig, dass er extrem viel von Pferden versteht, wenn er nur menschlich ausgereift und zentriert ist. Der »Ursprung« gehört zu den hochstehenden Charaktertypen, die vom Menschen mit am meisten verlangen und erwarten. Wer hätte das gedacht?

Mehr dazu in Kapitel 6.

Der Wanderer

Hier kommen wir zu einem weiteren sehr speziellen und sicher auch sehr interessanten Pferdetypus. Die Strenge seines Ausdrucks bringt ihn in die Nähe des »Ministers«, seine Gutmütigkeit ist vergleichbar mit der des »Hüters des Feuers« oder des »Freundes«. Und dennoch ist hier eine Ausformung des Wesens gegeben, die ganz eigene Eigenschaften zu Tage fördert.

Über das Wesen

Zuerst einmal ist dieses Pferd sehr selbstständig. Wie bei dem hier abgebildeten Rappen sehr schön zu sehen, ist das Auge magisch weit in die Ferne gerichtet. Es scheint die Weiten durchdringen zu wollen, um das Fernste der Ferne zu erkunden. Und in der Tat verhält sich dieses Pferd auch so. Der »Wanderer« kennt nur selten Stalldrang und ist zu allem bereit, wenn er nur Neues und unbekannte Weiten erkunden darf. Seine Selbstständigkeit macht ihn zugleich erhaben und einem guten Wanderer gleich, interessiert er sich nicht für die Nebensächlichkeiten am Rande des Weges. Es ist, als wolle dieses Pferd nur das Bedeutende in der Ferne wahrnehmen, den Verlauf des Weges und das Ziel. Darum wirkt dieses Tier beinahe ein wenig arrogant, aber das ist ein Trugschluss. So manche Einschränkung kann es aus seiner erhabenen Position heraus an sich abprallen lassen, aber nicht die Unfreiheit.

Körpermerkmale im Detail

Hier vermischen sich grobe und sehr feine Merkmale zu einer Art »sensiblen Kraft«. Der Kopf ist kurz, folgt man Zuchtnormen, eigentlich zu kurz. Er ist auch nicht gerade trocken und fein. Die Nüstern hingegen sind sehr schön moduliert und die Oberlippe ist sehr kräftig und ausdrucksstark. Charakteristisch für dieses Pferd ist das Zusammenspiel von Nasenlinie, Augen und vor allem der Stellung der Augen. Die Nasenlinie zeigt in der Mitte eine Einbuchtung nach innen. Bei anderen Pferdetypen weist das oftmals auf eine gewisse Ängstlichkeit hin. Auch beim »Wanderer« ist dieser Zug durchaus gegeben, aber hier würde man richtigerweise von Vorsicht, Vorausschau und Achtsamkeit, ja auch von Weitsicht sprechen.

Eine Handbreit oberhalb der Nüstern erhebt sich die Nasenlinie noch einmal, um dann geradlinig und schön geformt mit den Nüstern zum Maul zu gleiten.

Diese Partie korrespondiert auf eine feine Art und Weise mit den Augen – dieses Zusammenspiel schafft den überlegenen Ausdruck dieses Pferdes. Die Augen sind sehr schön proportioniert und ausgesprochen ausgewogen platziert. Sie sind vergleichsweise weit von der Nasenlinie entfernt.

In der Gesamtheit des Kopfes ist eine sehr feine Balance zu erkennen, die es dem Pferd leicht macht, sich ohne großen Kraftaufwand Neuem anzuvertrauen, sich der Ferne zuzuwenden.

Spontane Assoziationen zum »Wanderer«

Dieses Pferd ist unkompliziert, in aller Regel von guter Gesundheit und von gleichmäßig gutem Gemüt. Sein Körperbau ist ebenfalls sehr ausgewogen, kräftig und von einer gut tragenden Konstitution. Sein Rücken ist zumeist angenehm kurz, die Hinterhand gut gewinkelt und mit ausgeprägter Bereitschaft, tief unterzutreten. Die gesamte Ausbildung des Pferdes verläuft gemeinsam mit einem weisen Pferdemenschen nahezu ohne jede Schwankung. Geradlinig folgt auch hier das Pferd seinem Weg. Es ist freiheitsliebend, gelassen, weise, angenehm in seinem Wesen, edel, treu und sehr menschenbezogen. Der »Wanderer« ist rundherum ein sehr angenehmes, wunderbares Pferd.

Welcher Mensch passt zum »Wanderer«?

Dieses Pferd braucht einen Pferdemenschen, der es versteht, ihm auf möglichst unkomplizierte Art und Weise die Richtung angeben zu können, um es dann, so gut es geht, sich selbst zu überlassen.

Dieses Pferd kann durchaus ein Anfänger- und auch ein Kinderpferd sein, wenn der Anfänger bereit ist, von dem Pferd zu lernen. Es ist sehr schwer, dieses Pferd zu irritieren, und aggressiv reagiert es so gut wie nie. Fast ist es so, als würde dieses Pferd alles, was nicht gerade ihm und seinem Wesen nahe kommt, einfach ignorieren. Es sucht sich das heraus, was ihm für seine Entwicklung und für seine Lebensausformung geeignet erscheint. Nur starker Zwang wird dieses Pferd zerbrechen.

Glücklich kann sich der Anfänger schätzen, der ein solches Pferd bekommt, das bereits zuvor in guten Händen war, die es seinem Wesen gemäß geformt haben. Dann hat dieser neue Pferdemensch seinen Meister gefunden.

Der Mensch zum »Wanderer« sollte bescheiden und zurückhaltend sein, und von edlem und feinem Gemüt. Er sollte wie der »Wanderer« die Ferne und das Unterwegssein lieben. Er sollte genug Zeit haben, um mit seinem Pferd zusammen die Welt zu erkunden, oder doch zumindest die nähere Umgebung. Ein solcher Mensch wird mit dem »Wanderer« eine ruhige und sehr zufriedene, zugleich aber abwechslungsreiche und abenteuerliche Zeit vor sich haben – Glückwunsch!

Das Kind

Den Namen sieht man auch diesem Pferd auf Anhieb an. Das Alter dieses ersten Beispielpferdes kenne ich nicht – sicherlich trägt es auch durch seine Jugend noch kindliche Züge in sich. Das Wesen des »Kindes« innerhalb der Charaktergruppe aber geht über diese temporäre Erscheinung weit hinaus.

Über das Wesen

Dieses Pferd ist ein relativ klares, relativ einfaches, ja in gewisser Weise »lustiges« Wesen. Im Gegensatz zu dem zuvor dargestellten Pferdetyp fehlt diesem Tier jedoch nahezu jede Ernsthaftigkeit. Dies muss man unbedingt beachten, wenn man mit einem solchen Pferd zusammen ist. Es eignet sich nicht für die Hohe Schule, nicht für eine kontinuierliche Arbeit und nicht für lange, konzentrierte Sequenzen. Es ist und bleibt eben ein Kind! Nimmt man das mit aller Konsequenz zur Kenntnis, dann hat man viel

Das Kind

Freude und ausgelassene Stunden mit diesem Freund. Lange, ausdauernde Wanderritte, überhaupt größere Aufgaben sollte man mit einem Pferd dieses Typs jedoch keinesfalls unternehmen. Das wäre, als würde man ein Kind mit einer schweren beruflichen Aufgabe betrauen.

Entsprechend seiner mentalen Kindlichkeit ist auch seine körperliche Erscheinung sehr fein. Der Körper dieses Pferdes behält zeitlebens immer etwas Kindliches, Unreifes. Das Pferd erscheint auch im Alter nicht wirklich ausgewachsen und ausgereift. Dieser Pferdetypus kommt wie auch der »Prinz« vergleichsweise selten vor.

Spontane Assoziationen zum »Kind«

Kindlich, verspielt, leicht unkonzentriert, charmantes und einnehmendes Wesen, von zarter Konstitution und Gesundheit, nicht für ausdauernde und härtere Einsätze geeignet.

Körpermerkmale im Detail

Alles an dem Kopf dieses Pferdes erscheint hübsch, ist aber zum Beispiel im Vergleich zum »Minister«, zum »König«, zum »Harten« oder zu vielen anderen Charaktergruppen auch ausgesprochen »glatt«. Kaum ein »Haken«, kaum eine »Öse« ist da zu erkennen, an der sich »Charakter« festhalten könnte. Das Pferd wirkt ein wenig wie aus der Welt der »Barbiepuppen«. Alles erscheint eben und fast ein wenig künstlich, ja beinahe wie nach einer Art Schönheitsoperation. Da wird ja in aller Regel auch das noch weggeschnitten, was wenigstens einen winzigen Rest von Charakter und Eigenart hätte verraten können.

Die Nasenlinie ist absolut gerade, die Nüstern schön, die Augen wohlgeformt, das Maul zart und locker gehalten. Alles ist ausgesprochen ebenmäßig und wirkt dadurch auch zuweilen »langweilig«. Dieses Pferd verfügt über einen guten Halsansatz, über einen relativ guten Rücken, über eine schöne Proportion von Ellenbogen und Schulter. Auch hier sind die Maße eben und harmonisch. Das gibt dem Pferd leichte und freie Gänge und ein gutes Temperament.

Welcher Mensch passt zum »Kind«?

Dieses ganz sicher sehr liebenswerte Pferd wird dem Menschen kaum Probleme bereiten, so lange man seiner Kindlichkeit Genüge tut und ihm alle nur erdenklichen Möglichkeiten verschafft, seinen augenblicklichen Neigungen nachzukommen. Hin und wieder kann man das »Kind« ein wenig in geregeltere Bahnen lenken, aber man muss damit, wie gesagt, sehr vorsichtig sein.

Der Mensch zum »Kind« sollte derjenige sein, der selbst auch gerne erwachsen werden möchte. Treffen nämlich zwei Kinder aufeinander, dann bestärken sie sich in ihrer Unreifheit nur. Das Kind braucht einen erwachsenen Menschen oder einen, der auf dem Weg dorthin ist. Es braucht Geduld und eine gute Portion Toleranz. Auf jeden Fall braucht es einen Menschen, der in Bezug auf Leistung vollkommen unambitioniert ist.

Das »Kind« fordert seinen Menschen unablässig dazu auf, aus einer eher subjektiven Betrachtung der Welt in eine »objektive Schau« hineinzuwachsen. Das naive »sich in den Mittelpunkt stellen« seitens des Menschen und zu handeln ohne immerfort die Konsequenzen dieses Handelns als Maßstab mit einzubeziehen, wird sich im Zusammensein mit einem solchen Pferd zu großem Chaos steigern. Dieses Pferd braucht unbedingt ein Vorbild.

Das nachfolgende Foto zeigt einen Vertreter aus dieser Charaktergruppe, der schon deutliche Züge des »Ministers« aufweist. Dieses »Kind« ist durchaus ernsthafter und in seinem Wesen reifer.

Der Halbgeborene

Über das Wesen

Pferde dieser Charaktergruppe trifft man gar nicht so selten an. Es sind Wesen, die in der Tat einen Eindruck hinterlassen, als seien sie nur zu einem Teil auf der Welt. Sie wirken oft abwesend, und auch im Verhalten zu ihren Artgenossen stoßen sie auf Probleme, weil sie sehr oft von ihnen abgelehnt werden.

Bei dem braunen Pferd mit der Blesse handelt es sich um einen absolut reinen Vertreter dieser Charaktergruppe. Selbst die Blesse spricht in diesem Zusammenhang für sich – sie spricht Bände! Interessant, dass auch sie den Kopf des Pferdes im unteren Teil nahezu halbiert.

Pferde dieser Charaktergruppe erscheinen eigentlich immer leidend. Es ist so, als würden sie sich selbst nicht verstehen und als würden sie auch von den anderen, von Mensch wie von Pferd, nicht verstanden werden. Ihr Wesen ist darum entweder eher zurückgezogen oder aber auch durchaus aggressiv.

Ihr gesamtes Wesen ist dabei nicht uninteressant. Wenn man erkennt, woran sie leiden, wenn man sie ernst nimmt und sich ihnen in einer ihnen gemäßen Art nähert, dann kann eine Freundschaft ganz eigener Art entstehen. Dann können diese Pferde eben auch von »anderen Welten berichten«.

In ihrer äußeren Erscheinung gleichen diese Pferde dem »Frosch« und dem »Nordwind«. Dennoch unterscheiden sie sich bezüglich ihres Wesens von diesen sehr.

Nach meiner Erfahrung zählen zu dieser Charaktergruppe mehr weibliche als männliche Tiere.

Der Halbgeborene

Körpermerkmale im Detail

Der Kopf erscheint in aller Regel lang gezogen und schmal. Die Augen treten hervor und nicht selten, wie auch bei diesem Pferd, kann man das Weiße der Augen gut sehen. Die obere Lidpartie erscheint wie nach hinten gezogen, auch das verstärkt noch einmal den Eindruck der aufgerissenen Augen. Der Kopf weist in aller Regel wenig Modulation auf. Die Stirn ist flach, klein und ausdruckslos. Die Maul- und Nüsternpartie ist schmal und ebenfalls ohne Ausdruck. Auch die Nüstern sind in aller Regel wie nach hinten-oben gezogen und verlaufen daher schmal und schräg. Der Rücken ist zumeist sehr schwach, der Hals lang, tief angesetzt und mit sehr schwacher Oberlinie.

Der kleine Fuchs gehört auch zu dieser Charaktergruppe, bei ihm bin ich mir aber nicht sicher, ob diese Erscheinung ganz und gar angeboren ist oder ob dieses Pferd aufgrund dauerhafter falscher Behandlung einen »inneren Rückzug« angetreten hat.

Die gesamte Kopfform und die momentane Erscheinungsform entsprechen absolut der Charaktergruppe des »Halbgeborenen« – die große Trauer aber, die in den Augen dieses Pferdes liegt und seine akute Abwesenheit lassen darauf schließen, dass seine Prädisposition durch falschen Umgang noch verstärkt wurde.

Der Schimmel ist eine Mischform der Charaktergruppe des »Halbgeborenen« und der nächsten, dem »Nordwind«. Insgesamt sind sich diese Charaktergruppen sehr ähnlich – der Pferdetyp »Nordwind« jedoch ist den positiven menschlichen Formungsmöglichkeiten etwas leichter zugetan als der »Halbgeborene«.

Spontane Assoziationen zum »Halbgeborenen«

Das Pferd wirkt insgesamt ängstlich und verschreckt. In aller Regel ist das Tier von konkaver Grundform, schwerfuttrig und von labiler Gesundheit. Es wirkt leicht unterernährt, eine Gewichtszunahme beschränkt sich in aller Regel nur auf den Unterbauch, der dann prall und fast wie aufgedunsen an dem sonst knochigen Pferd zu hängen scheint. Der »Halbgeborene« ist oftmals abwesend, unkonzentriert, dabei aber sehr bemüht und dem Menschen auf seine Weise entgegenkommend. Er will für den Menschen arbeiten, kann aber oftmals nicht. Das Pferd dieser Charaktergruppe ist von tiefem inneren Wesen, das wie verschleiert und schlafend verborgen ist. Man kann einem solchen Pferd sehr leicht Unrecht tun und es schließlich auch zerbrechen, wenn man es mit viel zu groben Kriterien misst. Vorsicht!

Welcher Mensch passt zum »Halbgeborenen«?

Dieses Pferd ist kein Reitpferd! Nur mit allergrößter Mühe, mit großem Sachverstand und mit viel Geduld und Einfühlungsvermögen kann man ein solches Pferd mit den Jahren dazu bringen, einen leichten Reiter halbwegs im Gleichgewicht und vor allem schmerzfrei zu tragen.

Viel zu oft aber sieht man solche Pferde mit hochgerissenem Kopf oder aber extrem ausgebunden, mit vollkommen weggedrücktem Rücken und einem schmerzverzerrten Ausdruck unter einem womöglich rücksichtslosen Reiter dahinwanken. Dies ist wohl eines der jämmerlichsten Bilder, die die Reiterwelt zu bieten hat.

Beide Gruppen – der »Halbgeborene« wie der »Nordwind« – sind absolut keine Anfänger- und Kinderpferde. Nach kurzer Zeit schon haben diese Tiere unter einem unerfahrenen Pferdemenschen furchtbar zu leiden.

Der Mensch, der sich zu einem »Halbgeborenen« hingezogen fühlt, sollte sehr genau die Hintergründe seines eigenen Daseins durchleuchten. Er wird wahrscheinlich ebenfalls von feiner, verträumter, aber auch abwesender Natur sein. Zusammen mit diesem Pferd kann er für sich und das Tier durch Erkennen und Begreifen neue Wege ebnen. In jedem Falle sollte der Mensch zum »Halbgeborenen« extrem verständnisvoll sein und für die Arbeit mit dem Pferd sehr guten und erfahrenen Rat einholen. Mehr dazu in Kapitel 6.

Der Nordwind

Über das Wesen

Pferde dieser Charaktergruppe haben etwas »Metallisches«, etwas »Scharfes« an sich – eben wie der Nordwind. Von ihrer äußeren Erscheinungsform ähneln sie der vorigen Charaktergruppe sehr. Auch sie sind in aller Regel schwerfuttrig, ihr Körper ist von konkaver Form, mit schwachem Rücken und kaum tragfähigem Hals.

Sie sind aber durchaus in dieser Welt, wenngleich sie dem Wind nachfolgen, der sich ja auch aus den Höhen speist und sich zwischen Himmel und Erde bewegt.

Sie erscheinen sehr stark vergeistigt und aus diesem Grunde oftmals wie abwesend. Findet der Mensch nicht den wirklich richtigen Schlüssel zur Seele eines solchen Pferdes, dann bleibt es immer auf großer Distanz zum Menschen. Wenngleich dieses Pferd ein hohes Maß an »Vergeistigung« in sich trägt – der Gesichtsausdruck macht das ja sehr deutlich –, so ist der »Nordwind« dem »Pegasus« doch sehr unähnlich. In der Charaktergruppe des »Pegasus« hat diese »Vergeistigung« eine ganz andere Dimension, denn sie wird von ungleich mehr Kraft und Ausdruck begleitet.

Der Nordwind

Spontane Assoziationen zum »Nordwind«

Abwesend, distanziert, schwerfuttrig, von zarter Gestalt und von zartem inneren Wesen, dabei aber durchaus auch durchsetzungsfähig gegenüber dem Menschen bis hin zur gesteigerten Aggression. In aller Regel nicht zum Reitpferd geeignet. Das Pferd ist durchaus selbstständig und unabhängig, in seinem Wesen aber schwer durchschau- und kalkulierbar. Findet es in einem Menschen ein Gegenüber, von dem es sich verstanden fühlt, dann kommt es zu einer sehr eigenen Form der Bindung und auch der Treue.

Körpermerkmale im Detail

Neben einem gleichförmigen Gesichtsausdruck zeigt dieses Pferd ausgesprochen charakterstarke Ohren. Diese deuten auf den Bewegungs- und Vorwärtsdrang dieses Tieres. Damit wird es dem Nordwind gerecht. Und hier liegt in aller Regel auch die Unterscheidung zum »Halbgeborenen«. Das Auge ist von mittlerer Größe, aber offen und klar. Es ist harmonisch platziert und deutet auf eine grundsätzliche Bereitschaft zu einer unkomplizierten Verständigung. Die Nasenlinie ist gerade, wenig markant, die Nüstern sind relativ klein und von geringem Ausdruck. Zwischen den Ganaschen und der Maulspalte zeigt dieses Pferd eine seltsame »Versteifung«.

Die Kopfpartie und die Ohren, bei einem sonst einfachen, kindlichen und relativ charakterlosen Ausdruck, prägen das Wesen dieses Pferdes. Hier zeigt sich sowohl Energie als auch Eigensinn. Die das Pferd vom Menschen entfremdende Kompliziertheit drückt sich besonders an dieser Stelle aus.

Die gesamte Erscheinung dieses Pferdetyps ist hager, wenngleich nicht ganz so extrem wie bei dem zuvor dargestellten Typ des »Halbgeborenen«. Auch beim »Nordwind« haben wir eine insgesamt konkave Form mit geringen Tragekräften von Rücken und Hals.

Welcher Mensch passt zum »Nordwind«?

Ein solches Pferd zum Reitpferd ausbilden zu wollen, ist eine sehr schwierige und langwierige Angelegenheit. Pferde diesen Typs finden sich in Freizeitreiterkreisen nicht selten. Leider musste ich die Erfahrung machen, dass gerade viele Freizeitreiter von einer Art »sentimentaler Liberalisierung« ergriffen sind und Pferde jeden Typs zu Reitpferden ausbilden wollen. Ganz gleich, ob sie von einer Rennbahn, von einem Schlachtpferdetransporter, aus einer minderwertigen Zucht oder von irgendwelchen Überseeschiffsladungen kommen. Der Ansatz mag sie ja ehren – das gelebte Leben verlangt aber Unterschiede und Meisterschaft! Und die Schöpfung hat ungezählte Unterschiede in diese gewaltige und so bunte Welt hineingezaubert. Diesen Unterschieden müssen wir, ob wir nun wollen oder nicht, gerecht werden.

Der Mensch zum »Nordwind« also sollte sich ebenfalls fragen, warum er sich zu einem solchen Pferd hingezogen fühlt. In diesem Pferd liegt ja beileibe nichts Negatives, aber eben sehr viel Spezielles. Und das will beachtet und durchdrungen werden. Der Wind aus dem Norden ist eben eine sehr spezielle und nicht alltägliche Erscheinung. Seine positiven Eigenschaften sind Kraft, Frische, Selbstständigkeit, Klarheit und mystische Präsenz. Das alles kann man, bei jedwedem Verzicht auf vordergründige Leistung und Erfolg, auch zusammen mit diesem Pferd entwickeln und entdecken.

Wann und wie ein Pferd aus dieser Charaktergruppe ausgebildet werden kann, dazu komme ich ausführlicher im Kapitel über die Zusammenarbeit mit den einzelnen Charaktergruppen.

Der Einsame

Warmblüter können Vertreter in verschiedenen Charaktergruppen haben. Auch hier wieder wollen wir die Rasse nicht mit der Charaktergruppe gleichsetzen. Anzumerken ist aber, dass viele Warmblüter in dieser Charaktergruppe anzutreffen sind.

Über das Wesen

Pferde dieses Charaktertyps sind in aller Regel über Generationen in eine ganz bestimmte Richtung gezüchtet worden. Innerhalb klar abgegrenzter Leistungsrichtungen ist ein solches Pferd ein Spezialist. Da geht es im Großen und Ganzen und ohne Frage um Spitzenleistungen. Das ist unumstritten. Daran orientieren sich die Zuchtziele. Ich bin grundsätzlich der Meinung, dass Tiere keinesfalls in jenen Konkurrenz- und Leistungswirbel hineingezogen werden dürfen, den schon die Menschen in aller Regel und auf Dauer nicht verkraften. Doch das ist hier nicht das Thema. Hier geht es darum, dass sich mit bestimmten äußeren Zuchtzielen auch innere Eigenschaften und Charakterlinien durchgesetzt haben. Die Charaktergruppe des »Einsamen« wird vor allem durch Pferde dieser Zuchtergebnisse bestimmt und geprägt. An diese Pferde mag ich mit gewissen Vorurteilen herangehen. Ich bin bemüht, so neutral zu sein, wie es mir eben möglich ist. Mein mögliches Vorurteil bezieht sich auf den Umstand, dass mich gerade der Anblick solcher Pferde mit einer Art trauriger Ohnmacht erfüllt, denn diese Tiere leben tatsächlich in einer zurückgezogenen und einsamen Welt – und dass sie so leben, das ist das für mich Tragische, ist zuchtbedingt! Diese Pferde sind das Werk jahrzehntelanger züchterischer »Arbeit«. Innerhalb der Warmblutzuchten gibt es gewiss gravierende Unterschiede, aber die erfolgreichsten Zuchtgebiete sind eben genau die, die Pferde des hier beschriebenen Typs hervorbringen. Denn Pferde dieses Charaktertyps sind ob ihrer funktionellen spezifischen Leistung besonders belastbar.

Geistig zeigt sich ein solches Pferd darum eher schwerfällig, nicht weil es grundsätzlich geistig unbeweglich ist, sondern weil es im Laufe der Generationen aufgegeben hat, sich kreativ und flexibel zu äußern. Dieses Pferd hat gelernt zu funktionieren, und die Zucht hat sich vor allem auf die Vererber konzentriert, die eben »funktionieren«, eine schablonierte Leistung produzieren und möglichst jederzeit auch reproduzieren können. Komme ich in Veranstaltungen mit solchen Pferden in Berührung, dann ist meine Vorgehensweise grundsätzlich anders als bei fast allen anderen Charaktergruppen. Denn wie kann ich einem Pferd, das über Jahrhunderte gleiche und nach Möglichkeit genormte, dem sportlichen Leistungs- und Wettbewerbsbetrieb angenehme Eigenschaften zelebriert, hier deutlich machen, dass ein Leben außerhalb jener Zurückgezogenheit viel spannender ist?

Unser Beispielpferd zeigt noch eine vergleichsweise große Bereitschaft, sich mit dem Menschen wieder zusammen zu tun. Nichtsdestoweniger bleibt seine gesamte Erscheinung auf eben jene Bewegungen und jene Aufgaben zugeschnitten, die einer eher raschen, spontanen, wendigen, schnellen, kreativen, ständig wechselnden und immer abwechslungsreichen Arbeits- und Freizeitreitweise diametral entgegenstehen. Diese Pferde brillieren in einem für sie geschaffenen Bereich. Die Deutschen züchten die erfolgreichsten Pferde für ein Betätigungsfeld, das ihrem Naturell näher kommt als jedes andere dieser Welt.

Körpermerkmale im Detail
Zunächst einmal fällt auf, dass dieses Pferd von einer mittelguten Proportion ist. Warmblüter sind körperlich anders proportioniert als Pferdetypen, die anderen Spezialgebieten zugedacht sind, oder als solche, die den Urpferdetypen näher stehen. Das hier abgebildete Pferd hat eine leicht »zusammengehaltene« Vorhand. Die etwas steile Schulter, der etwas zu tiefe Halsansatz, die vor allem von vorne sichtbare zu massige Erscheinung im unteren Bereich des Halses, der Axthieb über dem Widerrist, die etwas zu flach gehaltene Oberlinie des Halses, der hinter dem Widerrist schwache Rückenansatz und der insgesamt zu kurz wirkende Kopf ergeben ein Gesamtbild dieses Pferdes, das auf einen inneren Druck schließen lässt. Es ist, als könne das Pferd vor allem in seiner vorderen Körperpartie nicht frei vibrieren, nicht frei agieren.

Das Auge ist klein, die Knochenakzentuierung über und hinter dem Auge ist wuchtig und grob. Das ist ein besonders typisches Merkmal dieser Charaktergruppe. Die Nasenlinie ist unkompliziert und klar, die Nüstern sind fleischig und unbeweglich. Die Maulpartie ist fest, grob und ebenfalls unbeweglich. Der gesamte Unterkiefer ist unspezifisch ausgebildet, vergleichsweise klein und eng.

Spontane Assoziationen zum »Einsamen«
Züchterisch genormte und geformte Bewegungen. Geistig eher unflexibel, introvertiert, isoliert, unverstanden, resigniert, zumeist unsensibel auf jede Art von Reizen. Objektiv gesehen mittelmäßig bis wenig leistungsorientiert, bezogen auf das Spektrum aller Pferdecharaktere. Leistung ist mit immerwährender Hilfengebung verbunden. Bringt man ein solches Pferd in eine absolut ruhige und vollkommen stressfreie Situation, dann kann es leicht vollkommen in sich zusammenfallen und eine große Schwerfälligkeit zeigen. In diesem Zustand ist es kaum noch zu motivieren. Dargestellte Klasse und Temperament sind in Wahrheit oft nur auf Spannung und Angst aufgebaut. Fehlt das treibende Element, bleibt Motivationslosigkeit.

Darüber hinaus ist dieses Pferd: geduldig, gelassen, ruhig, mittel-, zuweilen auch hochintelligent, bei würdevoller Behandlung treu und dem Menschen sehr zugetan. Es ist zuchtbedingt »kulturorientiert« und leicht an den Menschen und seine Welt zu gewöhnen. Durchbricht man das Erleben des Pferdes der Zurückgezogenheit und der Einsamkeit, dann wird es zu einem ruhigen und ausgeglichenen Partner.

Welcher Mensch passt zum »Einsamen«?
In der Sportwelt zählen für die Paarbildungen von Mensch und Reiter sicherlich andere Kriterien. In unserem Sinne sollte der Mensch zum »Einsamen« unambitioniert und nicht ehrgeizig sein. Er sollte wissen, dass außerhalb der Bewegungsmuster des Pferdesportes diese Tiere nicht zu wendigen Aktionen fähig sind. Körperbau, Größe und Veranlagung machen das von vornherein unmöglich. Dieser Pferdetyp ist daher in der Freizeitreiterei oder gar in einer Arbeitsreitweise nur begrenzt einsetzbar.

Was die Psyche dieses Pferdetyps betrifft, so sollte sich der Mensch durch seine Zurückhaltung einen neuen Weg des Zugangs zu diesem Pferd bahnen können. Einfachheit, Ruhe, Geduld sowie Klarheit, Form und Maß in der Ausbildung werden dieses Pferd öffnen und zu einem zuverlässigen und in Maßen fröhlichen Partner heranreifen lassen.

Der Benutzte

Auch bei diesem Pferdetyp ist eine Zuchtlinie besonders stark vertreten und auch hier liegen die Ursachen für ein ganz bestimmtes Verhalten in vielen Generationen verborgen.

Über das Wesen
Dieses Pferd ist seinem Grundwesen nach ein mehr oder weniger trauriges Tier. Mit großer Konsequenz wurden hier aus einstmals klassischen spanischen Urpferden »Marionetten« geschnitzt, die die Aushöhlung urpferdischen Seins mit Apathie und Trauer dokumentieren.

In dieses Grundsystem des Benutzens auf Kosten der Individualität passt auch das Imprinting und die Pferdeflüsterei hinein. Neben dem Warmblut und dem Vollblut steht das Quarterhorse als besonderer Spezialist – und ähnlich den anderen angesprochenen Zuchtgruppen wurde auch dieses Pferd konsequent vom Menschen auf seine Benutzbarkeit hin designt.

Um das noch einmal ganz deutlich zu sagen: Selbstverständlich ist nicht jedes Pferd dieser Zuchtrichtung auch ein Vertreter dieser Charaktergruppe. Es gibt viele sehr nette, freundliche und gute Menschen, die Pferde amerikanischen Typs züchten. Und es gibt sicher Pferde unter ihnen, die von großer Offenheit und Sensibilität geprägt sind und mit dem Typ des »Benutzten« nichts gemeinsam haben. Nichts destoweniger müssen wir auch hier der Wahrheit ins Auge schauen und erkennen und anerkennen, dass bestimmte Rassen zum Teil bestimmte Charaktergruppen stark mitprägen. In meiner täglichen Arbeit muss ich das sehr deutlich vor Augen haben, denn nur dann können gute Früchte entstehen. Noch einmal will ich sagen, dass ich jedem Pferd dieselbe Hochachtung und Zuneigung entgegenbringe. Aus diesem Grund bin ich verpflichtet, auch jedes Pferd ohne Sentimentalität anzuschauen und zu erkennen. Denn nur dann kann ich im Einzelfalle helfen!

Kommunikation ist eine Frage der Gegenseitigkeit. Freude, die aufgenommen und zurückgeworfen wird, Interesse, das ansteckt und ausgetauscht wird, Begeisterung, die aufgesogen wird, dass ist Austausch, das ist Kommunikation. Wir alle kennen Menschen, bei denen unsere kommunikative Kunst vergeblich erscheint. Das Miteinander bleibt fade, so viel wir auch in die Kommunikation »hineinbuttern«. So ergeht es mir häufig mit diesem Pferdetyp – er hat innerlich resigniert. Zurück bleibt für mich dann Trauer – auch Trauer über die Anmaßung menschlicher Borniertheit und Dummheit.

Spontane Assoziationen zum »Benutzten«

Begegnet mir ein solches Pferd in einer Veranstaltung, dann muss ich, ähnlich wie beim Warmblut, eigene und durchaus andere Kriterien anwenden als bei allen anderen Pferdetypen. Ein solches Pferd ist erstaunlich leicht zu »bewegen«. Damit meine ich, genau genommen, erstaunlich leicht zu manipulieren. Es ist entweder vollkommen im Funktionieren, oder aber es ist mehr oder weniger »abgedreht und durchgeknallt«. Das kommt selten vor, scheint aber wohl die letzte Form des Aufbegehrens zu sein. Es ist generell nicht leicht, einen wirklichen Kontakt zu diesem Pferdetyp zu bekommen, lebt es doch, wie man auch sehr deutlich an dem Ausdruck des Beispielpferdes erkennen kann, hinter einem Schutzmantel der Apathie.

Grundsätzlich ist dieses Pferd von gutmütigem, einfachem und unkompliziertem Gemüt. Es ist ausdauernd und von guter Gesundheit. Zuchtbedingt ist es keinesfalls in die Hohe Schule der Reiterei zu führen. Nur mit einiger Mühe ist eine sensible Kommunikation mit diesem Pferd herzustellen. Gelingt das aber, dann zeigt der »Benutzte« eine rührende, dauerhaft aktive Zuwendung dem Menschen gegenüber. Er ist dann ein beständiger Kumpel.

Körpermerkmale im Detail

Zuchtbedingt ist der Kopf im Vergleich zur Masse des Körpers kurz. Zuchtbedingt ist der Halsansatz tief, ragen die Ellbogen weit nach vorn, ist die Kruppe überbaut, wirkt die Schulter schmal im Vergleich zur wuchtigen Hinterhand. Massig sind Ganasche, Stirn sowie der Übergang zum Hals, schmal läuft hingegen der Kopf aus hinein in den Bereich der Nüstern und des Maules. Die Augen stehen weit auseinander, oft erscheinen sie von bemitleidenswerter Trauer.

Welcher Mensch passt zum »Benutzten«?

Dieses Pferd verbindet man entweder mit sentimentalen und klischeeartigen Bildern über das Reiten und das Dasein in der Natur oder mit dem Wunsch, sich in Wettkämpfen zu profilieren. Aber genau das ist es, was dieses Pferd am wenigsten braucht. Es braucht einen klaren Menschen, der weit außerhalb dieser Vorstellungen in die Welt des Pferdes gelangt, um dort Ursprung, Selbstvertrauen, Individualität, Kommunikationsfreudigkeit, Vertrauen und neuerliche Hingabe zu erwecken. Dann wird dieses Pferd voller Dankbarkeit und Zuwendung eine feine Brücke zu seinem Menschen aufbauen. Unter diesen Umständen ist es von gutmütigem, einfachem Wesen und wird ein zuverlässiger und ausdauernder Partner. Der Mensch zum »Benutzten« muss durchaus kein Pferdekenner sein. Anfänger und auch Kinder kommen mit ihm dann erstaunlich gut zurecht, wenn sie das Wesen dieses Pferdes erkannt haben und sich darum bemühen, einen anderen, einen neuen Zugang zu ihm zu finden. Ja, Anfängern und Kindern gelingt gerade diese Aufgabe oftmals besser als fortgeschrittenen Reitern, die zuweilen dazu neigen, »betriebsblind« zu sein.

Der Zigeuner

Über das Wesen
Dies ist ein sehr spannender, sehr interessanter Pferdecharakter. Er ist tiefgründig und wild, und wird es immer bleiben.
Er ist das Gegenteil eines Anfängerpferdes – der »Zigeuner« ist nur etwas für ganz spezielle Menschen mit ganz speziellen Ambitionen. Ein normaler, »braver Pferdemensch« wird an solch einem Tier leicht verzweifeln. Und das Tier wahrscheinlich auch an ihm.

Jener schwarze, sagenumwobene Hengst aus zahlreichen Romanen, Geschichten und Erzählungen, der immer wieder wegläuft vor jenen und sich nur fangen und reiten lässt von denen, der ist ein solches »Zigeunerpferd«.

Spontane Assoziationen zum »Zigeuner«
Der »Zigeuner« trägt die gesamte Bandbreite all der Ausdrucksmöglichkeiten eines Pferdes in sich. Er ist genauso charmant wie unnachgiebig, genauso sanft wie unbeherrscht, genauso einsichtig wie unerreichbar, genauso treu wie ungebunden und frei.
Er ist der Abenteurer, der aber für kaum ein Abenteuer wirklich taugt, er ist wie der Liebende, der aber zu keiner Beziehung wirklich steht.

Habe ich einen solchen Burschen vor mir, dann beginnt das Spiel, dann beginnt der Tanz, dann beginnt der Austausch. Wie bei einem feurigen Tango, bei dem Geben und Nehmen zu einem harmonischen Chaos verschmilzt, bei dem keiner nach dem Anfang und nach dem Ende fragt und schon gar nicht nach dem Sinn. Zeit scheint es für dieses Pferd nicht zu geben – jeder zweifelnde Gedanke in die Zukunft ist ihm fremd. Er will das Erleben jetzt und hier.

Körpermerkmale im Detail

Wir haben hier auf dem ersten Bild ein schmales, »katzenartiges« Pferd vor uns. Die gesamte Erscheinung ist trocken, sehnig, aber nicht hager. Das Pferd verfügt über einen sehr kompakten, starken Knochenbau, wirkt dabei aber dennoch relativ zierlich. Diese Zierlichkeit täuscht so manchen über die Härte dieses Pferdes hinweg. In Rangauseinandersetzungen ist ein solches Pferd auch erheblich massigeren Kontrahenten gegenüber überlegen und im Vorteil.

Pferde dieser Charaktergruppe sind zumeist von kleiner oder mittlerer Stockmaßhöhe bezogen auf den Durchschnitt ihrer Zuchtlinie. Bei unserem Rappen haben wir eine schöne »Urpferdproportion«. Der Hals ist gut angesetzt, er ist im oberen Bereich etwas fest. Die Vorhand ist schön gebildet, die Schränkung der Schulter gut. Die Hinterhand ist zu schwach, das kann durch eine gute Arbeit weitestgehend ausgeglichen werden. Der Rücken ist relativ kurz und insgesamt tragfähig, wenngleich im Augenblick auch zu schwach bemuskelt. Aber das ist vor allem eine Frage der Arbeit.

Der Kopf ist in seinen Details kaum auffällig, dafür aber in seiner gesamten Erscheinung. Betrachten wir die einzelnen Merkmale wie Auge, Nasenlinie, Nüstern, Maul und Ganaschen, dann ist eigentlich nichts Auffälliges zu erkennen. Der Ausdruck des gesamten Zusammenspieles hingegen ist sehr charakteristisch. Das Auge ist relativ klein, aber sehr wach. Der kräftige, lang gezogene und energische Oberkiefer mündet in eine zarte und dennoch kräftige Maul- und Nüsternpartie. Die Unterlinie vom Maul zu den Ganaschen ist auffällig nach unten gewölbt. Hier zeigt sich besonders die eigenwillige Energie im Zusammenspiel mit den anderen Details. Die Ohren sind relativ klein, verspielt und dünnwandig. Die leichte Auswölbung der Stirn im Zusammenspiel mit der Unterlinie des Unterkiefers ist ebenfalls charakteristisch für dieses Pferd.

Innerhalb einer Rasse erscheint ein Pferd aus dieser Charaktergruppe immer ein wenig wie aus der Art geschlagen. In aller Regel erfüllt es die Zuchtmerkmale der Rasse nicht unbedingt so rein, wie es gewünscht wird. Aus meiner Sicht ist das allerdings nicht selten auch ein Gewinn, erscheint mir ein solches Pferd doch in aller Regel wie eine Art »Rückzüchtung« in Richtung Ursprung. Die Eigenwilligkeit dieses Pferdes scheint auch hier schon tief in seinen Genen verborgen zu liegen – freies Spiel im Meer der Schöpfung.

Der Schecke ist ein groberer Vertreter dieses Pferdetyps. Sein Wesen ist nicht ganz so klar. Hier paart sich der »Zigeuner« mit einer gewissen Verschlagenheit, die ihn in seinem Wesenszug der Unkalkulierbarkeit noch unkalkulierbarer macht.

Bei diesem Pferd ist es wichtig, schon in der Jugend allen Anfängen zu wehren. Denn reift ein solches Tier, von außen nicht durch eine korrekte Hand geleitet, ungebremst heran, dann ist es nur noch sehr schwer an einen verträglichen Rahmen zu gewöhnen. Mehr dazu in Kapitel 6.

Welcher Mensch passt zum »Zigeuner«?

Ein solches Pferd braucht viel Zeit und Zuwendung, trotz seines Freiheitsdranges. Es kann sich dann auch durchaus gut an andere Pferde und an Menschen binden. Treue und Freiheitsdrang stehen sich beim »Zigeuner« nicht unbedingt als Antagonisten gegenüber – sie sind unter Umständen zwei Seiten einer Medaille. Wird ein solches Pferd in die Aggression geführt, dann bleiben seine Attacken immer kalkulierbar. Sie werden lange zuvor durch warnende Signale angekündigt und selbst in der äußersten Verzweiflung ist dieses Pferd noch darauf bedacht, sich nur im notwendigen Maße zu verteidigen und nicht wirklich Schaden zuzufügen.

Der Mensch zum »Zigeuner« sollte kein Anfänger und kein Kind sein. Er sollte selbst ein freies und verspieltes Wesen haben und gelassen und vor allem tolerant sein. Er darf Temperament mitbringen, viel sogar, aber er sollte keinesfalls cholerisch sein und zum Zorn neigen, denn dann kommt es schon bald zwischen ihm und seinem Pferd zu heftigen Auseinandersetzungen und zum inneren Bruch. Dieses Pferd gehört zum Wesen des Südens, wie die Sonne. Wer das Temperament des Südens liebt, seine Leichtigkeit und auch seine Unernsthaftigkeit, der wird in diesem Pferd eine wunderbare Entsprechung finden und viel Stoff, aus dem die Träume sind.

Der Dandy

Über das Wesen

In gewisser Weise verwandt mit dem »Zigeuner« ist der »Dandy«. Er ist oftmals nicht so hart und nicht so »wuchtig«, in seinem Auftreten und in seiner ganzen Erscheinung, aber ähnlich verspielt wie der »Zigeuner« und ähnlich weit in der Bandbreite seines Verhaltens. Er ist nervlich, seelisch und gesundheitlich etwas anfälliger als der »Zigeuner«. Er hat verwandtschaftliche Züge mit der »Taube« und dem »Tänzer«, und in gewisser Hinsicht auch mit dem »Kind«. In seiner Erscheinung ist der »Dandy« oftmals der attraktivste von allen und in seinem Wesen zwar oberflächlich, aber unkompliziert. Er ist immer ein Pferd, ganz gleich welcher Rasse, dem auch die pferdeunerfahrenen Menschen schnell ihr Herz schenken, denn er ist sehr offen und charmant. Der »Dandy« ist sich in aller Regel seiner Wirkung auf Menschen bewusst, spielt und kokettiert damit.

Spontane Assoziationen zum »Dandy«

Dieses Pferd ist durchaus kompakt, wendig und »fest«, insgesamt aber weniger belastbar als der »Zigeuner«. Der »Dandy« ist kein Arbeitstier und innerlich von geringer Ausdauer. Er lernt schnell, aber er hat nicht immer auch den Biss, das Gelernte in eine dauerhafte Verhaltensform zu fügen. Darum ist dieses Pferd für so manche Aufgaben und mögliche Einsätze nicht immer geeignet. Dennoch kann sich die Ausbildung einfach gestalten, wenn man die grundsätzlichen Schwächen seines Wesen berücksichtigt. Im Rahmen seiner Möglichkeiten ist der »Dandy« ein durchaus faszinierendes, enorm wirkungsvolles Pferd. Er ist verspielt, lustig, humorvoll, von seichtem, verständigem Wesen, duldsam, in Grenzen aufmerksam und konzentriert und relativ leicht zu führen und zu überzeugen.

Körpermerkmale im Detail

Der Dandy ist einfach ein schönes Pferd. Vor allem in Verbindung mit maskulinen Zügen vermag er leicht die Herzen zu umgarnen. Sein Ausdruck ist immer freundlich und etwas kindlich. Der Kopf dieses Rappen ist kurz, trocken und relativ ausdrucksstark. Auffällig ist die Augenpartie. Hier wirkt so etwas wie ein vermenschlichtes »Kindchenschema«. Insgesamt ist der Ausdruck auf eine besondere Weise »menschlich«. Das Auge ist groß, offen und in aller Regel sehr klar. Bei unserem Rappen hier ist das Auge aufgrund einer augenblicklichen Stimmungslage etwas zusammengezogen. Die Ohren sind relativ einfach und wenig spektakulär, hier zeigt sich ein unkompliziertes Wesen mit nur mittlerem Vorwärtsdrang und vor allem mit nur mittlerer Ausdauer. Im Vergleich zur Gesamterscheinung des Kopfes sind die Ganaschen wuchtig und formgebend. Das Zusammenspiel von Ganaschen, Stirn und Auge in Verbindung mit dem ausgeprägten Spiel der Nüstern und dem zarten Maul mit der kleinen Maulspalte macht den Eindruck dieses Pferdes aus. Dieses Zusammenspiel verschiedener Merkmale verleiht dem »Dandy« den edlen, netten und, es sei mir gestattet, vor allem auf Mädchen und Frauen so anziehenden Eindruck.

Die Nasenlinie ist fast immer konkav, also nach innenunten gebogen. Eine Nasenlinie wie die unseres Rappen kann bei anderen Pferden und einem anderen Gesamteindruck schnell auf Ängstlichkeit und fehlendes Selbstbewusstsein schließen lassen. Besonders die kleine Einbuchtung direkt oberhalb der Nüstern könnte sehr kritisch sein. Bei diesem Pferd allerdings wirkt sich das anders aus. Hier deutet dieser Verlauf der Nasenlinie eher auf Verspieltheit und Fantasie hin, wobei ja ohnehin Ängstlichkeit sehr viel mit Fantasie und Kreativität zu tun hat.

Der Schecke ist ein härterer Vertreter dieser Charaktergruppe. Er kommt in seinem Wesen dem »Zigeuner« näher. Seine Stirn ist wuchtiger, die Augen sind etwas kleiner und unscheinbarer. Aber genauso typisch ist das Zusammenspiel von Stirn, Augen und den kräftigen Ganaschen im Verhältnis zu dem sonst eher kurzen Kopf.

Der Braune zeigt noch immer eindeutige Züge dieser Charaktergruppe, wenngleich sein Wesen schon sehr viel ernster ist. Er ist viel ausdauernder als der Rappe, er kann durchaus ernsthaftere Aufgaben in seinem Leben übernehmen. Hier zeigt sich eine Nähe zum Pferdetyp »Minister«. Dennoch bleibt auch hier der Grundcharakter erkennbar.

In der Beurteilung eines Pferdes spielt dieses Grundwesen eine ganz bedeutende Rolle. Das Grundwesen gibt sozusagen die Tonart an. In dieser Tonart können dann die unterschiedlichsten Melodien gespielt werden, der Grundcharakter des Pferdes bleibt aber prägend. Es ist also ein Unterschied, ob es sich um einen »Minister« handelt, mit einer gewissen Verwandtschaft zum »Dandy«, oder ob es sich wie hier um einen »Dandy« handelt mit einer gewissen Nähe zum »Minister«.

Welcher Mensch passt zum »Dandy«?

In der Zusammenarbeit ist dieses Pferd unkompliziert und sehr angenehm. Es ist kooperativ, freudig und freundlich. Auch Anfänger können ein solches Pferd gut um sich haben, wenn sie mit Vorsicht und sanfter Hand zu Werke gehen. Dieses Pferd ist ein netter und liebenswerter Begleiter, der seinen Charme und seinen Esprit zeit seines Lebens behalten wird, wenn man ihn nicht überfordert und ihn nicht in ausdauernden, ihm wesensuntypischen Bereichen verschleißt. Der Mensch zum »Dandy« sollte also selbst verspielt und eher unambitioniert sein. Er sollte feine, kindliche und spielerische Züge in sich wissen, kontaktfreudig sein, der Welt und ihren Verzauberungen gegenüber offen und neugierig. Er sollte eben selbst von leichtem, charmantem und sagen wir »tänzerischem« Wesen sein.

Der Bescheidene

Über das Wesen

Einem anderen Extrem möglicher Pferdecharaktere wenden wir uns jetzt zu. Dieses Pferd ist in gewisser Weise das Gegenteil des »Dandys«. Es ist ein einfacher Pferdetyp, der aber im Inneren sehr viel reicher ist, als es nach außen hin den Anschein hat. Dieser Pferdetyp hat eine gewisse Ähnlichkeit mit dem »Hüter des Feuers«. Er ist aber nicht so maternal, so mütterlich. Auch ist seine gesamte äußere Erscheinung einfacher, grober und fleischiger. Ein Pferd dieses Typs wird sehr häufig unterschätzt. In Pferdekennerkreisen wird dieses Pferd nicht selten mit Verachtung gestraft. Kutschenfahrer schätzen, erkennen und anerkennen diesen Pferdetypus eher.

Den Typus des Bescheidenen finden wir eigentlich immer in dieser einen Form. Pferde dieser Charaktergruppe sehen sich sehr ähnlich. Wird ein solches Pferd von Menschenhand in die Unzufriedenheit getrieben, dann zieht es sich zuerst in sich zurück. Dann jedoch kommt der Augenblick, wo ein von großer Kraft zeugender Ausbruch von Aggression erfolgen kann. Dann werden diese Pferde durchaus auch unerwartet gefährlich.

Immer wieder gehe ich auf das Aggressionsverhalten der Pferde ein, nicht zuletzt auch, weil ich mich selbst damit immer wieder auseinander setzen muss. Denn die Pferde, die zu mir kommen, in den Demonstrationen zum Beispiel, sind ja in aller Regel solche, die bereits einen Leidensweg von oft erheblichem Ausmaß hinter sich gebracht haben. Und da muss ich mir bei jedem Pferd sehr schnell darüber im Klaren sein, wie es sich mit dem grundsätzlichen Aggressionspotenzial dieses Pferdes verhält und in welchem Zustand sich das Pferd augenblicklich befindet. Bei alledem konnte ich aber herausfinden, dass die Prädisposition eines Pferdecharakters, bezogen auf sein Verhalten in extremen Situationen, sehr viel Aufschluss gibt über das eigentliche Wesen des Pferdes auch in einer normalen, ruhigen Situation. Darum also gehe ich in diesen Beschreibungen immer wieder auf das Aggressionsverhalten des jeweiligen Pferdecharakters ein.

Spontane Assoziationen zum »Bescheidenen«

Bescheidenheit in unserer Welt wird leider viel zu oft mit Schwäche und mit der sentimentalen Bereitschaft zur falsch verstandenen Gutmütigkeit verwechselt. Ein bescheidener Urmensch ist sich seiner selbst sehr bewusst, auch seiner Fähigkeiten und Stärken. Und er ist absolut in der Lage, seine Interessen durchzusetzen und, wenn es sein muss, mit Kraft und Energie zu vertreten.

In diesem Sinne – im Ursinne – will hier das Wort Bescheidenheit verstanden sein. Der »Bescheidene« ist von robuster Gesundheit, gutmütig, einfach und unkompliziert. Er ist viel reicher, als es den Anschein hat, ist mittel bis sehr intelligent, lernwillig und aufmerksam. Pferde dieses Typs sind ruhig, erdverbunden, gute Mutter- und Leitstuten. Ihre körperlichen Fähigkeiten sind natürlich recht begrenzt. Innerhalb dieser aber sind sie beweglich, wendig, kräftig und von guter, tragender Konstitution.

Körpermerkmale im Detail

Die Kopfform ist sehr geometrisch. Die obere Hälfte des Kopfes, Oberkiefer, Auge und Nüstern sind harmonisch und wohl proportioniert. Hier zeigt sich Tiefe, Kommunikations- und Kooperationsbereitschaft, Sensibilität und Einfachheit des Wesens. Die Nasenlinie ist bei den Pferden dieser Charaktergruppe immer gerade.

Anders verhält es sich mit dem Unterkiefer und den Ohren. Der gesamte Unterkiefer ist grob und fleischig. Das verleiht dem Pferd seinen etwas klobigen Eindruck. Hier entsteht aber auch die Aggression, hier zeigen sich Kraft, Eigenwille, Durchsetzungsvermögen und hier zeigt sich auch die Gefahr, bei lang anhaltenden Unzuträglichkeiten in leichte bis mittelschwere Depressionen zu verfallen.

Das Auge dieses Beispielpferdes zeigt bereits jene typische Traurigkeit, die so manchem Besitzer über lange Zeit verborgen bleibt. Denn das Pferd wird weiterhin treu seinen Pflichten nachkommen. Im Inneren aber braut sich dann schon unter der noch immer »bewahrenden Schicht« der Bescheidenheit so manches zusammen. Hier ist Vorsicht geboten.

Welcher Mensch passt zum »Bescheidenen«?

Dies ist ein Allroundpferd. Selbstverständlich können wir mit ihm nicht in die Hohe Schule gehen, wenngleich so manche Vertreter aus der gehobenen Freizeitreiterwelt das auch immer mal wieder behaupten. Dazu ist ein solches Pferd weder geistig noch körperlich in der Lage. Ansonsten aber ist es vielen Aufgaben, auch vielen Aufgaben zugleich, gewachsen. Dieses Pferd kann sehr schön unter dem Reiter gehen und mit viel Freude auch die Kutsche ziehen. Es ist sehr sozial im Verhalten mit anderen Pferden und dem Menschen ein treuer Begleiter. Es ist relativ unkompliziert in der Ausbildung – neigt dort aber hin und wieder zu Unlust- und Trotzreaktionen. In solchen Fällen muss der Mensch sehr geduldig und einfühlsam reagieren. Er kann sogar sehr elegant über diese Trotzphasen hinweggehen, indem er dem Pferd immer wieder einmal nachgibt. Bei diesem Tier besteht nicht die Gefahr, dass daraus dann Dominanzprobleme entstehen. Den reinen Anfänger stellt dieses Pferd allerdings immer wieder einmal vor Probleme, da seine Grunddisposition ihm nicht gestattet, Unzuträglichkeiten gleich zu zeigen. Da wundert sich der Unerfahrene dann, wenn plötzlich »nichts mehr geht«, wo doch bis dato scheinbar alles so gut lief.

Der Mensch zum »Bescheidenen« wird sicher selbst ein erdverbundenes, solides und einfaches Wesen sein. Er wird nicht zu viel von seinem Pferd verlangen und die Tiefe seines Schützlings erkennen und schätzen. Dann kommt es zu einer unkomplizierten, ruhigen, zwar wenig spektakulären, aber dafür sehr harmonischen Partnerschaft.

Der Frosch

Über das Wesen

Der »Frosch« ist alles andere als ein Kämpfer. Und das drückt er in seiner ganzen Haltung aus. Die Bilder, die wir hier sehen, sind kein Zufall – das Pferd dieses Typs findet man sehr häufig in dieser Haltung.

Der »Frosch« ist ein gutmütiges, Nähe suchendes, schlichtes Pferd. Er lässt sich sehr leicht »benutzen« und ausbeuten. »Frösche« findet man im Süden immer wieder unter den Verleihpferden an den Billigstränden für Touristen. Sie sind zwar in keiner Weise hart und belastbar, aber sie haben sich und jeden möglichen Kampf bereits mit ihrer Geburt »aufgegeben«. Darum lassen sie sich so leicht schinden – ohne jeden Protest.

Spontane Assoziationen zum »Frosch«

Schwäche und Trauer stehen diesen Pferden vom ersten Lebenstag an ins Gesicht geschrieben. Der »Frosch« ist geduldig, einfach, gutmütig, bescheiden, unauffällig und in jeder Weise von schwächlicher Natur. Der in aller Regel zu lange Rücken ist schwach und nicht tragfähig. Sein Wesen ist von einer gewissen Unterwürfigkeit und Verletzlichkeit geprägt. Das Pferd ist im Allgemeinen eher defensiv, zurückhaltend und ängstlich. Gelingt es einem Menschen, sich dem Pferd fördernd an die Seite zu stellen, sein Wesen zu stärken und seine Konstitution zu kräftigen, dann hat er einen sehr dankbaren und treuen Freund an seiner Seite.

Körpermerkmale im Detail

Werfen wir zuerst einen Blick auf die Stelle des Kopfes aller drei Pferde, an der die Nasenlinie in den Nüstern- und Maulbereich übergeht. Besonders charakteristisch zeigt sich dieser Umstand bei dem Braunen. Der Kopf läuft nahezu spitz aus, er verjüngt sich immer weiter nach unten und mündet dann in einer seltsamen Schwäche und Unentschiedenheit des Ausdrucks. Bei dem Fuchs ist diese Struktur nicht ganz so deutlich gezeichnet – er ist darum in seinem Wesen auch stärker als der Braune. Bei dem Fuchs sehen wir eine Form im Ansatz angedeutet, die wir später beim »König« in klarer Zeichnung wiederfinden werden. Bei dem Schecken ist diese charakteristische lang gezogene Verjüngung gut zu erkennen, ebenfalls die wie nach oben gezogene Oberlippe.

Das ist das typische Bild des »Frosches«. Und dieses Pferd verhält sich auch im übertragenen Sinne so – es sieht die Welt immer wieder von unten, gibt sich schnell der Resignation und der Denkstruktur hin: »Da kann man eh nichts machen«.

Der Kopf ist vergleichsweise lang und schlank und, wie bereits gesagt, spitz zulaufend. Das Auge ist relativ klein mit einem Oberlid, dass immer leicht geschlossen erscheint. Bei dem Schecken kann man das gut sehen. Die Nasenlinie zwischen Auge und Nüstern ist eigentlich immer schnurgerade. Kurz unterhalb der Augen jedoch kommt eine Art »Absatz«. Dann wiederum verläuft die Stirn gerade bis zum Schopf. Die Ganaschen sind von kläglicher Ausprägung – hier tritt die ganze Schwäche des »Frosches« deutlich erkennbar zu Tage. Der gesamte Unterkiefer ist von geradezu unterentwickelter Form. Das Maul ist unspezifisch nichtssagend und wird stumm und unbeweglich getragen. Der Körperbau dieser Pferde ist schwach, der Rücken lang und konkav gebogen. Der Hals ist tief angesetzt, dünn und ohne jede tragende Kraft in der Oberlinie. Schultern und Kruppe sind schmal, die Hinterhand ist nach außen gestellt. Nicht selten neigen diese Pferde auch zur Vorbiegigkeit. Das ganze Gangverhalten ist flach und auf die Vorhand konzentriert. Diese Pferde sind in aller Regel reituntauglich.

Der Frosch ist von der Schöpfung eben nicht zum Reiten geschaffen!

Der Fuchs stellt unter den dreien, wie schon zu Anfang gesagt, eine Besonderheit dar, weil er zwar auch mit vielen Problemzonen behaftet, dennoch energetisch höher gestellt ist. Sein Körperbau ist von kräftigerer Form. Wenn ich in dem Abschnitt über die Ausbildung zum

Reitpferd über diese Charaktergruppe spreche, dann zum Beispiel von diesem Pferd. Denn mit sehr viel Mühe, mit sehr viel Sachverstand und Geduld, können bestimmte Vertreter dieser Charaktergruppe, ethisch vertretbar, vorsichtig an Reitaufgaben hingeführt werden.

Welcher Mensch passt zum »Frosch«?

Das Bild des Menschen, der sich einem solchen Pferd widmen kann, sollte und darf, ist schon durch die Beschreibung der Charaktergruppe deutlich geworden. Alles Grobe, Harte, Ungerechte, Wuchtige, Scharfe und Benutzende ist von diesem Pferd tunlichst fernzuhalten. Dementsprechend sollte der Mensch zum »Frosch« beschaffen sein. Allzu große, falsch verstandene Zartheit ist hier allerdings ebenfalls fehl am Platz, denn das Pferd braucht auch jemanden an seiner Seite, der bestimmt und klar zu führen versteht. Denn dieses Pferd will sich an jenen sanften, aber klar und bestimmt Handelnden anlehnen können. Der »Frosch« ist durchaus ein Anfängerpferd, nicht aber ein Kinderpferd. Der Anfänger sollte sich allerdings guten Rat einholen, was die Arbeit und Ausbildung des »Frosches« betrifft, denn hier ist absolute Vorsicht geboten. Zu schnell ist der »Frosch« sonst gebrochen und dauerhaft geschädigt.

Der Prinz

Über das Wesen

Dieses Pferd ist seinem Wesen nach in so mancher Beziehung zwiespältig. Es ist dem Menschen zugetan, aber auch auf Abstand bedacht. Es ist kooperativ, aber auch kritisch und hinterfragend, zweifelnd und nur durch Überzeugung zu gewinnen. Es ist zurückhaltend und vorsichtig, aber durchaus auch, wenn es darauf ankommt, mutig und einsatzbereit. Der »Prinz« ist eben wie ein noch nicht ganz reifer, noch nicht ganz erwachsener Monarch. Und das bleibt er auch im fortgeschrittenen Alter – er wird kein »König« werden. Mit seiner oder trotz seiner Zwiespältigkeit ist er ein sehr interessanter Charakter.

Der Prinz

Spontane Assoziationen zum »Prinzen«

Pferde dieses Charaktertyps gibt es sehr selten. Sie sind im Umgang, berücksichtigt man eben ihre Grunddisposition, im Großen und Ganzen einfach und angenehm. Sie wirken zuweilen etwas unreif, sind dabei aber äußerst korrekt, fair und gerecht.

Es gehört schon sehr viel dazu, diese Pferde in die Aggression zu führen. Sie sind viel zu distanziert, um vordergründige Ungerechtigkeiten unmittelbar zu quittieren. Eher neigt ein solches Pferd dazu, einfach »auszusteigen« und »sauer« zu werden. Trotz ihrer Sensibilität haben sie eine Art »Schutzpanzer«, der sie innerlich vor Übergriffen der Menschen anders schützt, als dies bei vielen anderen Pferdecharakteren der Fall ist. Der »Prinz« ist zurückhaltend, von mittlerem Temperament, gelegentlich etwas abwesend und unkonzentriert, gutmütig, geduldig, mittel- bis hochintelligent, von kräftigem Körperbau und guter Tragfähigkeit, er ist lernwillig, bescheiden und im Großen und Ganzen fleißig. Er ist ein Pferd, das man gerne um sich hat.

Körpermerkmale im Detail

Der Kopf des Beispielpferdes links ist im Verhältnis zu seinem Körper eher klein. Er ist auch nach meinem Empfinden untypisch für seine Rasse – der Fuchs auf unserem Bild ist ein Quarterhorse. Auffallend ist die relative Wuchtigkeit von Ganasche und Stirn im Vergleich zur fast zarten Verjüngung hin zu den Nüstern und zum Maul. Am auffälligsten aber sind die Augen. Sie sind mandelförmig lang gezogen, von seltsam scharfer Präsenz und zugleich wie verschleiert.

Die Nasenlinie ist immer etwas konkav. Sie ist in aller Regel gleichmäßig geschwungen. Bei diesem Fuchs erkennen wir einen leichten »Huckel« eine Handbreit oberhalb der Nüstern. Das deutet auf gelegentliche Ängstlichkeit hin und darauf, dass dieses Pferd mitunter auch etwas eigensinnig sein kann. Die Nüstern sind fein, weit, sensibel und offen. Ihre Lage und ihre Form ist typisch für diesen Pferdetyp. Sie sind sehr weit heruntergezogen und prägen den Kopf des Tieres stark. Die Oberlippe ist sensibel und fein, sie zeugt von einer unkomplizierten Klarheit. Hier, bei diesem Fuchs, wird sie ein wenig festgehalten – bei guter Arbeit aber würde sich das in kurzer Zeit lösen. Die Unterlippe ist ebenfalls fein und schlicht. Sie wird leicht zurückgezogen gehalten, das deutet auf einen recht guten Arbeitswillen, aber auf ein nicht zu wildes Temperament hin. Die Ohren sind gut gezeichnet, auch hier zeigt sich ein ruhiges, mittleres Temperament. Gut für diesen ganzen Charakter ist die Tatsache, dass die Ohren ein wenig fleischig sind. Denn auch das gibt dem Pferd »Bodenständigkeit« und »Bodenhaftung«.

Der Körper eines solchen Pferdetyps ist in aller Regel kräftig und kompakt. Das Tier ist selten krank und recht widerstandsfähig. In Abhängigkeit von der Art des Körperbaus können Pferde dieses Typs unter Umständen recht gut in die Hohe Schule geführt werden. Geistig und emotional sind sie dazu durchaus in der Lage. Auch schwierigere Übungen wird das Pferd bei ruhiger Arbeit ohne Stressanzeichen meistern können.

Welcher Mensch passt zum »Prinzen«?

Der »Prinz« ist ein unabhängiges Pferd für einen unabhängigen Menschen. Passen Pferd und Mensch in einer solchen Konstellation zusammen, dann begegnet man mit Sicherheit einem sehr interessanten Paar.

Dieses Pferd ist von Anfängern durchaus gut zu halten. Über Fehler eines im allgemeinen klaren Besitzers geht dieses Pferd recht leicht und erhaben hinweg – im Gegenteil, es ist ihm eine Freude, dem Menschen hin und wieder den »rechten Weg« zu zeigen. Dieses Pferd ist ein sehr guter Lehrmeister für Neulinge. Es ist geduldig und vom Wesen eher ruhig und überlegen. Alles Grobe lehnt dieses Pferd jedoch ab. Der Mensch zum »Prinzen« sollte daher selbst über eine gewisse aristokratische Ausstrahlung verfügen. Er sollte von feinem Wesen und angenehmen Formen sein. Die Kommunikation mit diesem Pferd kann von Anbeginn an fein und sensibel gehalten werden. Darum sollte der Mensch zu diesem Pferd ein möglichst gutes Bewusstsein seines Körpers und der Art und Weise seiner Bewegungen haben.

Der Sieger

Es bleiben uns noch fünf weitere Charaktergruppen – und mit Sicherheit sind das ganz besondere.

Beginnen wir diesen Abschlusskanon mit dem »Sieger«.

Über das Wesen

Unschwer kann jedermann, ob Pferdekenner oder nicht, die hier abgebildeten Pferde ganz leicht mit der beschriebenen Charaktergruppe in Verbindung bringen. Mit solchen Pferden arbeitet es sich leicht – zumindest, was ihren Geist betrifft. Ihren Besitzern bereiten diese Pferde jedoch nicht selten so manche Schwierigkeiten. Hoch im Blut stehend, ganz speziell gezüchtet und mit besonderen Fähigkeiten ausgestattet, können diese Pferde in ihrem Temperament leicht »umkippen« und ein Verhalten zeigen, das schließlich kaum mehr zu kontrollieren ist. Sie haben sich seit Generationen mit einem »Betrieb« einrichten müssen, der ihnen in der Tat zu einem kleinen Teil auch gerecht wird – nämlich darin, dass er ihnen die Möglichkeit gibt zu siegen. Das wollen sie auch durchaus, wenn man ihnen das auch auf andere, wie ich finde ethisch vertretbare Art und Weise, bieten kann.

In Veranstaltungen beginne ich gerne mit Pferden wie diesen. Dann kann ich leicht allgemeine Erklärungen geben, kann mich leicht auf die Zuschauer konzentrieren, während das Geschehen in der »Arena« wie von selbst seinen Gang nimmt. Pferde dieser Art sind extrem sensibel, fein und wachsam und trotz oftmals ungezählter negativer Erfahrungen zusammen mit Menschen immer noch wundersam kooperativ. Sie wollen verstehen und wollen auch verstanden werden. Das kann man ihnen in Sekundenschnelle vermitteln, und dann entsteht blitzartig Nähe von nahezu mystischer Kraft.

Körpermerkmale im Detail

Die Nasenlinie dieses Charaktertyps ist nahezu immer gerade. Kommt bei diesem Ausdruck des Kopfes eine konvexe Nasenlinie vor, dann handelt es sich schon zumeist um einen »Minister« oder um einen Mischtyp aus diesen beiden. Dann aber verändert sich das Verhalten des Pferdes erheblich. Hier also gilt es aufzupassen. Der »Minister«, in einen Reitbetrieb gezwängt, wird dem Besitzer ganz andere Probleme bereiten – wenngleich viele dieser wunderbaren Pferde in Wettbewerben verschlissen werden.

Der Sieger

Die Kopfform des »Siegers« ist harmonisch bis kantig. Der Palomino zeigt eine harmonischere Kopfform, der Vollblüter eine eher kantige. Bleiben wir bei dem Vollblüter. Runde, große feine Nüstern zeigen Kraft, Charakter, Wille und Sensibilität zugleich. Die runde Oberlippe setzt diesen Eindruck fort. Sie ist mächtig und ausdrucksstark. Der Kopf insgesamt ist trocken, schlank und von innerer Massigkeit und Kompaktheit. Die Stirn ist fein, aber massiv. Das Auge ist klar und wohl platziert. Die Ganaschen sind klein und eng. In diesem Zusammenhang aber bedeutet das nicht Schwäche und innere Kraftlosigkeit. Bei diesem Kopf ist die ganze Kraft in den Bereich der Augen und der Stirn geschoben. Hier sammeln sich die Energie und der Ausdruck. Es ist beinahe so, als würde das Tier mit Stirn und Auge denken und handeln. Die Ohren sind fein und gut geformt. Sie zeugen nicht von der allergrößten Kraft und Intensität, aber von einer gewissen Bodenständigkeit. Die Grundlinie dieses Typs erinnert mich immer wieder an eine Art Krokodil. Wie es schaut, wie es alles um sich herum wie eine Art Beute aus dem Wasser heraus erspäht, um dann blitzschnell zuzupacken und wieder abzutauchen.

Körperlich weisen diese Pferde natürlich ganz stark die Strukturen auf, in die sie seit Generationen hineingezüchtet wurden – zum Reitpferd taugen sie in aller Regel nicht oder nur wenig. Die Form von Rücken und Hals ist eben nicht zum Tragen, sondern zum Laufen und zum Ziehen geschaffen. In Freizeitreiterkreisen sind jene Pferde beliebt, die aus dem Wettkampfgeschehen billig ausgestoßen werden. Mit einiger Mühe und Liebe kann man aus einem solchen Pferd noch einen gemütlichen Spaziergänger machen, der möglichst nur im Schritt oder gelegentlich auch einmal in einem Galopp bergauf spazieren geritten werden kann. Die menschliche Nähe, in die sich diese Pferde dann hineinfallen lassen können und die sie brauchen, gibt ihnen viel Erholung von einem Dasein, das kaum noch menschlich zu nennen ist. Auch wenn ihnen dann gelegentlich einmal die Last auf einem langen, eben relativ schwachen Rücken schwer wird – gegen das, was sie wahrscheinlich durchgemacht haben, ist das ganz sicher paradiesisch.

Der Palomino ist ein starker, edler Vertreter dieser Charaktergruppe. Er kann beides: Er kann ruhig und überlegen reagieren, wenn er mit einem ruhigen und überlegenen Menschen zusammen ist. Er kann aber auch extrem aufdrehen. Und in einer solchen Situation kann er für den Menschen unkontrollierbar und auch recht gefährlich werden. Bezeichnend hier sind Augen und Stirn, die Nüstern sind etwas kleiner und fleischiger. In dieser äußeren Spannung von Nüstern, Augen und Stirnpartie liegt die Verschiedenartigkeit seiner möglichen Reaktionen. Die Ohren sind ausgeprägter und kräftiger als bei dem Vollblüter – dieses Pferd ist insgesamt von erhabener Kraft.

Bei dem Fuchs kann man sehr gut erkennen, wie absolut ungeeignet Pferde dieser Art für das Reiten sind. Hals und Rücken sind Negativextreme. Der Kopf entspricht zwar generell der Charaktergruppe, Augen, Ohren und die grobe Stirn aber verraten uns, dass es sich hierbei um einen schwachen Vertreter dieses Typs handelt.

Welcher Mensch passt zum »Sieger«?

Solche Pferde sind dann von Anfängern gut zu haben, wenn man ihnen grundsätzlich mit großer Ruhe und respektvoller Aufmerksamkeit gegenübertritt. Dann sind sie wachsame und in aller Regel auch durchaus unkomplizierte Begleiter. Wie gesagt, lediglich die Ausbildung zum Reitpferd erfordert, so man sich tatsächlich dazu entschließt, eine sehr erfahrene Hand. Mehr dazu in dem entsprechenden Abschnitt in Kapitel 6. Der »Sieger« ist insgesamt ein sehr menschenfreundliches Pferd, das auch gut mit Kindern auskommt. Dabei ist es aber wichtig, darauf zu achten, dass die Kinder nicht zu sehr die Grenzen des Pferdes überschreiten, denn sonst kann es auch schnell zu Abwehrreaktionen kommen.

Der Minister

Hier kommen wir zu einem ganz besonderen Pferdetyp, der darüber hinaus recht häufig anzutreffen ist, der aber auch genauso häufig verkannt wird.

Über das Wesen

Der »Minister« ist wohl unter allen Pferden das geistig beweglichste, das schlaueste. Er ist sehr hochstehend in seinem Wesen. Er ist ein weises Pferd, ein Wesen, das man gerne »zu Rate zieht«, eben wie einen Minister im besten Sinne des Wortes.

In aller Regel reichen die Besitzer eines solchen Tieres in punkto Wachsamkeit, Geradlinigkeit, Klarheit, Überlegenheit, Ruhe und Konsequenz bei weitem nicht an die inneren Fähigkeiten dieses Pferdes heran. Das Pferd weiß dann nur zu gut, dass es dem menschlichen Wesen vor ihm um Längen voraus ist. Das schafft für beide eine schwierige Situation. Der »Minister« ist ein Pferd, das unter allen Umständen gefordert und gefördert sein will. Er versteht außerordentlich schnell und ist nur zu bereit, neue Herausforderungen anzunehmen und zu meistern. Die erdverbundene Ursprünglichkeit und die Beweglichkeit eines Kindes finden zu diesem Pferd einen erstaunlich leichten Zugang. Der »Minister« liebt darum die Kinder, weil sie ihm so viel ähnlicher sind als die Erwachsenen. Der »Minister« ist das wunderbarste Kinderpferd. Einen besseren Pädagogen finden Sie kaum!

Körpermerkmale im Detail

Schauen wir uns zuerst den Braunen links (1) an. Er ist ein ganz typischer Vertreter dieser Charaktergruppe. Der Kopf ist trocken. Trockene Köpfe in dieser Ausprägung findet man eigentlich nur beim »Minister«, beim »König«, beim »Pegasus« und auch beim »Sieger«.

Besonders charakteristisch ist die auslaufend, nach unten gewölbte Linie des Nasenrückens. Etwas Ähnliches findet man beim »König«, jedoch in Verbindung mit anderen Merkmalen. Ohnehin sind sich »Minister« und »König« relativ ähnlich, wobei sich ihr Verhalten doch deutlich voneinander unterscheidet.

Der Kopf ist immer lang und schmal, wenn auch niemals schwach. Die Konturen sind hart und fest – so auch der gesamte Körper. Das Pferd ist sehnig und massiv, und neigt in keiner Weise zur Korpulenz.

Die Nüstern sind fein und nicht sehr groß. Das aber trägt bei diesem Pferdetyp zu seinem adeligen Äußeren bei. Das Maul ist ausdrucksstark, aber auch verhältnismäßig klein. Die Oberlippe ist kräftig und sensibel. Die Unterlippe wird korrekt gehalten, in feinem, edlem Spiel.

Die charakteristische Wölbung der unteren Nasenlinie beginnt eigentlich immer etwa eine Handbreit oberhalb der Nüstern. Nach einem Absatz geht es dann geradlinig zur Stirn. Die ist schmal, aber kräftig. Die Augen sitzen relativ weit oben und sind von einer sehr ausdrucksstarken Schädelzeichnung umgeben. Das Auge ist ebenfalls nicht außergewöhnlich groß, aber immer sehr wachsam und aufnahmebereit.

Der Hals ist in aller Regel, wie auch bei diesem Beispielpferd, von schlanker und beweglicher Art. Unter- und Oberlinie verlaufen in aller Regel in konvexer Form bei einem guten Halsansatz. Der Hals ist im Allgemeinen nicht sehr massig und kann daher in einigen Fällen von schwächerer Tragkraft sein. Das muss bei der Ausbildung dann besonders berücksichtigt werden.

Die Ohren sind in aller Regel schmal und fein ausgebildet. Bei dem Paso Fino auf der nächsten Seite (4) kann man diese typische »Ministerform« der Ohren besonders deutlich erkennen. Beim »Minister« habe ich insgesamt acht verschiedene Bildbeispiele angefügt, um an diesen Pferden deutlich zu machen, in welcher Rassenbandbreite dieser Pferdecharaktertyp zu finden ist.

Auch der Lusitano-Rappe (2) ist ein wunderbares Beispiel dieses Typs. Wenngleich er etwas lang und seine

Kruppe vergleichsweise recht schwach ausgebildet ist. Auch die Hinterhand und die Ausbildung von Oberschenkel und Knie ist schwach – wie bei den spanischen Pferden ist dies leider auch oft bei den Lusitanos in der Zucht schon begründet. Abgesehen von dieser Schwäche, der man durch geeignete Zuwendung bei der Ausbildung begegnen müsste, ist dieses Pferd jedoch sehr stark und edel.

Auch der Friese (3) ist ein schöner Vertreter dieses Pferdetyps. Bei ihm zeigt sich der dem »Minister« eigene Kopf – in der Verbindung mit dieser Rasse allerdings scheinen

Kopf und Körper nicht ganz zusammenzupassen. Nichtsdestoweniger ist auch dies ein gutes, klares, starkes Pferd.

Bei dem Paso Fino (4) können wir deutlich die Mängel erkennen, die diese Charaktergruppe gelegentlich mitbringt. Ein zwar aufgerichteter Hals, aber mit zu tiefem Ansatz, ein etwas zu langer und insgesamt schwacher Hals sowie ein sehr schwacher Rücken fordern einiges von der Ausbildung dieses Pferdes. Das schafft ein unerfahrener Pferdemensch nicht, und auch nicht ein solcher Pferdemensch, der zwar Erfahrung, aber die falsche Erfahrung hat. Die alle werden ein solches Pferd in Kürze ruinieren. Der Kopf entspricht noch immer dieser Charaktergruppe, wenngleich auch die Nüstern etwas weit erscheinen und die gesamte Maulpartie etwas grob. Das macht dieses Pferd anfälliger gegen Gemütsschwankungen, die ansonsten der reine »Minister« eigentlich kaum kennt. Dennoch ist auch dieses Pferd von seinem Wesen her ein sehr starkes Tier.

Auch dem Araber (5) sieht man seine »Ministerwürde« an. Die weiten Nüstern, die sehr feine Oberlippe und die insgesamt schmale Kopfform bei deutlich trockener Zeichnung lassen dieses Pferd etwas skeptischer und komplizierter erscheinen als andere Pferde dieser Charaktergruppe. Dennoch, auch dieses Pferd ist von charakterlich hochstehendem, edlem Wesen.

Die beiden nächsten Pferde dieser Charaktergruppe (6, 7), besonders der Schimmel, zeigen jenen Ausdruck der Augen, den ich leider bei diesen Pferden so häufig antreffe – es ist der Ausdruck von wissender und sanfter Trauer, die trotz allem noch immer bemüht ist zu verzeihen. Auch diese beiden Pferde sind von wunderbarem Charakter gezeichnet und von einer Würde, die von keiner anderen Charaktergruppe übertroffen wird.

Welcher Mensch passt zum »Minister«?

Hat der »Minister« das Gefühl, dass er einem Menschen wirklich auf gleicher Ebene begegnen kann, dann ist er derjenige, der zuerst bereit ist, jede Mauer zwischen Mensch und Pferd einzureißen. Er ist insgesamt wohl der aufgeschlossenste Typ unter allen Pferden, aber er ist es auch, der sich ganz schnell hinter einer Mauer des Unverstehens verstecken und sogar verschanzen kann. Der »Minister« ist ein weises Pferd und er sucht eben im Menschen auch die Weisheit. Nur einen hochstehenden, feinen, charakterstarken Menschen wird der »Minister« letztendlich akzeptieren können. Er ist in der Tat der Anspruchsvollste, wenn es um die Wahl des geeigneten Menschen geht. Darum fühlt sich der »Minister« auch in aller Regel in der Menschenwelt sehr unwohl, ist diese doch gerade heute und gerade in der Reiterwelt nicht von Weisheit und Edelmut überschüttet.

Der »Minister« ist für denjenigen ein gutes Anfängerpferd, der sich ihm insgesamt bescheiden und lernbereit nähert. Dieses Pferd weiß in seinem Sinne, worauf es dem Menschen ankommt. Er begreift eben schneller als die meisten Zweibeiner. Und das meine ich nicht im übertragenen Sinne – das meine ich wirklich ganz wörtlich. Der »Minister« ist, wie schon gesagt, ein hervorragendes Kinderpferd (8) – und ich weiß, wie seltsam das sogar den meisten Pferdekennern anmutet. Er ist extrem rücksichtsvoll und vorsichtig. Er kann sich im »pferdischen Sinne« leicht in die Lage eines Menschen, eben auch eines Kindes, einfühlen und dementsprechend handeln. Mit dem »Minister« ist ein großer Pferdecharakter immer wieder mitten unter uns.

Der König

Der »König« sieht dem Minister auf den ersten Blick sehr ähnlich. Dennoch muss man vorsichtig sein, denn beide Charaktergruppen unterscheiden sich in der Art und Weise des Verhaltens und vor allem durch ihren Körperbau und durch die Eignung für die Hohe Schule. Die Pferde spanischer Rasse auf den ersten zwei Abbildungen entsprechen dem Typ »König« in reiner Form. Insgesamt ist der Kopf oft wuchtiger als beim »Minister«, die Stirn ist flacher, die Augen sind noch näher an der Nasenlinie. Der Kopf ist auch hier trocken, aber zumeist schwerer und massiger.

Über das Wesen

Der »König« ist in seinem Wesen unkompliziert. Ihn kann kaum etwas erschüttern. Er ist nicht ganz so sensibel wie der »Minister« und insgesamt »härter«. Er ist einer der drei Pferdetypen, die sich in aller Regel sehr gut für die Hohe Schule der Reitkunst eignen. Wenn man sich alte Stiche anschaut, dann findet man immer wieder, oft auch in überzeichneter Form, einen dieser drei Grundpferdetypen. Das ist entweder der »König«, der »Harte« oder »Pegasus«.

Diese drei Pferdetypen zeigen den geeignetsten Charakter und den geeignetsten Körperbau für die wirklich klassische Hohe Reitschule.

Spontane Assoziationen zum »König«

Ein überaus interessanter, klassischer Pferdecharakter, der auch in den unterschiedlichsten Rassen immer wieder einmal zu finden ist. Der »König« ist in aller Regel ein ungewöhnlich gutes Pferd, oft eine Art »Denkmal«. Er ist unkompliziert, klar, mächtig, geradlinig, praktisch, loyal, erhaben und in seinem Wesen »diskret«. Dieses Pferd ist von guter Gesundheit. Es ist charakterlich ruhig, konzentriert, mutig und sehr wachsam. Es hat in aller Regel einen kurzen bis sehr kurzen Rücken und dabei einen festen, kompakten Körperbau. Dieses Pferd möchte unbedingt in die Hohe Schule der Reitkunst eingewiesen werden. Bei der Ausbildung braucht man sich nicht lange mit vorbereitenden Übungen aufhalten. Der »König« ist durchaus ein Spätentwickler, bringt dann aber bereits das Meiste in fast ausgereifter Form mit.

Körpermerkmale im Detail

Besonders charakteristisch ist der »königliche« Ausdruck des Kopfes und speziell der Augen. Diese liegen nahezu auf der Nasenlinie und erscheinen fast wie auf den Kopf »aufgesetzt«. Das zeugt von sehr großer Entscheidungsfreudigkeit und von dem Wunsch, Verantwortung übernehmen zu wollen. Der »König« ist darum ein Pferd, das prädestiniert ist, die Hilfen des Reiters im Voraus zu erahnen. Er braucht nicht erst viele Aufforderungen, sondern scheint immerzu zu lauschen, um dann schnellstmöglich das Verstandene umzusetzen.

Der »König« ist zuweilen nicht ganz so intelligent und geistig beweglich wie der »Minister«. Er ist aber noch konsequenter und weniger »nachdenklich«. Dadurch erscheint sein Wesen noch direkter, noch kooperativer als das des »Ministers«. Der Hals ist eher kurz und massig – das aber stört bei diesem Pferd nicht. Der Halsansatz ist hoch, die Halsstruktur ist tragend und fest.

Die Nüstern sind relativ klein und liegen schlank und mandelförmig in der auslaufenden, sehr feinen, dabei aber für den »König« so typischen extrem ausdrucksstarken Rundung der Nasenlinie.

Das Maul ist sensibel, dennoch fest und von mächtigem Willen. Der gesamte Unterkiefer wirkt zumeist relativ klein im Vergleich zum Ausdruck von Augen und Stirn.

Der braune Andalusier tendiert ein wenig in Richtung »Minister«, ist aber härter und ob seines Körperbaus wesentlich besser für die Hohe Schule geeignet. Dies ist in meinen Augen ein Reitpferd par excellence.

Die Brust ist kräftig und weit, der Hals erscheint manchem wohl zu kurz und zu fest. In meinen Augen aber könnte alles nicht besser sein. Dazu der suchende, wartende Gesichtsausdruck – ein königliches Pferd aus der Charaktergruppe der »Könige«, zu allem bereit.

Der Rote ist ebenfalls ein Vertreter aus dieser Gruppe, aber körperlich von schwächerem Wesen. Auch bei diesem Pferd sehen wir den vergleichsweise kleinen Unterkiefer, die hochstehenden Augen, die mandelförmigen Nüstern, das edel getragene Maul und die sehr offene, klare Stirn. Dieses Pferd ist von sehr großen inneren Qualitäten, es ist weise, sehr intelligent und von feinem, edlem Wesen.

Welcher Mensch passt zum »König«?

Dies ist kein Anfängerpferd. Dieses Pferd muss und will in höchste Höhen aufsteigen. Dies ist ein Pferd für einen erfahrenen Pferdemenschen, der mit seinem Pferd und mit sich selbst Meisterschaft erlangen möchte. Wird dem »König« das nicht geboten, dann entsteht Trauer und Depression über nicht genutztes und brachliegendes Talent.

Der »König« ist ein Pferd für reife Menschen. Treffen sich ein solches Pferd und ein reifer, erfahrener, »abgeklärter« Pferdemensch, dann braucht es nicht viele Worte, nicht viele Zeichen und nicht viel »Getue«. Beide sind von Anfang an miteinander, voller Respekt und bescheidenem Selbstbewusstsein.

In unguten und ungeübten Händen wird dieses Pferd schnell verrohen. Es neigt dann nicht zu großer Traurigkeit, es stumpft lediglich ab, um schließlich in einer Art trockener und unbarmherziger Aggression zu enden. Ein solches Pferd, vor allem als Hengst, ist dann nicht selten ein unbarmherziger Killer. Er agiert dann ohne jedes Erbarmen. Die Konsequenz, die dieses Pferd im Positiven seinem Menschen anbietet, die setzt es eben dann im Kampf gegen ihn ein. Das ist nur die andere Seite derselben Medaille. In der Arbeit und im täglichen Umgang sind diese Pferde sehr klar und geradlinig, man muss ihnen nur immer wieder Antworten auf ihre Fragen geben können. Ganz sicher ist dieses Pferd kein Kinderpferd – im Gegenteil. Kinder sind dem »König« eher lästig und ihnen gegenüber ist dieses Pferd schnell ungeduldig und hart.

Der Harte

Über das Wesen

Was für ein Pferd. Wieder ein sehr hochstehendes Reitpferd, wenn auch von ganz anderem Wesen als der »König«. Leider muss man sagen, dass nahezu die gesamte spanische Zucht von diesem Pferdetyp abgewichen ist – zugunsten eines Typs, der stromlinienförmiger erscheint und der dem »neuen Markt« angepasster ist. Denn dieser alte Typ eignet sich überhaupt nicht für jene Art Dressur zum Beispiel, die Kampfrichter so mögen.

Dieses hier ist ein »knüppelhartes«, wenngleich überhaupt nicht grobes Tier. Es ist ein »Kampfross«, das schließlich auf einem Tellerrand galoppiert werden kann, um im nächsten Augenblick mit enormer Wucht nach vorne zu preschen.

Dieses Tier gehört zu den unkompliziertesten überhaupt, wenn es sich in den richtigen Händen befindet. Es ist im Wesen frei von Zweifeln, es stellt sich, die Welt und den Menschen niemals in Frage. Es ist ein fröhliches, eigentlich immer gut gelauntes Pferd, das frei ist von nahezu jeder Art von Gemütsschwankungen. Der »Harte« ist ein Pferd, das eine Aufgabe und einen Weg braucht, um dann, zusammen mit seinem Menschen, diesen Weg nahezu »erbarmungslos« zu beschreiten und die ihm übertragene Aufgabe zu erfüllen. Wie »Pegasus« steht der »Harte« auf seine Weise zwischen Himmel und Erde, nur ist er dabei der Erde zugewandt, und nicht, wie »Pegasus«, dem Himmel.

Spontane Assoziationen zum »Harten«

Dieses Pferd ist ein Tier für sehr erfahrene Menschen. Es ist nicht besonders intelligent, aber sehr schlau. Es ist im Grunde der Urtyp eines spanischen Pferdes. Es ist nach außen gerichtet, ohne eitel zu sein. Es ist durchaus auf Wirkung bedacht, ohne jede Spur von Arroganz. In ihm erwacht jener Stolz, der zugleich auch erdverbunden und bescheiden ist.

Der »Harte« ist mächtig und kompromisslos und zugleich sanft und bewegt. Er ist nüchtern, praktisch, kreativ, ausdauernd, gesund, in keiner Weise wehleidig, er ist genügsam, robust und sehr anpassungsfähig.

Körpermerkmale im Detail

Das ganze Pferd scheint wie »aus einem Stück gehauen«. Es gibt wenig »Einbuchtungen und Dellen«. Das Tier erscheint prall und krafterfüllt. Typisch ist die, von der Seite betrachtet, starke Stirn, die von vorne wiederum eher zierlich und schmal erscheint. Typisch sind ebenfalls das kleine, dabei aber wache, sanfte und feine Auge sowie die unterhalb des Auges gerade verlaufende Nasenlinie und die dabei doch sehr sensibel, schmal und sinnlich geformte Maul-/Nüsternpartie. Das gesamte »Gesicht« erscheint »glatt und gespannt« und dabei zugleich wuchtig und klar. Bei aller Kräftigkeit erscheint der Kopf insgesamt schlank und fein.

Dieses Pferd ist eine Klasse für sich. Die Ohren sind zwar etwas fleischig, aber schön und energisch nach innen geschwungen. Das Pferd ist massig und kurz, und auch der etwas tiefe Halsansatz und die damit verbundene etwas ungünstige Linie des Unterhalses verzeiht man diesem Tier. Die kann im Übrigen durch eine gute Arbeit »ausradiert« werden. Wie bei fast allen spanischen Pferden könnte auch hier die Kruppe etwas stärker sein – wobei sie im Vergleich wesentlich besser ist als bei vielen anderen spanischen Zuchttypen.

Der Kopf erscheint insgesamt relativ klein, besonders der Hals wirkt mächtig und wuchtig. In der Tat ist die gesamte Oberlinie von unglaublicher Tragkraft und Kompaktheit. Dadurch ist dieses Pferd extrem belastbar und auch wendig. Das alles macht es zu einem idealen Arbeits- und »Kampfpferd«.

Welcher Mensch passt zum »Harten«?

Der Mensch zum »Harten« sollte keinesfalls hart sein. Ganz im Gegenteil. Er sollte von großer innerer Kraft erfüllt sein, um im Außen flexibel und nachgiebig reagieren zu können. Trifft dieses Pferd auf einen innerlich schwachen und dadurch äußerlich unsicheren und zugleich harten Menschen, dann würde ich auf die Gesundheit dieses Menschen langfristig keinen Pfifferling mehr wetten. Dieses Pferd wird im Grunde genommen nicht einmal aggressiv. Es hat das einfach nicht nötig. Es versucht auch im schlimmsten Falle noch seinen »Dienst« zu erfüllen, um dann mit einem Male eine Art »Betriebsunfall« herbeizuführen. Ohne Ankündigung und ohne erkennbare Ursache, aber auch ohne nachvollziehbare Schuld kommt es zu einem heftigen »Rums« und das Pferd hat sich seines »Problems« entledigt – ohne Vorwarnung und ohne Reue.

Der »Harte« ist weder ein Anfänger- noch ein Kinderpferd. Im Gegenteil. Der »Harte« sucht einen Menschen, der selbst bereits in jeder Hinsicht durch viele Schulen gegangen ist. Im Grunde braucht dieses Pferd keine große Ausbildung mehr. Der Mensch, der zu diesem Pferd wirklich passt, der wird sich einfach einige Jahre mit dem »Harten« sanft und freundschaftlich unterhalten, wird ihn ausgiebig pflegen und füttern, um dann eines Morgens mit ihm wie Donner und Blitz davonzustieben. Ob man sie dann jemals wieder sieht, weiß zu jenem Zeitpunkt niemand so genau.

Pegasus

Unser Kreis schließt sich. Hier treffen sich »Pegasus« und »Einhorn«, zwei Pferde, die in gewisser Weise wesensverwandt sind und doch auch wieder sehr verschieden. Beide Tiere gehören zu den »geistigsten« unter den Pferden.

Über das Wesen

»Pegasus« ist jenes Pferd, das in »höchste Höhen fliegt«. Es ist der Verbinder zwischen den Welten, und in der Realität entspricht dieses Pferd in der Tat dem Mythos Pferd schlechthin. Schauen Sie sich nur den Ausdruck des Schimmels auf der Abbildung an.

Dabei gehören Pferde dieses Typs beileibe nicht zu den härtesten und widerstandsfähigsten. Obwohl auch dieses Pferd sehr gut für die Hohe Schule geeignet ist, so muss es doch ganz anders auf seinem Weg dorthin begleitet werden als zum Beispiel der »Harte«. »Pegasus« ist außerordentlich sensibel und von einer großen Bereitschaft, Leid auf sich zu nehmen

»Pegasus« ist wie die immer gebärende Kraft, die sich in jedem Augenblick körperlich neu zu manifestieren scheint. Dieses Pferd ist wie die Urgewalt der ursprünglichsten Schöpfung überhaupt, die gerade eben erst in Erscheinung getreten ist und von der man befürchten muss, dass sie auch jeden Augenblick wieder in andere Sphären entrückt. »Pegasus« ist wie sich selbst potenzierende Materie und sensibelste Geistigkeit in einem, und nie kann man sicher sein, welcher Part am Ende die Herrschaft an sich reißen wird.

»Pegasus« ist existente und zeitlose Mythologie. In ihm scheinen die Kämpfe aller Zeiten zwischen den dunklen und lichten Mächten stetig präsent zu sein. In ihm ist der

Herzschlag der Urquellen, der uns unaufhörlich an die ersten Anfänge allen Seins erinnern will. »Pegasus« ist nicht ohne Grund die Lichtgestalt der Sagen und Mythen, der Entdecker jener Quelle, die die Dichter und Philosophen nährt und inspiriert – hier steht sie leibhaftig vor uns.

Körpermerkmale im Detail

Auffallend ist der vergleichsweise kleine Kopf. Er scheint beinahe nur aus Augen und Nüstern zu bestehen. Die Nasenlinie ist praktisch immer schnurgerade. Die Augenwülste und das gesamte Auge scheinen für den Kopf beinahe zu groß. Auffällig für diese Charaktergruppe ist das Verhältnis des relativ zierlichen Kopfes zu der Wuchtigkeit des übrigen Körpers. »Pegasus« ist ein starkes, muskulöses, kurzes Pferd. Auf seine Weise ist dieses Pferd unter allen das sensibelste. Es ist das Urbild des klassischen Pferdes, des klassischen Ritterpferdes. Die Ohren erscheinen im Vergleich zum Körper klein, fest und kompakt, dabei sind sie edel und sehr sensibel geschwungen. Die Ebenmäßigkeit des Kopfes und das Verhältnis aller einzelnen Bereiche zueinander zeugen von Klarheit und Kraft. Das Maul ist weich und ebenfalls sehr sensibel. Die Maulspalte ist relativ lang, die Oberlippe ausgeprägt und ausdrucksstark. Die Nüstern sind voll und von zarter Kontur.

Die Ganaschen dieses Schimmels sind vergleichsweise klein – Pferde dieses Typs können durchaus ausgeprägtere Ganaschen aufweisen.

Wie gesagt, dieses Pferd ist ein Wesen, das aufgrund seiner besonders hochstehenden geistigen Grundausrichtung vor allem die Uraufgabe des Pferdseins zu erfüllen vermag. Pferde aber werden heute nicht mehr danach gefragt, einen suchenden Menschen auf seinem geistigen und realen Weg zu begleiten. Diese Zeiten sind vorbei – man wird sehen, was meine bescheidenen Bemühungen schließlich zu Wege bringen. In der Welt des reinen Benutzens aber ist dieses Pferd wie ein Getreidekorn zwischen den Mühlsteinen – es wird zerrieben. Pferde dieses Typs werden auch kaum mehr gezüchtet. Sie kämpfen, sie verweigern sich dem Menschen und sterben dann.

Welcher Mensch passt zum »Pegasus«?

Der »König« und der »Harte« sind beides Pferde, die die Macht auf Erden und die absolute Bodenständigkeit repräsentieren. »Pegasus« dagegen ist ein leichtes, ätherisches Wesen. Er braucht einen sehr einfühlsamen Menschen an seiner Seite, sonst kann er schnell zerbrechen. Dieses Pferd wird dann auch nicht lange leben.

»Pegasus« entscheidet sich lieber für den Tod als für ein langes, qualvolles Leben. Solche Pferde flüchten sich bei unguter Umgebung schnell in unheilbare Krankheiten oder in eine solch starke akute Erscheinung, dass sie den Menschen unter der Hand wegzusterben scheinen.

Menschen, die unter Gemütsschwankungen leiden oder unter sonstigen psychischen Leiden und Problemen, sind für dieses Pferd absolut nicht geeignet. »Pegasus« braucht einen besonnenen und gerichteten Menschen, der zusammen mit diesem Pferd die Reise hin zur Wahrheit antreten möchte.

Mit Kindern zusammen verhält sich »Pegasus« sehr einfühlsam, wenngleich man ein solches Pferd niemals allein in Kinderhände geben darf.

Dies ist natürlich keinesfalls ein Anfängerpferd. Selbst gutmütigste und einsichtigste Charaktere würden sich am Anfang mit diesem Pferd sehr schwer tun.

Dieses Tier bedarf immer einer ganz besonderen Begleitung. Im Gegensatz zum »Minister« zum Beispiel kann dieses Pferd auch kleinste Fehler nicht einfach so wegstecken. Alles wird hier auf die Goldwaage gelegt. Kleinste Schwankungen im Gemüt des Menschen zeigt dieses Pferd seinem Gegenüber wie durch ein Brennglas vergrößert. Darum ist es ja so wertvoll für den wirklich Suchenden. Hier wird nichts verziehen und nichts bleibt unbeachtet.

Die laute Welt dieser Zeit aber hallt betäubend in dem unendlich feinen Wesen dieser Pferde nach. Dennoch gibt es sie ja auch jetzt noch von Zeit zu Zeit. Und womöglich sind all diese Beschreibungen hier, an dieser Stelle, ein neuer, ein weiterer wichtiger Schritt hin zu einer Verständigung zwischen Individuen, die sich vielleicht suchen, aber aus Unkenntnis und aus Unerfahrenheit heraus nicht finden können. Glücklich der, der ein solches Pferd finden soll, der es dann auch findet, der es dann wirklich erkennt und der sich dann mitnehmen lässt auf seine Reise!

Unsere Reise durch die Welt der Pferdecharaktere ist mit »Pegasus« zu ihrem Höhepunkt, zu ihrem Ende und zu ihrem Anfang gelangt, um von hier aus immer wieder neu zu beginnen. Denn wer einmal genau hinschaut, der erkennt, dass es in Wahrheit kein Kreis ist, sondern eine Spirale, die unaufhörlich emporsteigt.

Hier zeigt der Hengst Paco eine ganz typische Reaktion. Nach einer tiefen, intensiven Begegnung demonstriert er vollkommene Entspannung. Gestik und Ausdruck des Pferdes spiegeln innere Befreiung. Nichts steht mehr zwischen Mensch und Pferd. Raum und Zeit verlieren sich im Augenblick des Erlebens. Darin liegt die Kunst der ersten Begegnung. Vom ersten Augenkontakt bis zur Heilung vergehen oft nur Minuten. Hier beschreibe ich zum ersten Mal, wie man diesen Weg beschreiten kann.

Immer und immer wieder
Die erste Begegnung

Wenn Sie einem fremden Menschen begegnen, dann entscheidet sich nahezu alles in den ersten Sekunden des Zusammentreffens. Dabei zählt beileibe nicht nur das, was wir sehen. Eine Vielzahl von Informationen nehmen wir wie aus einem Kübel Wasser auf, der sich über uns ergießt. Und was wir noch gar nicht ahnen, ist tief in uns schon verankert: Der prinzipielle Lauf der Beziehung. Ein Kind geht nicht selten auf einen Unbekannten zu mit Worten wie: »Ich mag dich, du bist lieb«. Oder aber, es sagt genau das Gegenteil. Was weiß so manches Kind, was die Erwachsenen nicht mehr wissen? Und vor allem, was weiß das Pferd, was die Pferdemenschen nicht wissen? Denn wenn die Gäste meiner Demonstrationen glauben, es sei noch nichts geschehen, dann ist zwischen mir und dem Pferd oft schon »alles geklärt«. Das weiß ich heute mehr denn je:
Nur wer diesen Schlüssel besitzt, dringt auch zu den verborgenen Räumen der Seele vor. Gehen wir also einen großen Schritt weiter – oder besser einen großen Schritt zurück?

Magie oder Zauberei?
Die Wahrheit des Details

Ein Beispiel von ungezählten: Diese Bildsequenz hält ein paar Minuten fest in denen ganz viel passiert. Für den Betrachter geht jetzt alles ganz schnell. Ein Pferd scheint sich grundlegend zu verwandeln. Doch was geschieht in Wahrheit?

Um Ihnen einen ersten praktischen Einblick zu geben, wie sensibel dieses Thema ist, schauen Sie bitte auf die folgenden sieben Fotos. Was Sie da sehen, ist eine »ganz normale« Situation für mich. Sie ist allerdings aus einem Blickwinkel heraus fotografiert worden, der in diesem Falle meine nimmt wahr, dass von diesem Augenblick an das Pferd mir gegenüber wie verwandelt erscheint. Das Ganze geschieht in etwa 30 Sekunden! Was der Zuschauer in der Kürze der Zeit nicht sieht und nicht ahnt, sind die **Fülle von Kleinigkeiten**, die erst in der Abfolge der Fotos so deutlich

1: Warum schaut der Mensch das Pferd nicht an? Warum schiebt er die Gerte vor sich her? Warum nähert er sich seitlich dem Pferd?

2: Zu der Klarheit gesellt sich ein seltsames »Kleinmachen«. Ich schiebe mich quasi zwischen das Pferd und die Begrenzung. Mit welchem Ziel? Auf diesem Bild kann man sehr gut meine grundsätzliche Haltung erkennen. Die Schultern sind immer tief und vollkommen entspannt. Niemals zeigt der Körper auch nur die geringste Spur von Aufregung, Angst oder gar Aggression. Bitte betrachten Sie immer wieder die einzelnen Bilder dieses Buches in Hinblick auf diese Grundhaltung. Denn darin liegt ein ganz großer Teil des

Gestik und Körpersprache extrem deutlich zeigt. Sie können sich jetzt das Geschehen in Ruhe Bild für Bild anschauen. Für die Zuschauer geht in einem solchen Moment aber alles blitzschnell.

Was sieht der Zuschauer?
Der sieht ein Pferd, das sich konsequent der Zusammenarbeit widersetzt und seiner Besitzerin manche Probleme bereitet. Das Pferd stellt sich immer wieder, wie auch hier, durchaus drohend in eine Ecke, die Kruppe dem Menschen zugewandt. Das ist eine nicht ungefährliche Situation. Nun nimmt der Zuschauer wahr, wie in kürzester Zeit das Pferd **ohne Mühe** aus der Ecke heraus bewegt wird, wie es eine einzige Runde dreht, wie es dann durch ein kleines Signal angehalten wird, um sich mir neugierig und offen zuzuwenden. Und er werden. Für das Pferd aber sind diese »Kleinigkeiten« so etwas wie »Lautsprecherdurchsagen«.

Was geschieht in Wahrheit?
Als klar auftretender Mensch betrete ich den Raum. Das Pferd nimmt ein Wesen wahr, das in seinem Verhalten ebenso sicher wie **nicht aggressiv ist!** Und zwar auch nicht unbewusst aggressiv, was das Pferd spontan erkennt. Der Mensch schaut das Pferd **nicht** an! Die Gerte schiebt er auf dem Boden vor sich her. Nichts scheint diesen Menschen in seiner Bewegungsrichtung **seitlich** zum Pferd aufhalten zu können.

Auf dem zweiten Bild sieht man deutlich, wie sich dieser Mensch »zusammenschiebt«, auch, um seine absolut freundliche Gesinnung zu demonstrieren, wie er sich klein macht, wie er seinen Blick nach unten und zur Seite richtet, aber zugleich **keinen Zweifel** daran lässt, wer hier welchen Raum beanspruchen darf und wer nicht. Jede andere Haltung in dieser Sekunde würde eine solche Situation zu einem durchaus gefährlichen Unterfangen machen für die Gesundheit, ja leider viel zu oft sogar auch für das Leben eines Menschen! Im günstigsten Falle hätte sie einfach keinen Erfolg.

Im dritten Bild sieht man, dass das Pferd mir jetzt weicht, obwohl, oder richtiger gesagt, auch weil ich die Gerte in dieser Situation zu keinem Zeitpunkt gehoben habe. Das hätte das Pferd wahrscheinlich hart sanktioniert. Mein differenziertes Auftreten veranlasst das Pferd zu weichen, nicht die Hilfsmittel, nicht Gewalt und nicht irgendein Drohen! Besonders wichtig jetzt: Ich zeige mit nichts auch nur die geringste Spur von Triumph! Im Gegenteil! Der Blick bleibt weiter gesenkt und zur Seite gerichtet. Bewusst schaue ich dem Pferd nicht hinterher!

Zentimeter entscheiden!

Der Abstand bei alledem ist immens wichtig. Nach meiner Erfahrung sind das Zentimeter, die darüber entscheiden, wie das Pferd reagiert, ob eine schnelle Bindung entsteht oder Distanz und sogar Kampf. Dazu gleich mehr. Das Foto zeigt deutlich, dass das Pferd sehr respektvoll, aber auch noch immer etwas verstört ist. Es ist noch sehr bei sich und in seinen vergangenen Erfahrungen mit den Menschen. Ich bleibe

Geheimnisses für mein Zusammensein mit Pferden verborgen.

3: Die Peitsche schleift noch immer auf dem Boden, der Blick ist noch immer abgewandt, doch das Pferd weicht! Schon jetzt ist nahezu alles geschehen, was das kommende Verhältnis des Pferdes zu mir bestimmen wird.

4: Das Pferd erscheint hier noch etwas »zusammengezogen«. Mein Blick ist noch immer demonstrativ abgewendet.

5: Nur ein par Schritte weiter hat sich das Bild vollkommen gewandelt. Das Pferd ist dem Menschen zugewandt, ich schaue jetzt freundlich auf das Tier. Macht nun das Sinn, was zuvor sinnlos schien?

6: Ich habe das Pferd angehalten, wieder steht es in einer Ecke. Doch nach nur einer einzigen Runde gänzlich anders als zuvor. Es erscheint wie verwandelt. Es verkriecht sich nicht mehr. Jahrelang hartnäckig zelebrierte Eigenheiten scheinen nicht mehr zu existieren.

darum in meiner »passiven« Haltung, den Blick weiter abgewendet. Ich folge meinem Weg, und nicht dem Pferd. Jede stärkere Zuwendung hin zum Pferd, jede Geste mit der Gerte, die ja immer noch auf dem Boden schleift, jede Blickänderung und jede Verkürzung des Abstandes würde einer schnellen Bindung massiv im Wege stehen.

Das Pferd nimmt das alles wie in Zeitlupe wahr. Kaum ist es eine Ecke weiter, da präsentiert es sich schon ganz anders. Jetzt ist bereits alles geschehen. Nach etwa 20 Sekunden. Das Pferd ist offen, ein Ohr zu mir gerichtet, das Gesicht ist klarer, es hat verstanden. Und darum kann ich jetzt die Gerte heben und den Blick auf das Pferd richten.

Zwei Ecken weiter halte ich das Pferd an, es schaut, wie es eben schaut, ist mir zugewandt und wartet auf ein Signal, zu mir zu kommen. Es steht zufrieden und weicht nicht mehr von meiner Seite. Die erste Begegnung ist zu Ende. In kaum vorstellbar kurzer Zeit wurden klar voneinander zu differenzierende Abschnitte mit fließenden Übergängen so durchlaufen, dass etwas geschehen konnte, was schon so manchen Zuschauer in die seltsamsten Erklärungsnöte brachte. Doch weder Magie noch Zauberei sind im Spiel. Etwas viel Spannenderes. Folgen Sie den einzelnen Abschnitten und versuchen Sie dabei das Ganze im Auge zu behalten.

Versuchen wir also im Detail zu analysieren, was vor sich geht. Denn, wie gesagt, auch wenn es so schnell geht, können wir die einzelnen Bestandteile der Handlung dennoch sehr fein voneinander trennen und beleuchten. Hier ist der Überblick zu dem, was folgt:

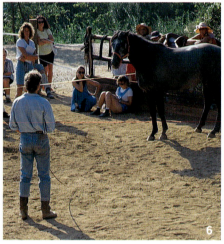

Die Reihenfolge einer ersten Begegnung ist immer dieselbe:

1. Wir müssen das Pferd **erkennen**: seinen Grundcharakter und sein individuelles Erleben und Verhalten.

2. Wir müssen uns in unserem **Auftreten** schon **vor** unserem ersten Schritt ganz und gar in dieser Erkenntnis bewegen. Dazu bedarf es zweierlei: Zum einen müssen wir uns grundsätzlich über das Phänomen einer klaren eigenen Erscheinungsform bewusst sein. Zum anderen muss ich mich sehr schnell auf das einstellen können, was das erkannte Gegenüber, also das Pferd in diesem Falle, mir über sein Wesen mitteilt. Dazu kommen wir gleich.

3. Dann muss ich die **Tür öffnen**. Das geschieht **innerhalb von Sekunden**. Ich betone das so, weil eben dieser schnelle Vertrauensschub der einzige Beweis dafür ist, dass wir den **passenden**

Schlüssel gefunden haben. Gelingt der Kontakt nicht in wenigen Minuten, dann ...

4. Jetzt darf ich vorsichtig in das Haus eintreten. Dazu braucht es eine große Achtsamkeit, denn es ist nicht mein Haus. Ich bin Gast in einem fantastischen, filigranen und unbekannten Reich. Verwundungen und Verletzungen werden jetzt sichtbar und können relativ schnell **geheilt** werden.
5. Erst dann kann ich mehr und mehr mit diesem Haus vertraut werden. Das geschieht durch die Bodenarbeit, durch das pferdegerechte Reiten und einfach durch das Zusammensein mit diesem Pferd.

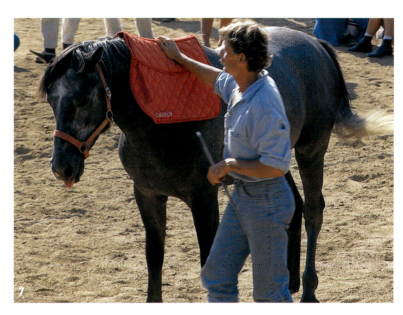

7: Ruhig und ohne jede »physische Bindung« harrt das Pferd bei mir aus. Es ist eine tiefe innere Beziehung entstanden. Was ist in der Kürze der Zeit geschehen? Und wieder will ich auf meine Körperhaltung verweisen. Immer ist sie ruhig und extrem gelassen. Auch jetzt ist jede einzelne Bewegung gut begründet.

Die einzelnen Abschnitte dieses Weges sind:

– Erkennen, auch des richtigen Momentes für den ersten Schritt
– Auftreten
– Abstand
– Die erste Berührung

– Zone des Heilens und der Bewusstwerdung
– Lösen von Angst, Aggression und Furcht. Der aktive Sprung des Vergessens
– Folgen und Führen

– Die tägliche erste Begegnung
– Bodenarbeit, Reiten und Sein

Der gordische Knoten: Das A und O der ersten Begegnung

Das Folgende ist nicht nur wichtig, es ist auch für so manchen anfangs geradezu erschreckend.

Bei der ersten Begegnung mit einem Pferd ist es so, als würden Sie versuchen, in ein Haus zu gelangen. Besitzen Sie einen Schlüssel, dann können Sie eine der Türen in Sekunden öffnen, können ebenso schnell eintreten, um sich dann ganz langsam mit den einzelnen Räumen vertraut zu machen. Wunsch, Vorstellung und Realität sind dann quasi eins. Wie oft auch immer Sie das Haus verlassen, immer wieder werden Sie denselben Weg oder einen der möglichen anderen Eingänge wählen, um einzutreten. Das Beispiel erscheint banal.

Im Zusammensein mit Pferden aber ist der Hintergrund dieser Geschichte ebenso voller Glück wie vor allem voller Leid. Denn kaum jemand hat einen **passenden Schlüssel für die unmittelbare Kommunikation mit dem Pferd.** Ja, kaum jemand ahnt überhaupt von der Existenz eines solchen Schlüssels!

Eintreten oder einbrechen?

Die »Unmittelbare Kommunikation« ist ein sehr wichtiger Begriff für uns. Sie ist das A und O der ersten Begegnung. Denn wenn Sie keinen »Schlüssel« für das »Haus« besitzen, also nicht gleich und unmittelbar mit dem Pferd kommunizieren können, dann sind Sie, um in unserem Bild zu bleiben, ein Einbrecher. Jedenfalls dann, wenn Sie das Haus gewaltsam betreten. Und der Einbrecher zerstört und stiehlt in aller Regel.

Warum ist das für die Praxis so immens wichtig? Auf den Punkt gebracht muss ich es so formulieren:

Wenn es uns nicht gelingt, in wenigen Minuten aktiven Handelns in das Wesen des Pferdes einzudringen, es mit uns vertraut zu machen, dann gelingt es uns wahrscheinlich nie. Im Gegenteil. Mit jeder Minute, die verstreicht, wird es schwieriger!

Ein Beispiel von vielen soll verdeutlichen, wovon ich spreche: Vor einigen Monaten kam im Norden Dänemarks eine Frau zusammen mit ihrem Islandpferd zu einer Veranstaltung. Sie führte das Pferd in den Picadero und berichtete unter Tränen, dass sie es seit drei Jahren nicht satteln, dass sie es an bestimmten Stellen nicht anfassen könne, dass es vor allem davonlaufen würde und dass es vor allem vor Männern sehr große Angst habe. Noch während die Frau sprach, kam das Pferd zu mir, senkte seinen Kopf und wich fortan nicht mehr von meiner Seite. Was auch immer ich auf das Pferd legte, was auch immer ich von dem tat, was der Frau unmöglich war, das Pferd war vollkommen ruhig und wollte jetzt nur eines – bei mir bleiben. Wie auch immer der Schlüssel aussah für dieses Pferd, ich hatte ihn ganz offensichtlich gefunden. Was ist der grundsätzliche Unterschied im Handeln dieser Frau und mir?

Ich weiß unter anderem zweifelsfrei: **Wenn ich nicht in wenigen Minuten einen deutlichen Kontakt zu einem Pferd herstellen kann, dann kommt er – auch nach Tagen, Monaten und Jahren – nicht zustande, wie auch immer ich weitermache!** Es tritt dann nämlich nur eine Art »Gewöhnung des Nichtverstehens« ein. Trauer und Distanz oder sogar schlimmer noch, Unterdrückung und Gewalt treten an die Stelle von Bindung und Verstehen.

Aber es ist noch nichts verloren: Denn das bedeutet vorerst »nur«, dass unsere »gewöhnlichen« Vorstellungen von einer grundsätzlich positiven Annäherung gänzlich über den Haufen geworfen werden müssen. Denn viele Menschen, die zu mir kommen, haben über Jahre alles Mögliche versucht und sind gescheitert!

Das Bild von jenem Menschen, der Monate und Jahre vor einem Pferd steht, um ihm Millimeter für Millimeter die Angst zu nehmen, ist schlicht und einfach falsch! Das führt nicht zum Ziel! Im Gegenteil, es ist nur ein »Zumauern« zukünftiger Möglichkeiten.

Die unendliche Geduld liegt im Begreifen und im Erlernen, um dann mit einem **»präzisen Schlag des Heilens«** den gordischen Knoten zu lösen. Der ist nicht aufzuknüpfen. Wie in der Sage haben das Tausende vor Ihnen bereits versucht.

Bleiben wir bei dem Isländer und jener Frau. Was geschah mit beiden? Das Pferd nimmt diese Frau immer im Zusammenhang mit genau den negativen Dingen wahr, die sie mir und den Kursteilnehmern so eindringlich beschrieben hatte. Das Pferd verbindet Tag für Tag all die dargestellten Probleme mit der Besitzerin. Dieses negative Bild verfestigt sich mit den Jahren zu einem undurchdringlichen Klumpen. Wenn ich jetzt zu diesem Pferd gehe und es mir nicht unmittelbar gelingt, diesen Zustand zu ändern, dann knüpft das Pferd zu mir **dieselbe geistige Brücke.** Es denkt »der Sattel ist negativ, du bist negativ, lass mich in Ruhe.« **Und das ist natürlich das Gegenteil dessen, was ich will!**

Auch jener Rappe, der uns in den Abbildungen zuvor begegnet ist, war in seinem Verhalten verhärtet. Über Monate und Jahre haben sich Verhaltensweisen eingespielt, die mit viel Zeit an der falschen Stelle nicht zu überwinden sind. Nein, diese Zeit an dieser Stelle heißt nur: Sie haben den Schlüssel nicht gefunden! Sie können das Haus nicht betreten! Ein solcher Mensch handelt wie ein Angler an einem fischlosen See. Schließlich klagt er und sagt: »Aber ich war doch so geduldig«.

So finden Sie den Schlüssel zu Ihrem Pferd

Den Rohling dieses Schlüssels habe ich Ihnen bereits gegeben. Und zwar in der Beschreibung der einzelnen Charaktere und in dem neuen Gedankengebäude des Erkennens eines Pferdes. Später in Kapitel 6 werden Sie noch mehr darüber erfahren.

Im Folgenden gebe ich Ihnen noch eine ganze Reihe Werkzeuge an die Hand. Bearbeiten aber müssen Sie Ihren Rohling selbst! Dieser Schlüssel wird Ihnen nicht fix und fertig geschenkt!

Bedenken Sie bei alledem dieses:

1. Die meisten derer, die zu mir kommen, hatten im Grunde bereits aufgegeben. Sie wiederholten Tag für Tag dasselbe – sie glaubten nicht mehr an eine wirkliche Lösung. Das ist falsch! Gehen Sie weiter nach vorne, nur dann kommen Sie in die Sonne. Aber betreten Sie neue Wege, wenn die alten immer tiefer in den Schatten führen.

2. Sie tragen die Lösung in sich – glauben Sie mir. Doch Einfluss und falscher Rat, Gewöhnung und Abstumpfung machen Sie blind für das Einfachste, was vor Ihnen liegt. Nicht das Bücken ist das Problem, sondern das Erkennen. Suchen Sie einen See mit Fischen drin.

3. Es ist oft nicht leicht, sich gegen eine Umgebung durchzusetzen, zu der man schließlich gehört, und die handelt, »weil man schon immer so gehandelt hat«. Man hat nicht! Wenn Sie handeln ohne zu kämpfen, ist auch das ganz einfach.

4. Glauben Sie mir auch das: Viele befinden sich in einem Käfig aus Papier und fühlen sich auf Lebenszeit gefangen. Sie wollen nicht wahrhaben, dass eine einzige Bewegung ausreicht, um diese »Mauern« zu sprengen. Und doch ist es so. Man muss es nur tun!

Einen Löwen töten mit bloßer Hand?

Ein junger Massai muss einen Löwen mit der Hand töten, um als Mann in der Urgemeinschaft aufgenommen zu werden. Geht das? Kann man einen Löwen mit den bloßen Händen töten? Kann ich mich, wie in Kapitel 2 zu sehen, zwischen eine rossige Stute und jenen Hengst stellen, der viele Menschen verletzt hat, als eine Stute lediglich zu hören war?

Beides geht – mit dem richtigen Schlüssel. Der Massai, und mit Verlaub auch ich, würden uns verletzen oder sterben, wenn wir uns auf Gewalt oder auf scheinbare Macht stützen würden.

Den Schlüssel finden heißt, im richtigen Augenblick an der richtigen Stelle sein und den richtigen »Dreh« finden. Und selbst größte Tore öffnen sich. Dann werden auch Sie immer seltener wissen, warum etwas geschieht. Sie werden nur merken, dass etwas geschieht. Hat das etwas mit Glück zu tun?

Vom Benutzen zum Verstehen!
Mein Weg der Aufklärung

Jetzt können wir den gesamten Weg sehen. In der Zeichnung wird deutlich, wie sich die Gewichtung von der Spitze hin zur Basis verschiebt.

Oben ist nur das Reiten. Der vorbereitenden Arbeit wird in dieser Zone keine oder nur sehr wenig Aufmerksamkeit geschenkt. Das Einreiten ist zu oft nur ein Einbrechen oder ein Scheuchen bis zur Aufgabe. In der Zone II kommt dann die Bodenarbeit als Vorbereitung hinzu. Meine Form des Seins mit Pferden aber beginnt viel früher.

Die Basis meines Dreiecks zeigt vor dem Reiten vier weitere Bereiche, wobei sich einer aus dem anderen ergibt. Es fängt an mit der **Bewusstwerdung**, nicht zuletzt auch der körperlichen Bewusstwerdung.

Da hinein spielt auch die Auseinandersetzung mit der Natur des Pferdes zum Beispiel durch die Charaktergruppen. Vieles habe ich bereits dazu gesagt, vieles wird aber sicher noch in anderen Publikationen folgen.

Dann kommt der Bereich des **Erkennens**. Erst danach kommt der erste Kontakt mit den Pferden zustande. Denn dann ist der Mensch vorbereitet. Mit welch einem **inneren Potenzial**, mit welch einem Rüstzeug begegnet er nach all diesen Vorbereitungen seinem Schützling?

Jetzt kommt es zur »**Ersten Begegnung**«. Die beginnt mit dem »**Auftreten**« und führt zum »**Heilen**«. Dazu gleich mehr. Doch so viel schon jetzt: Dieser »Heilende Schlag« wie ich ihn nenne, liegt **vor** der eigentlichen Bodenarbeit und **lange vor** dem Reiten. Dieser Teil Nummer 3 ist in Wahrheit ja nur wenige Minuten lang. In der rechts abgebildeten Zeichnung kann man das angedeutet sehen. Das bedeutet: Das Heilen geschieht in wenigen Augenblicken und ist zum größten Teil bereits vollzogen, wenn die eigentliche »Arbeit« beginnt! Das ist sicher eine der bemerkenswertesten Aussagen dieses Dreiecks. Die gelbe Farbe markiert diesen zeitlichen Ablauf. Das ist das, was die Zuschauer in den Veranstaltungen gelegentlich wie »Zauberei« wahrnehmen.

Das ist das, was auch aus meinen Videos spricht, die oft so unglaubliche und unverhoffte Wandlung. Ausdruck und Erscheinung des Pferdes erscheinen wie verändert, wie umgewandelt. Doch es ist in Wahrheit nur geheilt! Ich habe es in Wahrheit nur zu sich selbst zurückgeführt. Das ist die Kraft der Heilung, der präzise »**Heilende Schlag**«.

Schnell wird das Pferd wieder in seinen alten Zustand rutschen, wenn der Besitzer selbst keine Anstalten unternimmt, »heilend« in diesem Sinne zu wirken. Doch die Erfahrung für das Pferd bleibt zeitlebens. Auch nach Jahren kann ich an der Stelle anknüpfen, an der ich aufgehört habe.

Mein Buch »Mit Pferden tanzen« war auch darum eine »Revolution«, weil es das Thema Bodenarbeit und Vorbereitung zum Reiten in einer neuen »alten« Weise dargestellt hat.

Jetzt aber wird deutlich, dass vor der wirklichen Offenbarung eines Pferdes dem Menschen gegenüber eine komplexe Welt verborgen liegt, die es zu entdecken gilt.

Wird das Fundament der Beziehung gut gebaut, dann ergibt sich alles Weitere wie im Fluge und mit Leichtigkeit.

Nun liegt Ihnen (fast) das gesamte Gebilde meines Daseins mit Pferden vor. Was dieses »fast« in Klammern ist, das werde ich zu einem späteren Zeitpunkt in einem eigenen Buch erläutern. Dafür ist es jetzt noch zu früh.

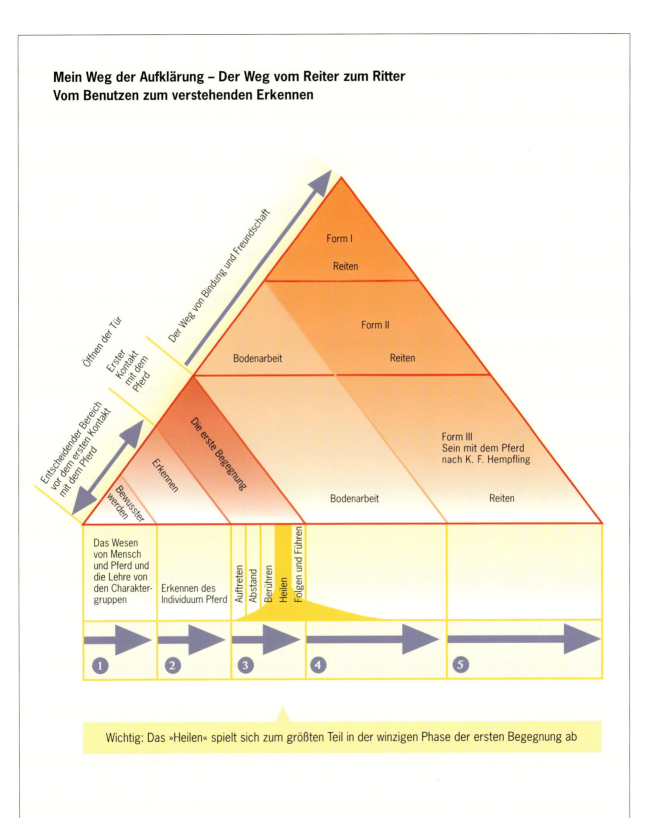

Immer eine offene Tür
Die erste Säule: Das Auftreten

Zur Klärung zuvor dieses:

1. Sind denn alle Pferde krank, dass man innerhalb der ersten Begegnung generell von Heilen sprechen muss? Natürlich sind nicht alle Pferde krank im allgemeinen Sinne dieses Wortes. Doch mit nur sehr wenigen Ausnahmen sind die meisten von ihnen in der Tat verstört und nicht in ihrem eigentlichen Gleichgewicht. Diese Welt der Menschen, durch Menschenhand verformt, ist nicht nur für uns oft eine »harte Nuss«, sondern auch für all die anderen Wesen, die in ihrem Bannkreis leben.

Ein junger, zunächst hektischer und ängstlicher Hengst in der ersten Begegnung bei einer Veranstaltung in Namibia. Das, was die Bilder zeigen, ist das Geschehen innerhalb einiger Minuten. Die Bilder ähneln sich nur scheinbar sehr, denn in Wahrheit verändert sich das Verhalten des Pferdes durchaus und darum auch mein Auftreten. Diese kleine Sequenz soll als Schritt-für-Schritt-Beispiel dienen, um zu verdeutlichen, wie fein verzweigt das Phänomen des »Auftretens« auch in kleinsten Nuancen auf das Wesen des Pferdes wirkt.

1: Im ersten Bild ist das Pferd noch nicht ganz bei mir. Skepsis liegt in den Augen und im gesamten Körperausdruck. In diesem Augenblick bemühe ich mich sehr um dieses Tier. Schauen Sie sich den Ausdruck des Pferdes auf dem zweiten Bild an. Da ist es schon vollkommen überzeugt. Jetzt aber muss ich mit distanzierter Sicherheit das Pferd sozusagen »befragen«. Ich will jetzt von ihm wissen, ob es mit mir mitkommen will in ein Erleben von Ruhe und Vertrauen. Jetzt bin ich mit meiner Energie und Aufmerksamkeit nur beim Pferd. Nie würde ich in solchen Situationen mit dem Publikum sprechen.

gegnung so etwas wie konzentrierteste Geduld, denn mit großer Zurückhaltung wird einem anderen Wesen gedient. Es ist eine Form des zielstrebigen, geduldigen Auftretens – und damit sind wir beim Thema.

**Rüstzeug vor der Praxis:
Die 13 Qualitäten des Auftretens**

Meine Aufgabe ist es, Ihnen zuerst einen guten Anhaltspunkt zu geben, wie sich ein Mensch grundsätzlich einem Pferd nähern sollte, ganz besonders im Moment der ersten Begegnung. Das mag dem einen

2. Bedeutet das Prinzip der »schnellen Wandlung«, des »Öffnens der Tür« eine Absage an unsere Geduld? Nein, ganz im Gegenteil. Nur wird der Ort der Geduld in jenen Bereich vor der ersten Begegnung verschoben. Da wird geduldig Unsichtbares und Kleinstes zu einem Berg zusammengetragen. Darüber hinaus ist der Augenblick der ersten Be-

oder anderen unwichtig erscheinen, aber genau deshalb gibt es ja so wenige Menschen, die mit Pferden wirklich erfolgreich sind. Parallel werde ich das Ganze praktisch anhand von Bildern vertiefen.

Wie aber kann ich mit Worten Dinge erklären, die eigentlich nur erfüllt werden können? Also will ich versuchen, Ihnen Gefühle zu vermitteln – so konkret es eben geht. Begleitet von der Fotosequenz mit dem kleinen Hengst habe ich 13 Qualitäten des Auftretens zusammengestellt, die miteinander etwas beschreiben, was bei einem sensiblen Leser womöglich schon längst Bekanntes zum Schwingen bringen mag. Für ihn ist es dann nur so etwas wie eine Erinnerung!

Wie also ist dieses Auftreten?

1. Es ist sich seiner bewusst, weil man jeden »einzelnen Ausdruck« wahrnimmt und vor allem die Wirkungen auf das Pferd.
2. Es ist immer von einer klaren aufrechten Haltung begleitet, die aber zugleich bewegt und offen ist. Geht der Kopf nach unten oder zur Seite, dann niemals willkürlich, sondern als folgerichtige Geste in einer zusammenhängenden Kommunikation. Ich betrachte mich immer von innen wie von außen. Nichts darf einfach nur so sein. Alles steht unter einer Art natürlichen, (bewusst-)unbewussten Kontrolle.
3. Es ist ein Ausdruck wie vor einem immens wichtigen und einmaligen Ereignis. Das ist sehr wichtig. Und das ist etwas, das ich von meinen Schülern unbedingt einfordere. Viele haben sich zu sehr daran gewöhnt, ein »Leben auf Probe« zu leben. Doch das Leben und der Tod sind in Wahrheit niemals nur zur Probe, sie sind immer endgültig und einmalig.
4. Es ist ein Ausdruck, der zutiefst friedfertig ist. Nicht bloß oberflächlich »freundlich«! Wir leben in einer Welt, in der die Menschen gelernt haben, dass man mit Freundlichkeit Staubsauger verkauft, einen Job bekommt oder auch eine Wahl gewinnt. Ich spreche von Wahrhaftigkeit und Herzlichkeit statt Freundlichkeit! Ich deute dem Pferd durch mein Auftreten an, dass ich niemals etwas von ihm will. Nichts geschieht ohne seine Aufforderung. Niemals darf ich übergriffig werden, allenfalls darf ich mich bis zu der Grenze des unmittelbaren Schutzes verteidigen.
5. Höchste Wachsamkeit erzeugt größtmögliche Wahrnehmung und Klarheit. Nichts, nicht das Mindeste, darf mir von den Reaktionen des Tieres entgehen. Klarheit erzeugt Sicherheit. Sicherheit erzeugt Ruhe. Ruhe erzeugt Durchlässigkeit. Durchlässigkeit erzeugt Kreativität. Kreativität erzeugt Lebenslust und Heiterkeit. Und das alles zusammen erzeugt Natürlichkeit. Und Natürlichkeit ist das Pferd von uns Menschen wenig gewohnt. Und schon sind wir auf dem Weg des Heilens.
6. Dieses Auftreten bleibt frei von Abhängigkeiten. Es existiert, ohne Versprechungen zu geben und ohne welche zu fordern. Darum ist es ungebunden und frei.
7. Dieses Auftreten lässt sich nicht täuschen. Auch Pferde haben oft von Menschen gelernt zu manipulieren. Das half ihnen zu überleben.
8. Dieses Auftreten ist extrem vorsichtig und »schreckhaft«. Es rechnet selbst bei

2: Das Pferd ist ganz bei mir. Und das bleibt es auch, wenn ich mich den Zuschauern zuwende. Selbstverständliche Nähe und sanfte, feste Klarheit binden das Pferd immer mehr an mich. Betrachten Sie den sanften Gesichtsausdruck des Pferdes und die tiefe Zuneigung, die aus seinem Ausdruck spricht.

keit von den Reaktionen unmittelbar neu geschaffen.

11. Dieses Auftreten ist extrem anspruchslos. Denn Ansprüche erzeugen Bilder. Und Bilder wollen erfüllt sein. Doch welche Rolle spielt dann in Wahrheit noch mein Gegenüber? Anspruchslosigkeit erledigt die Dinge in einem Zug, mit einem »heilenden Schlag«.

12. Dieses Auftreten ist so bescheiden, dass es fast ärmlich wirkt. Wäre da nicht der gleich sichtbare Erfolg, man würde es einfach übersehen. Dieses Auftreten ist verwurzelt in der Bescheidenheit und es drückt nur Bescheiden-

3: Jetzt geschieht etwas Wichtiges: Schauen Sie sich Bild 3 und 7 an. In beiden unterbreche ich die erreichte Harmonie. In Bild 2 ist das Pferd ganz nah bei mir. Die Nähe reicht aus, um das Pferd auch dann am Ort zu halten, wenn ich es jetzt mit einer für ihn erschreckenden Satteldecke berühre. Betrachten Sie den Körper des Menschen. Wenn ich hier nicht mit unbedingter Klarheit vorgehe, mit einer Sanftheit und mit rasiermesserartiger Präzision zugleich, dann ist die Situation verdorben. Das darf nicht passieren!

4: Noch immer ist der Ausdruck des Pferdes verkniffen. Aber es vertraut mir, bleibt stehen. Ich selbst stehe immer wie auf dem Sprung. Meine Eindeutigkeit vermittelt dem Pferd Sicherheit, doch jede Regung des Pferdes lässt eine Reaktion meinerseits folgen.

dem sanftesten Pferd mit harten Reaktionen. Denn vor allem, wenn der Stierkämpfer sich sicher weiß, wird er leicht auf die Hörner genommen. Darum darf sich dieses Auftreten niemals in Sicherheit wähnen!

9. Dieses Auftreten ist bereit, jederzeit extrem machtvoll »aufzuspielen«. Es ist wie ein- und ausatmen. Zwischen allen Tonlagen kann blitzartig gewechselt werden.

10. Dieses Auftreten erneuert sich selbst immer von Sekunde zu Sekunde. Nichts ist starr vorgeprägt, alles wird innerhalb der Kommunikation und in Abhängig-

heit aus. Und das ist das Einzige, in dem eine Übertreibung erlaubt ist.

13. Dieses Auftreten bringt alles zu Ende! Dieses Auftreten kommt immer an ein Ziel! Dieses Auftreten durchbricht immer! Das lässt eben jene Menschen so erschrecken, die sich in der Welt des Geistes nicht bewegen wollen. Denn die suchen Macht und finden sie zu ihrem Schrecken hier!

Mit den folgenden Abbildungen gehen wir in die Praxis. Und schauen Sie sich bitte auch die anderen Bilder in diesem Buch und in »Mit Pferden tanzen« vor diesem Hintergrund noch einmal an. Wenn Sie in ihnen etwas Spezielles entdecken, eine eigene, dichte Art von Vertrauen und Begegnung, dann ist es das, wonach wir hier suchen!

Und noch ein wichtiger Hinweis an dieser Stelle: Stück für Stück dringen wir jetzt ein in die Praxis der ersten Begegnung. Mit nichts halte ich dabei hinter dem Berg. In die tiefsten Geheimnisse weihe ich Sie ein. Ich tue das mit dem Wissen, dass Missbrauch möglich ist. Aber ich tue das auch mit dem Wissen, dass diese Beschreibungen im Laufe von Jahren vielfach helfen werden. Versuchen Sie immer das Ganze aufzunehmen. Lassen Sie erst einmal alles unvoreingenommen an sich vorbeiziehen. Lassen Sie das Gelesene über einige Tage in sich wirken und wenden Sie sich ihm dann wiederholt zu. Der Raum in einem solchen Buch ist immer begrenzt. Doch wer das Wesentliche nicht auf 30 Seiten erkennt, der erkennt es auch nicht auf 300 Seiten. Auch wenn meine Erfahrungen und mein Wissen auf eine kompakte Bucheinheit zusammengedrängt sind, so ist doch alles drin. Unterschätzen Sie die Feinheiten nicht und vor allem: Unterschätzen Sie nicht die Wucht und die Kraft, die in dem Folgenden steckt. Es ist das Herzstück meiner Arbeit!

5: Die Augen des Pferdes werden schon ein wenig sanfter. Dieses Bild gleicht dem Bild Nr. 1. Wieder bin ich sehr beim Pferd, um ihm die Bedeutung dieses Augenblickes deutlich vor Augen zu führen. Ich fordere viel von den Pferden. Sie müssen über ihre Angst springen. Ich kann dabei nur begleiten. In solchen Situationen rede ich wirklich mit dem Tier wie mit einem Menschen. Sie verstehen mich immer.

6: Wieder hat sich das Pferd entschieden. Wie im zweiten Bild kann ich jetzt dem Publikum Aufmerksamkeit schenken. Die Situation ist stabil. Das Pferd ist zwar noch nicht wirklich locker, aber es ist auf einem sicheren Weg dorthin.

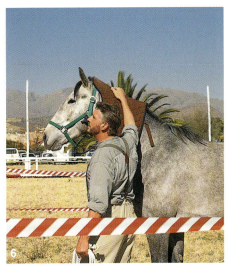

7: Das ist immer eine heikle Entscheidung. Der Mensch muss wissen, wie hoch er die Schraube der Heilung drehen darf. Hier will ich den kleinen Hengst noch einmal ein Stück nach oben pushen. Er war mir noch nicht ruhig genug. Darum jetzt die Decke. Mit Behutsamkeit, so, als hätte ich ein riesiges rohes Ei vor mir, aber mit unbeirrbarer Festigkeit überzeuge ich das Pferd. Betrachten Sie das Auftreten innerhalb dieses Augenblickes.

8: Jetzt ist das Pferd vollkommen gelöst. Ich kann es überall berühren, Decke und Pad sind nichts Erschreckendes mehr für den kleinen Hengst. Die erste Begegnung ist vorbei. Blieben wir zusammen, dann würden wir auf dem Fundament dieser wenigen Minuten unsere gemeinsame Freundschaft aufbauen. Mein Auftreten ist jetzt ruhige Selbstverständlichkeit.

Thema Auftreten: Bilder aus der Praxis

1 und 2: Diese Bilder habe ich gewählt, weil sie zeigen, wie Klarheit, Dominanz und Sanftheit sich in einem Augenblick vereinigen. Der erregte Hengst steht vor einer rossigen Stute. Es ist ein Teil des Hengsttrainings. In diesem Auftreten wirkt die nachgebende Stärke. Durch sie gibt mir der Hengst Macht über sich. Bitte achten Sie auf die Klarheit und Geradlinigkeit meiner Haltung und auf die Intensität der inneren Zuwendung dem Pferd gegenüber. Kraft, Klarheit und sanfteste Hinwendung vereinen sich zur Glaubwürdigkeit für das Pferd. Es antwortet mir darum in derselben Weise.

3: Die äußere Haltung des Menschen ist nur ein Teil des Auftretens, wenn auch ein wichtiger. In meiner Schule wird Körperbewusstsein in jahrelangen Prozessen erlernt. Hier sehen wir, dass die Kursteilnehmerin im oberen Bereich der Wirbelsäule noch nicht gerade und ausgewogen steht.

4: Ein weiteres Bild vom Hengsttraining. Nur mit einem feinen Halfter gezäumt, ist es das Auftreten des Menschen, das den erregten Hengst am Ort hält.
Klarheit und Schärfe prägen die Situation genauso wie Verständnis, Freundschaft und Bindung. Der Sitz des Reiters ist eine Folge seines Auftretens insgesamt.

5: Wieder ein Teil des Hengsttrainings. Die Zügel auf dem Boden liegend hält allein das Auftreten des Menschen das Pferd an seinem Ort. Es ist keine äußere Härte zu spüren, und doch ist die Szene von Klarheit und wachsamer Energie erfüllt. Nur auf einem solchen Fundament des Auftretens kann meine Art des Umgangs mit Pferden wirklich gedeihen. Das zu lehren ist für mich nicht nur mit das Wichtigste, sondern auch das Schwierigste.

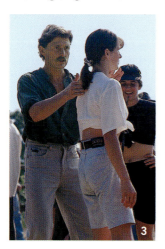

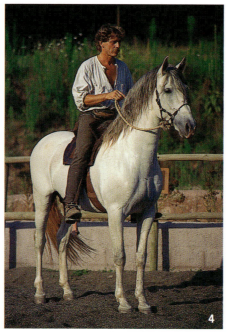

Die erste Säule: Das Auftreten   141

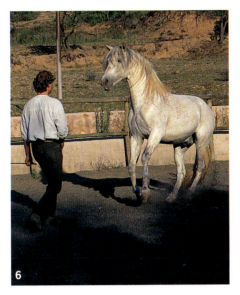

6 und 7: In dieser Begegnung mit meinem Hengst Almendro springt die Konzentration von Mensch und Pferd nahezu aus den Bildern heraus. Der Mensch jedoch ist der, der die Art und die Qualität des Auftretens vorgeben muss. Das überträgt sich dann auf das Pferd. Gelöste Wachsamkeit, spielerische Präzision und gespannte Gelassenheit verbinden die scheinbaren Extreme zu einem kommunikativen Tanz miteinander.

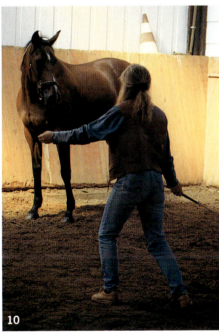

8–12: Diese Kursteilnehmerin steht noch ganz am Anfang. Aus jedem der einzelnen Bilder wird deutlich, wie sehr das Pferd dem Menschen jetzt noch misstraut. Auch die Belohnung ist maximal ein Lockmittel. Mit einem spitzen Maul und großen Zweifeln nimmt sie das Pferd. Gewonnen ist dadurch nichts, im Gegenteil. In Bild 9 sieht man deutlich, wie die Gestik des Menschen das Pferd vollkommen verunsichert. Was soll sie bedeuten? Hier sehen wir deutlich jenen Angler vor dem fischleeren Teich. Wie lange auch immer ein Mensch zusammen mit einem Pferd oder mit dem Leben überhaupt in dieser uneindeutigen Form handelt – es führt zu nichts, ja oftmals zum Gegenteil des Erhofften. Wie aber ist der Weg? Zuerst muss der Mensch sich in jenen zwei Bereichen üben, die in meinem Dreieck ganz zu Anfang liegen, im Grunde schon vor der ersten Begegnung mit einem Pferd.

Thema Auftreten:
Wenn Knuddelbären zu Monstern werden

1–4: Können Sie schon erkennen, dass die Ursache für diese dramatischen Situationen im Auftreten des Menschen selbst liegt? Ein Auftreten, das im Wesentlichen nicht den beschriebenen 13 Qualitäten entspricht, wird schnell zu einer Gefahr im Zusammensein mit Pferden. Dabei muss man wissen, dass Pferde zwar Fluchttiere sind, aber in der Natur sich außerordentlich gut zu verteidigen wissen. Hufschläge und Bisse sind gefürchtete Abwehrreaktionen. Das Pferd ist in diesem Sinne durchaus ein »Verteidigungskämpfer« und dieses Urverhalten steckt auch in dem liebsten Hausgenossen noch tief verwurzelt.

Das Zusammensein mit einem Pferd steht nach wie vor an der Spitze aller Unfallstatistiken. Mit Pferden zusammen zu sein ist sehr gefährlich. Erst vor einigen Wochen ist die gerade einmal 28-jährige Reitlehrerin in einem Nachbarstall gleich hier um die Ecke bei einem Sturz durch Genickbruch ums Leben gekommen. Immer wenn ich

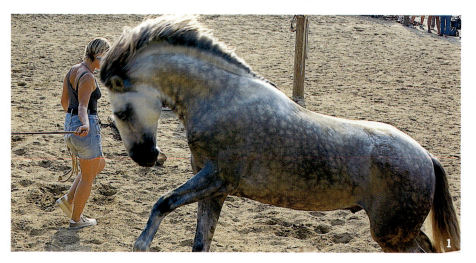

darauf hinweise, werde ich von den Hochglanzmagazinen, vor allem denen meines Heimatlandes, mit Häme bedacht. Schadet denn Wahrhaftigkeit dem Ansehen der Reiterei – oder ist es nicht gerade umgekehrt?

Ausdruck und Verhalten provozieren das Geschehen

Schauen Sie sich bitte die folgenden sechs Bilder gut an. Durch die ersten vier Bilder wird deutlich, dass hier der Mensch selbst ganz unmittelbar die Aggression auslöst. Haltung und Verhalten, der gesamte Ausdruck von Körper, Gestik und Gesicht provozieren das Geschehen. In Bild fünf scheint alles zu stimmen, doch bei genauem Hinschauen sollten auch hier Ihre Warnlampen leuchten, denn Unsicherheit und Ängstlichkeit im Auftreten des Menschen verursachen ein Übergreifen des Hengstes, das aus jedem Quadratzentimeter seiner Haut herausstrahlt. Ein unmittelbarer Übergriff ist jederzeit zu erwarten.

Mit Bild sechs gebe ich Ihnen eine besondere Situation an die Hand. Das Problem muss zunächst unmittelbar geklärt werden. Betrachten Sie den Ausdruck desselben Hengstes. Hier wirkt er unsicher und zweifelnd, ja in die Ecke gedrängt. **Das ist nur etwas für wirklich erfahrene Profis.** Für Spezialisten. Ich habe mich dazu entschlossen, solche in meiner Akedah-Akademie auszubilden. Bitte tun Sie selbst so etwas nicht! Ist ein Hengst erst auf einer solchen Stufe angekommen, dann wird es

schon im ersten Augenblick, dass ich die Situation klären will, jetzt und für alle Zeiten.

5. Meine Bewegung stoppt bereits. Mit dem »Friedensangebot« des Hengstes, ausgedrückt in seiner Gestik und in seinem Blick, bin ich vollauf zufrieden. Was der Betrachter nicht weiß, was er in der Geschwindigkeit des Geschehens nicht erkennen kann, das wird durch dieses Bild sehr deutlich. Das Pferd kann jetzt nur noch ruhig in der Ecke

5: Betrachtet man das Geschehen deutlicher, dann erkennt man die Unsicherheit des Menschen und die daraus resultierende latente Übergriffigkeit des Hengstes sehr genau. Ein folgenschwerer Übergriff ist in einer solchen Situation jederzeit zu erwarten.

6: Hier ist es meine Aufgabe, dem Hengst durch ein klares und bescheidenes Auftreten den Wind aus den Segeln zu

sehr gefährlich! Dennoch will ich Ihnen beschreiben, was jetzt in wenigen Sekunden geschieht. In diesem Augenblick dringe ich sehr tief in das Wesen des Pferdes ein.

1. Mit der nach hinten genommenen Gerte kann ich blitzschnell nach vorne schlagen, wenn es sein muss. In 99 von 100 Fällen kommt es nicht dazu.
2. Mit dem Strick in der linken Hand kann ich blitzschnell die Kruppe abwehren. Hengste kämpfen in einer solchen Situation vorne und hinten zugleich.
3. Mein Auftreten ist sicher und bescheiden zugleich. Das wird selbst aus der eingefrorenen Fotografie deutlich. Ich schaue das Pferd bewusst an und bedeute ihm damit, nicht anzugreifen.
4. Ganz bewusst begebe ich mich in den Sicherheitskreis des Hengstes (siehe nächster Abschnitt, Thema Abstand). Das bedeutet, ich trete ihm bewusst etwas **zu** nahe. Ich zeige ihm dadurch

ausharren, bis ich langsam zurück auf den Platz schreite und ihm die Möglichkeit zur Bewegung gebe. Entscheidend aber war dieser kurze Moment des Auftretens. Noch einmal: **Tun Sie bitte so etwas unter keinen Umständen in einer solchen Situation. Fragen Sie lieber einen von uns!**

nehmen. Jetzt wirkt er nachdenklich und zurückgezogen. In diesem Augenblick, also nach wenigen Sekunden der ersten Begegnung, ist bereits alles geklärt. Vorsicht! So etwas bitte unbedingt den Spezialisten überlassen!

Raum und Zeit ist Ewigkeit
Die zweite Säule: Der Abstand

Mitten im afrikanischen Busch, bei einem befreundeten Farmer, fand ich dieses halb wilde Pferd (Abbildungen 1–3). Es ließ sich seit Jahren nicht anfassen, selbst die Geduld des Sohnes und sein monatelanges Bemühen waren ohne Erfolg. Das Pferd reagierte in keiner Weise auf Menschen. Nach zwei, drei Sprüngen dann in einem recht großen **Abstand** zeigt das Pferd bereits großes Interesse an mir. Spüren Sie auch, selbst aus der »staubigen« Fotografie heraus, die Beziehung, die zwischen Mensch und Pferd schon jetzt besteht? Um unseren Schlüssel für das Haus weiter bearbeiten zu können, müssen wir uns mit dem Thema **Abstand** vertraut machen. Leicht könnte ich zu diesem Thema ein ganzes Buch schreiben – so komplex, umfangreich und wichtig ist dieser Bereich. In diesem Buch muss ich darauf hoffen, dass einige Anregungen bei Ihnen zu einem Impuls werden, der Sie die richtige Richtung finden lässt.

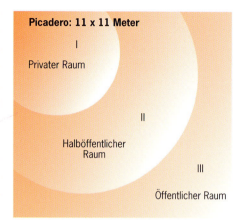

Eine Begegnung in Afrika bei einem Freund mit seinem halb wilden Pferd.
Nur über das Phänomen des Abstandes und des Spieles der Bewegungen im Raum kommt unmittelbar eine erste Beziehung auf Distanz zustande. Der richtige Abstand und der Wechsel innerhalb der Zonen ist von größter Bedeutung.

Die Zonen der Begegnung

Nach dem Erkennen, nach der Bewusstwerdung des Auftretens kommt jetzt die Frage nach dem Abstand. Er ist immer von der Situation, dem Pferd und dem augenblicklichen Zustand des Pferdes abhängig.

Wie im menschlichen Leben unterscheide ich die Bereiche und die Begegnungszonen in »öffentlicher Raum«, »halböffentlicher Raum« und »Privatraum«. Im **öffentlichen Raum** kann sich jeder aufhalten. Hier ist die Begegnung aller erlaubt und erwünscht. Das ist dann der größtmögliche Abstand zum Pferd. Den kann ich noch einmal dadurch vergrößern, dass ich das Tier nicht anschaue, und dadurch, dass ich mich in die Hocke begebe. Der **halböffentliche Raum** ist so etwas wie ein »Vorgarten«. Hier halte ich mich nur auf, wenn ich etwas Konkretes im Sinn führe, einen Besuch zum Beispiel oder ein Gespräch zwischen Nachbarn. Noch bin ich nicht in der engsten Privatsphäre, aber eine Legitimation brauche ich jetzt schon. Um in den engen Kreis der **Privatsphäre** eintreten zu können, brauche ich eine klare und glaubhafte Begründung. Ich sollte den Bewohnern bekannt und eingeladen sein.

Die zweite Säule: Der Abstand

Zu viele Menschen erkennen die Bedeutung dieser Sphären nicht, weder in der Welt der Tiere noch in der der Menschen. Sie dringen unaufgefordert in die Bereiche anderer ein und lassen es schutzlos zu, dass andere in ihre Bereiche eindringen. Beides ist verletzend und nicht selten sehr schmerzhaft. Da viele Menschen bereits nicht im Stande sind, diese Zonen im Zusammensein mit Menschen zu respektieren, wie soll es ihnen dann im Zusammensein mit Natur und Tier gelingen?

In der ersten Begegnung aber ist genau dies elementar wichtig. Die Frage nach dem richtigen Abstand, die Wahl des richtigen Abstandes und der Wechsel je nach Gegebenheit sind hauptentscheidend für das Gelingen der ersten Begegnung.

und das Wissen um die grundsätzliche Bedeutung des Abstandes geben die Richtung für den Weg des Gelingens, also für den Weg zur Heilung und zur Bindung in der ersten Begegnung.

Zur Beruhigung

In meiner Schule lernen die zukünftigen Profis das alles in vielen mühevollen Jahren. Sie sollen schließlich mit jedem Pferd, das vor ihnen steht, in wenigen Minuten klarkommen.

Sie aber, lieber Leser, wollen nur mit Ihrem Pferd einen besseren Kontakt. Sie brauchen nicht mit allen Pferden der Welt zu arbeiten, um sie zu heilen. Mir geht es also darum, Sie nicht zu einem Spezialisten heranzubilden, sondern Ihnen so viel

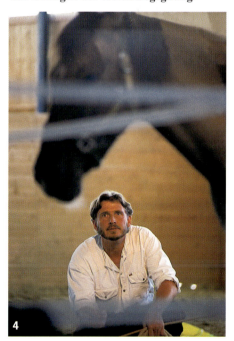

4–7: Hier sieht man den sanften Übergang von Zone 3 bis Zone 1. Um den Abstand anfangs noch zu vergrößern, gehe ich oftmals in die Hocke. Dieses Pferd hatte große Angst vor Berührungen. Ganz sanft wird die erste Berührung durch das Spiel mit dem Abstand vorbereitet.

Für den jeweiligen individuellen Fall gibt es keine weiteren festen Regeln. Innerhalb des von mir hier beschriebenen Grundaufbaus entscheiden vor allem der Charakter des Pferdes und sein Zustand über das weitere Vorgehen und Verhalten.

Meine Pferdecharakterologie, das Phänomen des Auftretens, die Beurteilung des augenblicklichen Zustandes des Pferdes

Wissen an die Hand zu geben, dass Sie **zusammen mit Ihrem eigenen inneren Wissen, mit Ihrem Urdasein** eine neue Richtung gewinnen können.

Versuchen Sie darum mit dem inneren Ohr zu hören und mit dem Herzen zu verstehen. Alles, was Sie auf diese Weise aufnehmen, ist ewiger Besitz.

Vertrauen Sie!

Im Augenblick des Erkennens sollte unter anderem Folgendes bedacht werden:
- Wie reagiert das Pferd grundsätzlich auf Berührungen?
- Ist es ein Pferd, das eher Nähe oder Abstand zum Menschen sucht?

8–10: Im Zusammensein mit Hengsten ist das Phänomen des richtigen Abstandes von noch größerer Bedeutung. Hier gelangt der Hengst nur darum so friedfertig und ruhig in die Nähe der Stuten, weil er zuvor sehr klar auf Distanz gearbeitet wurde.

- Wie respektlos wurde es bisher von Menschen behandelt und in welchem Ausmaß sind diese in die engsten Bereiche des Pferdes eingebrochen?
- Ist das Pferd einsam und verlangt darum von einem sich vertrauensvoll darstellenden Menschen schnell engeren Kontakt?
- Mit welcher Gefahr ist eine Annährung verbunden?
- Wie lange muss ich mich in welcher Zone aufhalten, um dann schnell zum Prozess des Heilens zu gelangen?
- Wie muss ich den »Rhythmus innerhalb der Zonen« gestalten?

Der Rhythmus und das Spiel der Begegnungszonen

In meinem Video »Körpersprache« kann man dieses Spiel an dem letzten Beispiel hervorragend sehen. Hier agiere ich zusammen mit dem scheuen Schimmelhengst in deutlichstem Maße mit dem Phänomen des Abstandes und vor allem mit dem »Rhythmus der Zonen«. Das bedeutet:

Wie das Öffnen und Schließen einer Vogelschwinge wechsle ich konsequent die einzelnen Zonen. Sie müssen selbst das Gefühl dafür entwickeln. Nur sehr selten halte ich mich in einer einzigen Zone auf.

Immer wieder, und auch später in der Bodenarbeit, kommt es zu einem folgerichtigen Wechsel der Zonen. An dieser Stelle will ich jedem Leser die Augen weit dafür öffnen, dass dieses Vorgehen so immens wichtig ist für die Beziehung zwischen Mensch und Pferd. Auch der beste Freund wird zu einer Belastung, wenn er meine Bereiche nicht respektiert. Und die Freundschaft ist in Gefahr, wenn Abstände unkontrolliert zu groß werden.

Stichworte zu den Begegnungszonen

Zone 1:

In aller Regel erst spät betreten. Das Pferd muss gute und deutliche Signale ausgesandt haben und mich einladen, diese Zone zu betreten. Nur bei extrem »zerdrückten« oder auch faulen Pferden kann es zu einem spontanen engen Kontakt kommen, um so erst einmal Mitgefühl und Verstehen zum Ausdruck zu bringen. Bei Stuten und Hengsten ist diese Zone größer als bei Wallachen. Bei Hengsten kann das Betreten dieser Zone ein deutliches Angriffs- und Aggressionssignal für den Hengst bedeuten. Das kann dann zu einer durchaus berechtigten Verteidigungshandlung führen, die so mancher dann ungerechter Weise als Aggression einstuft.

Das Aufhalten in dieser Zone muss immer begründet sein, ganz besonders bei Hengsten. Fallen Sie nicht wie ein penetranter Gast zur Last! Besonders furchtbar ist das ewige Betatschen der Pferde von

Die zweite Säule: Der Abstand

Fremden, das ewige Übergreifen in die Würde des Pferdes. Verbieten Sie dies Ihren Stallnachbarn konsequent! Schmusen? Ja, soviel das Pferd will – aber nicht einen Deut mehr! (Siehe nächster Abschnitt)

Zone 2:
Hier ist eine erste enge Begegnung möglich. In der ersten Phase der ersten Begegnung suche ich diese Zone dann auf, wenn ich entweder Nähe oder Abstand suche. Je nach Absicht und nach Auftreten bedeute ich dem Pferd zu kommen oder zu weichen. Dies ist sozusagen die »Zwischen- und Parkzone«.

Zone 3:
Ganz zu Beginn halte ich mich gerne und bewusst lange in dieser Zone auf. Hier kann ich von weitem das Geschehen gut steuern, kann beobachten und durch feine Bewegungen und Signale mit dem Pferd kommunizieren. Das Pferd bestimmt, wann ich diese Zone verlasse. Auf keinen Fall sollte das zu früh sein. Immer wieder gehe ich bewusst in diese Zone zurück, um dem Pferd Zeit zum Nachdenken zu geben und um dem Pferd die Möglichkeit aufzuzeigen, sich mir freiwillig zuzuwenden.

Immer wieder das erste Mal

An dieser Stelle noch dieses: Die erste Begegnung bestimmt das Zusammensein mit unserem Pferd bei jeder neuerlichen Begegnung. Jedes Mal geschieht der gleiche Ablauf, wenn auch immer weiter verkürzt. Doch jedes Mal müssen wir versuchen zu erkennen: Hat sich etwas verändert? Ist etwas geschehen? Stimmt alles mit der Haltung, dem Futter, der Herde, den Umständen und mit uns?

Nicht ein Mal kann man am Morgen zu seinem Pferd gehen und denken: »Gestern war ja alles o.k., dann wird das heute auch noch so sein.« Immer wieder beginnt alles von vorne und immer wieder beginnt alles mit feinsten Korrekturen. Immer wieder müssen leiseste Abweichungen vom Ideal in der ersten Begegnung ausgeglichen und geheilt werden.

Und so sollte es nicht nur in der Beziehung zu unserem Pferd sein. Wie könnte das Leben beschaffen sein, wenn jeder Morgen so etwas wie eine neue sanfte Geburt wäre? Alles ist offen, alles ist neu. Gestern lebte ich im Süden, heute im Norden. Was für eine Freude, was für ein Tanz!

11: Genau das sollte nicht passieren. Wird das Pferd frei gearbeitet und zwar auf richtiger Distanz, dann werden solche Szenen nur noch der Vergangenheit angehören. Nach dem Phänomen des Abstandes kommt das richtige Führen. Alles zusammen bringt Ruhe und Vertrautheit, Bindung und Verstehen.

12–14: Schauen Sie sich einfach die Bilder an und versuchen Sie zu erfühlen, wie hier Raum, Abstand und Zeit zu einem Geschehen der besonderen Art verschmelzen. Schauen und fühlen Sie, wie das Pferd auch und gerade wegen des Abstandes auf mich reagiert.

Die dritte Säule:
Durch Berührung kommunizieren

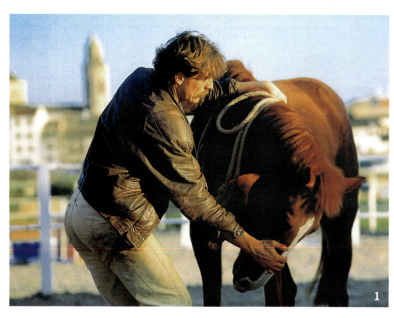

1: Was hat es mit dem Berühren auf sich? Was geschieht in einer solchen Situation und wie kann sie herbeigeführt werden? Warum begibt sich ein Pferd, das ich erst seit wenigen Minuten kenne, sichtlich ohne Widerstand in eine solche Situation?

2: Das Pferd scheint tatsächlich zu lachen, sein Kopf ist mir zugewandt und die Berührung ist zart und wirklich von hingebender Intensität, dabei aber zurückhaltend und bescheiden.

3: Auch wenn mir ein Pferd vertraut ist, überschütte ich es nicht mit Berührungen. Wichtig ist, dass aus dieser Situation keinesfalls eine Übergriffigkeit des Pferdes entsteht und dass das Pferd die Nähe des Menschen wirklich akzeptiert.

4: Der extrem scheue und ängstliche Hengst wendet sich mir mit einem Male mit unglaublicher Offenheit zu.

Die Art und Weise, ein Pferd, vor allem in der ersten Begegnung, zu berühren, ist von sehr viel größerer Bedeutung, als man gemeinhin annehmen mag. Wer kennt das nicht? Wer weiß nicht an sich selbst, an seiner eigenen Haut so gut zu unterscheiden, welche Berührung wirklich Beziehung schafft, Nähe und ein Verstehen ohne Worte, und bei welcher Art von auch gut und zärtlich gemeinter Berührung wir uns doch, zumindest innerlich, schnell abwenden.

Auf dem ersten Bild dieser Seiten sehen Sie eine Form des Handelns, eine Form des Berührens, die ebenso vertraut wie seltsam anmutet. Meine Geste dem Pferd gegenüber enthält vieles, was ich zu diesem Thema auch in Worten gerne ausführen möchte, würde es wirklich Worte dafür geben.

Was ist von einer Berührung zu halten, die sehr sanft ist, aber ohne jede Kraft? Mit welcher Freude juchzt mein kleiner Sohn Karsten, wenn ich ihn fest bei der Brust packe, um ihn dann sanft, aber bestimmt durch die Luft zu schleudern. Denn das Feste wird zur Liebkosung durch die Sanftheit, durch die sie begrenzt, geführt und vielleicht auch transzendiert wird. In einer wahrhaftigen Berührung ist immer **alles zugegen**: der ganze Mensch und sein ganzes Spektrum. Sanftheit ohne Kraft ist wie eine schöne Verpackung ohne Inhalt. Und Kraft ohne Sanftheit wird nur zerstören.

Weich wie eine Feder und doch sichtlich so stark

Dieser Fuchs, wie hunderte anderer Pferde davor und danach, ist mir doch um ein Vielfaches an Kraft überlegen. Leicht könnte er seinen Kopf aus meiner Umar-

Die dritte Säule: Durch Berührung kommunizieren

mung emporschnellen lassen und schon wäre diese erste Begegnung zerstört.

Nicht selten halte ich Pferde in dieser Form für etliche Minuten am Ort. Betrachten Sie nun mein Gesicht, die linke Hand und die Achtsamkeit der Haltung. Alles ist weich wie eine Feder. Ganz locker liegt die linke Hand auf dem Mähnenkamm. Ganz vorsichtig liegt die rechte Hand auf dem Nasenrücken des Fuchses. Verstehen, Zartheit und Hingabe liegen in dieser Haltung, in diesem Augenblick. Aber zugleich lässt meine gesamte Haltung keinen Zweifel daran, dass ich es genau so meine, wie ich es handhabe.

Das Pferd könnte, aber es tut nicht. Selbst mächtige Hengste fügen sich in dieser Lage, aus der sie eigentlich mit Leichtigkeit entschlüpfen könnten. Es scheint geradezu, als könnte ich das Pferd biegen und kneten. Dabei kenne ich es erst seit einigen Minuten. Meiner ganzen Körperhaltung ist anzumerken, dass ich keinerlei Kraft anwende, aber dennoch mächtig zu sein scheine. Die Pferde lieben das, was ich da tue. Und ich kann sie, nicht zuletzt auch dadurch, wieder zu sich selber führen.

Erkennen, Auftreten, Abstand und jetzt die bedingungslos hingebende und selbstlose, krafterfüllte und präzise Form des Berührens führen schließlich zum Heilen und dann dazu, dass das Pferd uns folgen wird, ja uns folgen »muss«.

Auch hier geht die Handlung vom Pferd aus, darum stimmt alles.

5: In dieser Berührung liegt viel Skepsis von beiden Seiten, vor allem aber von Seiten des Pferdes. Hier ist der Zeitpunkt für eine Berührung noch nicht gekommen. Erst sollte eine »erste Begegnung«, wie in diesem Kapitel dargestellt, stattfinden. Dadurch würde sich das Pferd öffnen und eine Berührung leicht zulassen.

6: In diesem Bild sieht man den Menschen sehr hingebungsvoll, das Pferd aber eher skeptisch. Diese Berührung ist mehr der Ausdruck eines Wunsches des Menschen, als Ausdruck von wirklichem Verstehen. Auch hier sollten einige vorbereitende Schritte zuvor das Verhältnis wirklich vertrauensvoll gestalten, um dann abzuwarten, bis das Pferd sich dem Menschen ganz selbstverständlich nähert.

7: Die distanzierte Nähe auf diesem Bild hat etwas sehr Feines. In diesem Augenblick zumindest scheint alles zu stimmen.

8: Hier schaut das Pferd frech und lustig, das Mädchen aber weniger. Und sie hat Grund dazu, denn aus solch einem Geknabbere entstehen schnell größere Zeichen der Missachtung.

9: Hier ist das Pferd offensichtlich sehr gut »drauf«, der Mensch aber doch ein wenig skeptisch. Auch hier kann es leicht zu Übergriffen des Pferdes kommen, die dann alles andere als zärtliche Berührungen sind. Vorsicht also bei dieser Art von Gemeinsamkeit!

10: Auch in dieser Begegnung und Berührung liegt mehr Skepsis und Fremdheit als Vertrauen und Nähe. Würden beide in einer korrekten »ersten Begegnung« in klarer Form zuerst einmal Vertrauen durch Abstand herstellen, und würde der Mensch versuchen, dieses Pferd, das ein sehr sensibler, feiner und charakterlich hochstehender »Minister« ist, in seinem Wesen zu erkennen, dann würde sich eine neue und gute Art der Nähe einstellen. Der Mensch weiß dann, dass der »Minister« Berührungen eigentlich nur sehr selten wirklich mag.

11 und 12: Dieses Pferd ist alles andere als glücklich. Die Berührung empfindet es als sehr lästig und unangemessen. Die Augen sind insgesamt sehr traurig. Hier ist die Berührung vor allem Ausdruck eines Wunsches des Menschen, aber für das Pferd keinesfalls nachvollziehbar. Diese Art »Nähe« schafft nur Abstand.

13: Auch auf diesem Bild zeigt das Pferd große Skepsis. Der Mensch berührt das Pferd sehr unsicher und beinahe bedrohlich. Das beobachte ich sehr oft. Pferde reagieren darauf sehr ablehnend.

Bilder sagen mehr ...

Die 13 Bilder auf dieser und der vorherigen Seite zeigen allesamt Berührungen und Begegnungen zwischen Mensch und Pferd. Sie alle sehen gut und lieb aus. Doch wirken sie auch in Wahrheit so auf den anderen, in diesen Fällen auf das Pferd? Was lässt sich aus den Bildern ablesen, dann, wenn man

ein wenig tiefer schaut, wenn man wirklich fühlt, was in der Begegnung liegt? In den Beschreibungen zu den Bildern gebe ich Ihnen meinen Eindruck wieder.

Die letzten Bilder dieses Abschnittes zeigen mich in der ersten Begegnung mit einem kleinen Hengst. Das Titelbild des nächsten Kapitels ist auch dieser Serie entnommen. Bitte schauen Sie sich Bild für Bild in Verbindung mit den Bildunterschriften an, was ich unter einer Berührung verstehe, unter der die Pferde ganz offensichtlich »dahinzuschmelzen« scheinen.

Was auch immer ich auf das Tier lege, solange ich es in dieser Art und Weise tue, schließen sich Wunden. Auf den meisten Kapitelaufmacherseiten dieses Buches sehen Sie solche »Berührungen«, auch auf dem Titelbild zu diesem Kapitel. Was liegt diesem Geheimnis noch zu Grunde, das so deutlich aus den Bildern selbst spricht? Hier noch einige Stichworte zu dem eigentlich nicht zu Beschreibenden:

- Jeder kann berühren, es gehört natürlich zum »einfachsten« auf der Welt. Doch ein Spektrum kann sich nur ausdrücken, wenn auch ein Spektrum da ist! Und dazu gehören auch Kraft, Energie und wirkliches Mitgefühl.
- Sich selbst einzugestehen, dass man in solch grundlegenden Fragen wie der hier behandelten schlicht und einfach eng gesteckte Grenzen hat, ist nicht leicht. Doch dieser erste Schritt ist schon fast der ganze Weg. Betrachten Sie Bilder von sich gemeinsam mit Pferden in der Berührung. Was erkennen Sie? Welchen Eindruck gewinnen Sie?
- Gerade diese enge Verbindung will nahezu jeder mit seinem Pferd. Wir sind hier an dem ersten wirklichen Ziel angekommen. An diesem Punkt öffnet das Pferd seine Seele oder eben nicht. Hier fallen die Mauern oder sie bleiben wie undurchdringliche Hindernisse. Hier zeigt sich die Hingabe des Pferdes am deutlichsten, die Offenbarung eines mystischen Wesens. Jene Hingabe, die nicht übergriffig oder penetrant oder einfach nur Fresslust ist. Es lohnt sich, »dran« zu bleiben. Ich meine »dran am Thema«. Denn von vielen weiß ich, dass sie immer wieder einfach aufgeben wollen. Ich will mit meinen Büchern auch zeigen, dass es sich lohnt, den Weg weiter zu verfolgen.

Die dritte Säule: Durch Berührung kommunizieren

- Die Schwierigkeiten im Zusammensein mit einem Pferd sind oft sehr groß. So manches scheint sich dann gegen einen verschworen zu haben. Gerade die sensiblen Menschen sind es, die darunter besonders leiden. Wenn Sie aber diesen Schritt hier zusammen mit den zuvor beschriebenen meistern, dann verspreche ich Ihnen eine Bindung zu Ihrem Pferd, an die Sie womöglich schon nicht mehr geglaubt haben. Werfen Sie einfach so manchen Müll über Bord und kommen Sie zum Wesentlichen!

Schauen Sie sich einfach diese Bilder an, die mich zusammen mit einem Hengst zeigen, den ich erst wenige Minuten kenne. Diese Bilder sind, wie auch die meisten anderen in diesem Buch, von hingebender Nähe des Pferdes zu mir bestimmt. Achten Sie doch bitte auf meine grundsätzliche Haltung dem Pferd gegenüber und darauf, wie das Pferd sich mir zuwendet. Jede einzelne Berührung scheint vom Pferd gefordert zu werden und nicht umgekehrt.
Pferde sind beileibe kein Stofftierersatz und auch kein Ersatz für fehlende menschliche Nähe und Zärtlichkeit. Zu diesen Zwecken werden sie aber nicht selten missbraucht. Und dann kommt es zum »Missverstehen«, wo doch eigentlich Nähe gewünscht und gesucht wird. Zwischen mir und dem Hengst führt Nähe und Berührung zu Vertrauen, Hingabe und Heilung. Dazu mehr auf den nächsten Seiten.

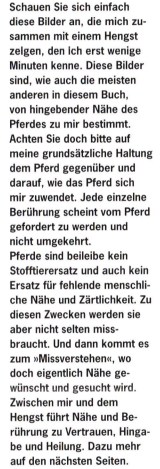

Die große Hürde überspringen
Die vierte Säule: Heilen

Die heilende Wirkung des Geschehens auf das Pferd ist hier ganz besonders deutlich zu erkennen. Das Pferd reagierte zuerst sehr ängstlich – besonders gegenüber der Gerte. Bei dem von mir so bezeichneten »Heilenden Schlag« geht es darum, das Pferd möglichst unmittelbar in der »ersten Begegnung« so vertrauensvoll an mich zu binden, dass es sich selbst bei aller Gelassenheit überwinden kann. Doch hier ist große Vorsicht geboten. Versuchen Sie so etwas nur mit Ihren Pferden, eben mit solchen Tieren, die Sie besonders gut kennen. Und verinnerlichen Sie all das hier Beschriebene! Und lassen Sie sich Zeit vor und während jeder Begegnung.

Hier will ich deutlich machen, worin das Grundprinzip des Heilens in meiner Arbeit zu finden ist. Der Aspekt des Heilens gehört zu meiner Art des Seins mit Pferden **unmittelbar dazu**. Er ist nicht etwa eine Beigabe, ein Effekt am Rande. Um meinen Weg mit Pferden gehen zu können, ist es fundamental bedeutsam zu erkennen, dass das Heilen einen unverzichtbaren Kern bildet. Denn nur durch das Heilen im weitesten Sinne entsteht meine Art der Beziehung zum Pferd. Und nur durch diese Art der Beziehung entsteht beim Pferd der **Reflex des Folgens**. Darum bin ich eben **kein** Pferdeflüsterer, sondern im Grunde das genaue Gegenteil! Das bedeutet auch ganz eindeutig, dass jeder Mensch, der sich in dieser Art dem Pferd nähern will, heilen können muss!

Diese Art des Heilens will, wie vieles andere auch, nicht in den Bereich des Spezialistentum geschoben werden. Heute ist es so »normal« geworden, dass die »Profis« tanzen, Theater spielen, Musik machen, heilen, malen, Kunst fertigen etc. Und zwar jeder nur das Seine, eben im Sinne eines Spezialisten. Das ist nicht meine Auffassung vom Leben. Ich glaube vielmehr an die unmittelbare Kraft all dieser Dinge und an die Notwendigkeit, dass sie von jedem Einzelnen ausgeführt werden können und schlussendlich auch sollen. Jeder sollte singen, Musik machen, malen, künstlerisch tätig sein und auch heilen. Denn dann ist auch das Heilen wieder an jenem Platz im Leben eines Menschen, an dem es in den Urformen des Daseins immer war, nämlich als eine Art **selbstverantwortlicher Prozess des Gesundbleibens**. Ein verantwortlicher Naturheiler ist darum immer darauf bedacht, Hilfestellung zur **Selbstheilung** zu geben. Er unterstützt nur den eigenverantwortlichen Prozess des Hilfesuchenden. Gesund werden kann man nur selbst!

Die Hürde erkennen

Schauen wir uns das erste Bild an. Immer wieder fällt auf, wie sehr sich die Pferde dem Geschehen hingeben. Das leicht geöffnete, vollkommen entspannte Maul, die unmittelbare und geradezu zärtliche Hinwendung zu mir, die halb geschlossenen Augen, der insgesamt durch und durch entspannte Ausdruck des Pferdes. Dabei geschieht hier, wie so oft, in Wahrheit etwas sehr Dramatisches. Worum geht es?

Wir müssen uns im weiteren Verlauf des Geschehens in der ersten Begegnung einen Punkt sehr deutlich vor Augen führen:

Was ist die Spitze des Eisberges? Was ist das Hauptproblem dieses Pferdes vor mir? Auf diesen Punkt gehe ich in Kapitel 6 bezogen auf die Zusammenarbeit mit den einzelnen Charaktergruppen noch einmal ein. Das Prinzip: Jedes Pferd zeigt immer eine Palette ganz unterschiedlicher Symptome. Diese sind kleiner oder größer, bedeutender oder unbedeutender. **Wichtig für uns ist, herauszufinden wo die Ursache dieser Symptome liegt. Und welches Symptompaket auf die wichtigste Grundursache hinweist. Auch darum ist es so bedeutsam, Pferde wirklich zu erkennen!**

Denn das alles kann man »leicht« herausfinden, wenn man sich in der Kunst des Erkennens geübt hat. Allein die Charaktergruppenbeschreibungen sind da eine unschätzbar große Hilfe und Unterstützung. Dieses Pferd hier auf der Abbildung zeigte insgesamt eine extrem große Ängstlichkeit. Und zwar vor allem vor der Gerte! Zweierlei ist nun wichtig:

1. Ich muss nun zweifelsfrei wissen, woher diese Ängstlichkeit stammt. Ist sie angeboren? Kommt sie aus der Jugend? Gab es ein traumatisches Erlebnis? Sind es die Menschen, die noch immer für Schrecken und Angst dieses Tieres verantwortlich sind? Ich sage in meiner Arbeit immer offen, was ich denke. Das bringt mir zuerst einige Feinde ein, aber irgendwann erkennt auch der »Schockierteste«, wie wichtig dieser ehrliche Moment für ihn und sein Pferd war. Wenn es auch manchmal einige Zeit braucht, um sich das selbst eingestehen zu können.

2. **Jetzt kommt der Sprung:** Der Kopf dieses Pferdes zum Beispiel sagt uns: Es ist ein sehr sensibles, feines, eigentlich nicht ängstliches Pferd. Auf keinen Fall ist also hier die Ängstlichkeit angeboren. Ohren einerseits, Augen und Nüstern andererseits stehen hier in einem gewissen Widerspruch. Das Pferd ist sensibel, aber nicht hektisch und nicht übermäßig nervös. Es sucht den Kontakt zum Menschen und es braucht eine feine und sensible Hand. Hier haben wir eine seltene Mischung aus »Kind« und »Minister« vor uns. Es ist ein weises, aber immer auch kindliches Pferd. Eine »zarte, weise Mischung«. Allein daraus kann ich bereits schließen, dass hier die Menschen und ihr falscher Umgang mit dem Pferd die unmittelbare Ursache für die Ängstlichkeit sind. Zwei, drei Worte miteinander gewechselt, und das Bild stabilisiert sich zur Gewissheit. Dieses Pferd hatte extrem große Angst vor der Gerte. Und jetzt kommt das »Wunder«: Durch die einzelnen hier besprochenen Schritte gelingt es mir in kürzester Zeit, das Pferd dazu zu bewegen, **selbst über die Hürde der größten Belastung** zu springen. Auch das Pferd kann sich nur selber heilen. Ich zeige ihm das größte Vertrauen, »lege ihm dann die Springlatte« und helfe ihm zu springen. Den unglaublich hingebenden, extrem »versunkenen« Ausdruck dieses Pferdes konnte ich nur dadurch erreichen, dass ich das Pferd mit dem Ursprung seiner Angst so konfrontiert habe, dass es sie überwinden konnte. Das Gesicht zeigt die Ruhe nach dem Sturm, die Erholung nach der Befreiung, die Gesundung nach langer Krankheit. Anders als bei Menschen geht dieser Prozess bei Tieren, und besonders bei Pferden, extrem schnell – wenn man den passenden Schlüssel gefunden hat. Will man das mit allen Pferden so machen, dann braucht das eine unglaubliche Sensibilität und entweder extrem viel Erfahrung oder eine bestimmte Gabe. Sie sollen sich ja nur um Ihr Pferd kümmern – und das sollte an Hand des in diesem Buche Dargestellten bei gutem Willen und echter Hingabe möglich sein.

Diese Stute zeigte große Ängstlichkeit zum Beispiel gegenüber der Satteldecke. Bitte schauen Sie sich die Bilder auch im Detail gut an. Wichtig ist vor allem die Tatsache, dass das Pferd immer frei ist während der ersten Begegnung. Bald schon scheint das Pferd die Satteldecke selbst zu suchen. Es entwickelt sich eine eigenartige Zwiespältigkeit zwischen der eigentlichen Angst und dem Wunsch, diese Angst zusammen mit dem jetzt schon sehr vertrauten Menschen zu überwinden. Das erlebe ich in dieser Art und Weise nahezu jedes Mal. Das Pferd ist frei und fühlt sich frei. Ich halte zum Schluss eigentlich nur noch die Decke und dokumentiere mit all meinem Sein ihre Harmlosigkeit. Das Pferd sucht jetzt die vermeidbare Gefahr selbstständig auf, um sie zu überwinden.

Wie es das Pferd erlebt

Durch Erkennen, Abstand und Auftreten wird der Mensch für das Pferd zu einer absoluten Leitfigur. Er wird Vorbild, Helfer, Vertrauter und Beschützer. Nähert sich die Leitfigur Mensch jetzt dem gefürchteten Objekt, in unserem Beispiel eben der Gerte, und zeigt dann keinerlei Furcht, sondern im Gegenteil unveränderte Sicherheit und Gelassenheit, dann wird dieser Mensch zur **Brücke der Überwindung**. Denn das Pferd traut ja weiterhin nicht der Gerte, aber fortan dem Menschen. Der kann sich dann, zusammen mit dem Objekt der Furcht, dem Pferd nähern und seine Sicherheit auf das Tier übertragen. Und jetzt kommt der fast noch wichtigere Aspekt: **Einmal Brücke, immer Brücke!**

Ist das einmal gelungen, ist das Vertrauen zum Menschen gefestigt, dann kann von jetzt an dieser Mensch das Pferd durch alle Gefahren führen, ohne es erst großartig an etwas gewöhnen zu müssen. Es folgt dieser »Brücke Mensch« jetzt fast unmittelbar durchs Feuer, in den Hänger, durch das

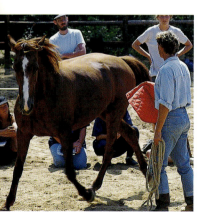

Wasser, einfach überall hin. Das ist dann das »Wunder des Folgens« – dazu auf den nächsten Seiten mehr.

Die Schritte der Heilung

1. Erkennen
2. Durch Auftreten, Respekt, Klarheit, Abstand und Berührung Vertrauen schaffen.
3. Das Pferd an die Hand nehmen und unmittelbar in der Heilung das größte Problem überwinden. Das geht in Minuten. Und das Pferd weiß fortan: Mir wird geholfen und dieser Mensch kann das.
4. Das Pferd folgt dem Menschen jetzt im Ursinne seines Wesens.
5. Das Pferd hat uns seine Seele geöffnet. Jetzt steht es vollkommen »schutzlos« da. Darum ist es nun uns gegenüber so sensibel, aber auch so verletzlich. Dieses größte aller Vertrauenspotenziale darf niemals durch eine Unachtsamkeit zerstört werden. Niemals darf das Pferd jetzt etwas Negatives von uns erfahren. Seine Seele würde sich wieder vor uns verschließen – für immer.

Zurück zu unserem Beispielpferd, zu unserem ängstlichen Schimmel, dem wir auf der vorherigen Doppelseite begegnet sind. Vor ihm darf ich die Gerte gerade nicht verstecken. Ich muss vielmehr mit diesem »Schreckensinstrument« meine vertraute Kraft und Persönlichkeit so weit erhöhen und ins Spiel bringen, dass das

Die vierte Säule: Heilen

Pferd selbst in Gegenwart der gefürchteten Gerte eben diesen Ausdruck der tiefen Zuneigung und Ruhe zeigt. Ich berühre das Pferd überall, schließlich schlage ich die Gerte sogar zischend durch die Luft. Der Ausdruck des Pferdes wird sich nicht verändern.

Tausende von Menschen haben das immer wieder live erlebt und vor allem die deutsche Fachpresse äußerte sich mit den Worten: »Der kann das, aber er kann das nicht vermitteln und lehren«. An diesem Vorwurf war sicherlich bislang etwas Wahres dran. Nun gut – zumindest einen neuen weiten Vorstoß und Versuch, auch das zu lehren, lege ich mit diesem Buch in die Hände der wirklich Interessierten.

In diesem Zusammenhang eine sehr ernst gemeinte Warnung: Wenn sich so mancher aufschwingen möchte, um alles das, was ich hier beschreibe, nur zu benutzen und auch nur, um »beruflich« auf einen Zug aufzuspringen, der schnell rollt, dann müssen Sie wissen, dass Sie ein sehr scharfes Messer in den Händen halten und erhebliche Verletzungen anrichten können. Denn wenn Sie das, was ich zuvor beschrieben habe, nicht tief erfühlen und durchdringen, dann lösen Sie in einer solchen Situation nur ein unvorstellbares Chaos aus. Dann wird nicht die Angst überwunden oder ein Leiden geheilt, sondern das Pferd wird weiter zerstört. Sie lösen eine Panik aus und ein neuer Schock wird alles nur verschlimmern. Sie brauchen eben den Schlüssel, um in dieser Situation leicht in das Haus zu gelangen, um sich sicher und gut darin bewegen zu können. Dies ist keine Anleitung für »Möchtegernprofis« und »Gelegenheitspferdeflüsterer«! Dies ist ein Buch für sensible Menschen, die ganz vorsichtig einen Weg suchen, um mit ihrem eigenen Pferd in Gemeinschaft mit ihrer Sensibilität und Vorsicht bezogen auf ein, zwei, drei Pferde, sensibler und inniger umgehen zu können. Wenn Sie Hilfe suchen, dann wenden Sie sich bitte an von uns langjährig ausgebildete Partner und nicht an selbst ernannte Plagiatoren. Leider ist unsere Kartei voll von Menschen, die sich fälschlicher Weise auf mich berufen, um schnell einmal aus der Hüfte zu schießen, dabei aber nur verschlimmern statt zu verbessern.

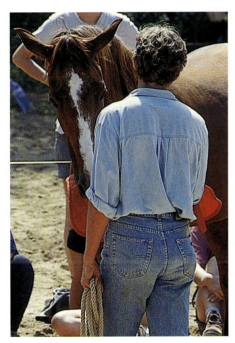

Beachten Sie bitte auch die Haltung des Pferdes. Zum einen erkennt man noch immer die anfängliche Furcht. Darüber aber legt sich mehr und mehr gelassene Vertrautheit und neues Selbstbewusstsein. Das Pferd wird geheilt und beginnt, dem Menschen bedingungslos zu folgen – auch wenn er es ist, der den Angst erregenden Gegenstand in den Händen hält. So kommt nach dem Heilen das naturgegebene Folgen.

Die fünfte Säule: Folgen und Vertrauen!
... sich mir freiwillig zuwenden!

Dass mir die Pferde folgen, ist die Konsequenz aus all dem zuvor Dargestellten. Darum folgte mir der 1000 Kilo schwere Bretone, darum folgte mir Campeon 13, darum folgten mir all die Pferde, die Sie in diesem Buch kennen gelernt haben. Das Folgen der Pferde in diesem Sinne, eben in meinem Sinne, ist vor allem die **Konsequenz aus Erkennen und Heilen,** und nicht die Folge eines Zwanges im Sinne der heute oft praktizierten Pferdeflüsterei. Das darf man nicht miteinander verwechseln.

Wenn Pferde lieben!

Nur das Helfen und das Heilen führt zum freiwilligen Folgen. Nur wenn ein Kind, ein Pferd oder jedes andere Wesen erkennt, dass es nicht nur nicht benutzt wird, son-

Das Folgen der Pferde, die Sie ja schon kennen gelernt haben, ist jetzt die Konsequenz aus Erkennen, bewusstem und durch und durch klarem Auftreten, Helfen und Heilen und nicht das Ergebnis von Zwang. Der Mensch hat sich auf natürlichste Art und Weise an das Urempfinden des Pferdes gewandt und sich ihm als helfender, schützender und heilender Partner vorgestellt. Das Pferd folgt ihm jetzt, wie es einem starken Leittier in der freien Wildbahn folgen würde. Schnell ist das Vertrauen so groß, dass auch außerhalb der Umzäunung das Pferd ganz selbstverständlich die Nähe dieses Menschen sucht. Alles das überträgt sich später auf das Reiten. Dieser große Sprung wird dann für beide zu einem ganz anderen Erlebnis.

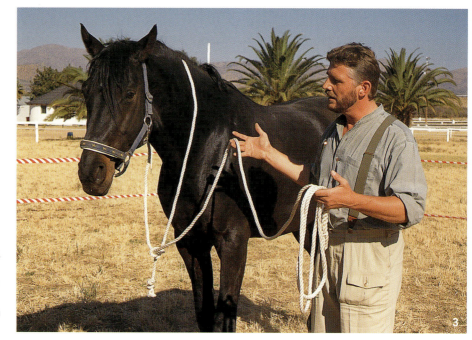

Die fünfte Säule: Folgen und Vertrauen

dern dass es in der Nähe eines bestimmten Menschen vor allem Schutz, Hilfe und Heilung erfahren kann, dann kommt es zum Folgen.

Nur diese Art der ersten Begegnung, wie ich sie hier beschrieben habe, führt also zu einem wahrhaften Folgen des Pferdes auf gänzlich freiwilliger Basis. Das ist mein Weg, das ist der Weg des wahren Pferdemenschen, so wie ich ihn erlebe. Denn erst das Heilen schafft die Bindung, die wir suchen und wünschen. Und Heilen in diesem Sinne bedeutet auch schon, ein durchaus gesundes und klares Pferd noch ein Stück weiter in die Welt der Menschen hineinzuholen und dabei neue Sicherheit und besseres Verstehen anzubieten.

Wichtige Punkte zum Folgen und Vertrauen

- Wenn alles andere in Ruhe befolgt wurde, dann folgt auch das Pferd! Rufen Sie es nicht, auch nicht innerlich, denn das empfindet das Pferd als Zwang.
- Geben Sie niemals dem Pferd das Gefühl, dass es kommen muss! Denn es muss nicht. Es kommt aber früher oder später mit solcher Intensität, dass Sie schnell ein anderes Problem haben: Wie werde ich es wieder los? Doch mit diesem angenehmen Problem werden Sie ganz sicher allein fertig!
- Bewegen Sie ein Pferd in der ersten Begegnung so wenig wie möglich. Am

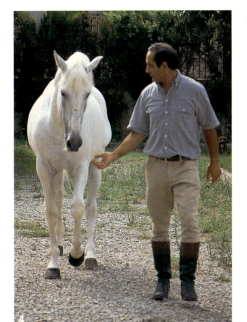

4: Filio war einer der Offiziere, der bei jener Veranstaltung in der spanischen Militärhengststation zugegen war. Schon nach kurzer Zeit traute er seinen Augen nicht mehr, als ihm einer seiner Lieblingshengste einfach so folgte. Mit vertrauensvoll gesenktem Kopf folgte er ihm wie einem ranghohen, sehr vertrauten Leitpferd. Es geht also!

5: Die in der ersten Begegnung gewonnene Verbindung des Vertrauens ist das beste Fundament für alles, was noch kommt. Nur dieses Fundament hat in meinen Augen ein Leben lang Bestand!

In der Bodenarbeit wird auf all dem aufgebaut. Immer wieder kommen die Pferde, wie hier der Hengst Almendro, zu mir in die Mitte gelaufen. Der Wechsel von Kommen und Gehen, von Führen und freiem Sein wird zu einem Spiel, das aus einem jungen Pferd ein Reitpferd werden lässt, ohne dass es das eigentlich merkt. Nur Spaß, Abenteuer, ständig Neues und eine klare, innerlich starke Führung und Zuverlässigkeit begleiten unseren Schützling fortan auf unserem Weg der lebenslangen Freundschaft.

besten gar nicht! Es wird dennoch kommen!
- Wenn Sie merken, dass es kommen will, dann halten Sie es je nach Situation ruhig noch einige Augenblicke in der Ferne. Das Kommen soll und muss zelebriert werden. Das ist dann wieder eine Frage des Abstandes und des Raumes.
- Wenn das Pferd kommt, wenn es bei Ihnen bleibt und wenn es nicht mehr von Ihnen weichen will, aus echter Hochachtung vor Ihnen, und nicht aus Zwang und nicht aus Fresslust, dann haben Sie etwas erreicht, was in der »Seinspyramide« der Menschen sehr weit oben steht. Nehmen Sie das mit ganz ruhiger Freude und großer Gelassenheit entgegen – denn sonst entrinnt Ihnen, was Sie gerade gewonnen haben.
- Zu den grundsätzlichen Körpersignalen zum Thema Folgen und Führen ziehen Sie bitte mein Buch »Mit Pferden tanzen« zu Rate. Womöglich entdecken Sie dann ja dieses gute alte Buch auch in dieser Hinsicht noch einmal neu. Denn alles das, was da zwischen den Zeilen steht, wird Ihnen jetzt sicher noch einmal viel bewusster und deutlicher.

Die fünfte Säule: Folgen und Vertrauen 159

Mit dieser extrem ängstlichen Stute, die eigentlich nichts und niemanden an sich heranließ und die mir bei dieser Veranstaltung präsentiert wurde, vollzog ich all die Schritte, die in diesem Kapitel besprochen wurden. Aus Abstand wurde, durch eine klare und bewusste Form des Auftretens, Nähe und Vertrauen. Durch Nähe und Vertrauen konnte ich die Stute zu sich selber führen und ihr helfen, ihre Angst zu überwinden. Sie folgte mir fortan auch über Plastikfolien und selbst dann, wenn ich eine zuvor Angst erregende Decke über sie legte. Vertrauen und Bindung zu mir, zu jenem Wesen, das keinen Zweifel an der Richtigkeit des ganzen Geschehens ließ, waren immer stärker als alle Angst zuvor. Das Pferd folgte mir durch die Hindernisse hindurch – gelassen und mit gesenktem Kopf, so als würden wir uns seit Jahren schon kennen.
Ist das nicht auch ein sehr guter Weg für Sie und Ihr Pferd?

Die Bedeutung der ersten Begegnung:
Noch einmal das Ganze im Überblick

Auch das ist eine »erste Begegnung«. Kampf und wirklich sehr ernst gemeinte Attacken gehen der Ruhe und der Hingabe voraus. Diese Bilder setze ich an den Schluss dieses Kapitels, um Ihnen noch ein weiteres Mal die Bedeutung der Gelassenheit und der inneren Präsenz des Menschen zu dokumentieren. Mit beinahe nichts pariere ich auch in diesem Falle die Attacken des Pferdes und lasse sie so ins Nichts auslaufen. Wie schon bei dem Bretonen und wie schon bei Campeon 13 erscheinen meine Bewegungen wie ein leichter Tanz. Niemals bin ich übergriffig, niemals will ich mehr, als durch feine Signale das Pferd zu sich selbst führen. Darum bin ich auch zu keinem Zeitpunkt in wirklicher Gefahr. Handelte ich anders, dann wäre auch diese Situation außerordentlich bedrohlich und riskant.

Zu erkennen ist nach alledem gut, wie sehr das wirkliche Zusammensein mit Pferden die Grundqualitäten des Menschseins anspricht. Es ist jetzt sicher auch besser zu verstehen, warum ich immer wieder betone, dass mich nicht zuerst die Pferde, sondern zuerst die Menschen und deren Wandel interessieren. Um das alles besser begreifen und verstehen zu können, vor allem auch vor dem Hintergrund der Urquellen dieser Welt, darum bin ich mit Pferden. Denn sie sind eines der wichtigsten Symbole für das Erkennen der Urzusammenhänge des Daseins. Nach alldem bleibt uns in diesem Kapitel noch ein letzter Blick aus der Vogelperspektive in die Praxis der ersten Begegnung:

Sie stehen vor einem Pferd ...
... und dann?

- Dann müssen Sie sich die Frage stellen, ob Sie innerlich und körperlich in der Lage sind, eine solche Kreatur zu **führen.**
- Wenn ja, dann müssen Sie das Wesen vor Ihnen **erkennen.** Das geht vom Allgemeinen zum Feinen. Was ist der **erste Eindruck?** Welcher **Charaktergruppe** entspricht dieses Pferd? Welche **individuellen Eigenschaften** besitzt es? Wie verhält es sich ob seines Geschlechtes? Wie ist der **momentane Zustand?** Wie ist sein äußerliches Erscheinen? Wie verhält es sich gegenüber Artgenossen? Wie ist sein Verhältnis zu den Menschen?
- Dann können Sie erkennen, wie Sie sich in diesem Augenblick dem Pferd nähern müssen, wie Sie **auftreten** müssen. Sie werden jetzt entscheiden, ob überhaupt der **richtige Moment** ist, etwas zu tun. Sie werden erkennen, welches das **Kar-**

dinalproblem** des Pferdes ist, an welcher Stelle Sie also den **Hebel des Heilens** ansetzen wollen.

- Dann entscheiden Sie über den **ersten tatsächlichen Schritt.** Der ist besonders wichtig. Oftmals beginne ich meine Arbeit nicht im, sondern schon **vor** dem Picadero. **Vor dem Eintreten** gebe ich bereits Signale, wandere hier einen Schritt oder agiere mit Strick oder Gerte. Besonders wichtig ist dann der **erste Abstand.** Die Fragen sind: Agiere ich zuerst aus großer Entfernung? Begebe ich mich sogleich und forsch in die Zone I des Pferdes, um zum Beispiel Nähe zu suchen oder um das Pferd im Gegenteil zu veranlassen, vor mir zu weichen? Bin ich in meinem Auftreten dann besonders zart und sanft oder zuerst sogar provozierend und heftig? Welches **Instrument** wähle ich für den ersten Schritt? Nicht immer nehme ich den Strick. Gelegentlich ist es auch eine kurze Fahrpeitsche oder eine Decke oder sogar ein Sattel oder ein Stück Plastik.

- Dann beginnt der **Dialog, das Gespräch der Ursprünglichkeit.** Jetzt verschmelzen Zeit und Raum. Nichts gibt es mehr außerhalb dieser Begegnung. Nichts ist von Bedeutung außerhalb dieses Geschehens. Jetzt gibt es keine Ideen mehr, keinen Plan. Das Erkennen muss sich erfüllen, das Ahnen muss sich zu einem Bild gestalten, dass nicht mehr von uns geformt wird. Der Mensch ist nicht mehr und nicht weniger als ein **Werkzeug der Schöpfung.** Schließlich ist das Pferd ganz bei uns, und wir sind ganz beim Pferd. Alle Tore sind geöffnet und Zeitlosigkeit durchströmt ein Paar, das zu einem Erleben verschmolzen ist.

- Dann entscheiden wir, wie hoch wir das Pferd und uns emporheben wollen. Der ewige Kampf des Künstlers, ein Bild, ein Kunstwerk zu vollenden, ohne es aber kaputt zu gestalten. **Es geht darum im entscheidenden Moment aufzuhören.** Stoppen wir zu früh, dann riskieren wir eventuell einen unkontrollierten Rückfall. Überschreiten wir die Zeit, überspannen wir den Bogen, dann reißt die Sehne und das Werk ist zerstört.

- Schließlich **verabschieden** wir uns von jenem Wesen, mit dem wir Einheit erleben konnten. Wir verabschieden uns von einem Wesen, das wir besser kennen als jeder sonst, und das uns besser kennt als jeder Mensch. Wie schon zu Beginn, wo wir das Pferd fragten, ob wir mit ihm arbeiten dürfen, fragen wir es jetzt dankbar, ob wir uns von ihm verabschieden dürfen. Denn in der Schöpfung waren die Tiere vor uns Menschen.

Am Schluss ist auch dieser Hengst vollkommen beruhigt und friedfertig. Der Hengst hat nicht gekämpft, er hatte reagiert auf das, was er zuvor durch andere erfahren musste. Und der Mensch hatte nicht gekämpft, er hatte auf das Pferd reagiert. So agierten beide im Sinne einer größeren Wahrheit – die Drachen wurden besiegt. Die Drachen aus Chaos und Unbewusstheit. Der Kreis schließt sich auch hier wieder. Ist es mir gelungen, das Wesen dieser Kunst, das Wesen der »ersten Begegnung« deutlich werden zu lassen?

Wieder zeigt sich zwischen Mensch und Pferd Kraft, Harmonie und engste Begegnung. Nach wenigen Minuten lässt sich der Hengst »kneten und formen«, gibt er sich den heilenden und wohltuenden Zuwendungen des Menschen mit innerer und äußerer Anteilnahme hin. Aber das, was da geschieht, kann so nur mit diesem einen Pferd geschehen. Von dieser »maßgeschneiderten Zuwendung« mehr in diesem Kapitel.

26 Charaktere, 26 Wege

Wie man Pferde richtig formt

Vom ersten Erkennen der Pferde führt unser Weg zu der enormen Bedeutung der ersten Begegnung. Jetzt erwartet uns ein ebenso praktischer wie verbindender Einblick in das Zusammensein mit Pferden. Denn wir wollen uns der Frage widmen, wie Pferde prinzipiell gearbeitet werden müssen, wenn man ihr individuelles Wesen zu Grunde legt. Dabei kommen wir immer wieder vom Speziellen zum Allgemeinen. All das Gelernte bringen wir jetzt ein und fügen es zu einem noch genaueren Bild zusammen.

Theorie und Praxis
Wie das folgende Kapitel »funktioniert«

Wie ist das, wenn Sie eine Musik hören, eine Sinfonie zum Beispiel, die Ihnen wirklich unter die Haut geht? Da ist nichts Konkretes, nichts, das man greifen und fassen könnte und doch entstehen Welten und Räume in Ihnen, Assoziationen und vor allem Emotionen. Sie sind unmittelbar, er- und begreifen jeden Ton, von Augenblick zu Augenblick. Die Emotionen, die entstehen, sind ebenso real wie ebenso weit von Ihrer eigentlichen Realität entfernt. Und diese Emotionen entfernen Sie selbst von Ihrer eigentlichen Wirklichkeit. Doch welche Realität ist wahrer, ist echter, ist mehr die Ihre? Die jedenfalls, in die Sie jene Musik entführt, ist wahrscheinlich ungleich bewegender, aufwühlender und fesselnder. Sie vergessen im Konzertsaal Zeit und Raum, die Sorgen und das Grau des Alltags und es wird Ihnen warm – warm ums Herz und warm in Ihrer Mitte. Ja, sicherlich sind Ihnen auch schon einmal bei solch einer Gelegenheit Tränen gekommen, so bewegend, so mitreißend war die Folge der Töne. Tränen, die keinem äußeren Anlass folgten, keinem Zweck entsprangen außer dem, einfach nur zu sein. Ausdruck für tiefe Bewegtheit.

Der Kitt, der mich bindet
Ist ein Leben vorstellbar, das immer so ist, als würde man im Konzertsaal sitzen? Als würde man der Dramatik einer Sinfonie folgen, mit ihren Spannungen und Reibungen, ihren Fragen und schließlich ihren aufwühlenden und erlösenden Antworten und Zusammenführungen? Die Urquellen berichten von einem Dasein der Menschen, das eben genauso ist. Nur das, sagen diese, sei wirkliches Leben. Nur darin läge der wahre Sinn. Fern von Flucht und Rausch, fern von Sentimentalität und Zersplitterung.

Mein Leben versuche ich danach auszurichten. Ich erinnere mich an einen Morgen vor nunmehr beinahe zwanzig Jahren. Ich wachte nach einem Albtraum auf und hatte für einen Augenblick den Eindruck, »nichts zu fühlen«. Natürlich waren meine körperlichen Sinne wach, und ich war körperlich vollkommen gesund. Aber in mir war eine bis dahin unbekannte Kälte. Die Wärme in meinem Bauch, die sonst immer bei mir war, fühlte ich nicht mehr. Diese Grundschwingung des Lebens, so als lauschte ich einer immerwährenden Melodie, war mit einem Male ganz weit weg. Ich erschrak, und in der Tat begann ich seit diesem Augenblick darüber anders nachzudenken. Denn plötzlich war etwas, das ich immer kannte, mit einem Male weg. Und mir kam der Gedanke in den Sinn: Ist das, was ich jetzt gerade erlebe, womöglich verwandt mit dem, was die meisten Menschen zeit ihres Lebens begleitet?

Das warme Gefühl kehrte bald zurück in meinen Bauch, und auch das Erleben einer tiefen Emotion, mit der ich wieder alles auf meine Weise betrachten konnte. Doch fortan war ich mir dieses Glücks bewusster.

Dieses Grundgefühl jedenfalls ist der Kitt, der mich unter anderem ganz persönlich an diese Welt bindet. Es ist der Kitt, der die Pferde an mich bindet und es ist der Kitt, der mich so lange an meine Fragen bindet, bis es Antworten auf sie gibt.

Zerstückelt in der Kälte?
Dieser »Kitt« lässt auch ein solches Buch entstehen und dieser »Kitt« ist zum Schluss Anfang und Ende einer jeden Begegnung mit einem Pferd. Was macht ein Mensch mit all diesen Anweisungen, der nichts von diesem »Kitt« weiß? Und der vor allem aufgehört hat, danach oder nach etwas Ähnlichem zu suchen? Ich fürchte, er wird das Ganze zerstückelt in die Kälte seines Wesens geben in der festen Überzeugung, er wüsste genau, wovon ich spreche.

Nun also sind wir auf dem Weg von der ersten Begegnung mit einem Pferd hin zum berittenen Freund. Dieser Weg ist eine natürliche Konsequenz aus den vorangegangenen Schritten. Wichtig ist dabei der richtige »Kitt«. Dazu mehr in diesem Abschnitt.

Er nimmt die Verpackung und wirft den Inhalt in den Müll. Den »Kitt« aber kann ich niemandem geben – ich kann nur von ihm berichten. Ich kann ihn auch sichtbar werden lassen in der Begegnung mit einem Pferd. Und ich kann noch das Folgende über ihn anfügen:

- Von diesem »Kitt« weiß ich, dass er von jedem Menschen wie ein unsichtbares Paket getragen wird. Er ist da! Solange er aber unsichtbar und unfühlbar ist, solange ist der Mensch nicht komplett, solange ist er im Grunde nicht wirklich geboren.
- Ist man mit Pferden, dann wird dieser Mangel deutlicher als überall sonst. Alles, was ich in meinen Büchern und Veranstaltungen vermittle, ist nur vor dem Hintergrund dieses »Kittes« zu verstehen und umzusetzen.
- Das Pferd ist Symbol für Materie. Dieser »Kitt« ist auch Geist und Weisheit. Fehlt dieser »Kitt«, dann treffen Materie und Materie aufeinander, Chaos und Chaos, um sich zu potenzieren. Das Pferd aber will durch Weisheit und Geist geführt werden. Dann trifft Materie auf Geist, dann entsteht ein vollständiges Gebilde.
- Im alten China sprach man von einem Menschen, der sich in seinem Leben verloren hatte, wie von einem, der sich fortwährend auf Dornen und Disteln stützt und sich wundert, dass er blutig zu Boden fällt. Er sieht die Pracht um sich herum nicht und geht schließlich in die Ferne, um Besseres zu finden. Schließlich kehrt er heim und muss nun feststellen, dass niemand mehr da ist. Er hat sein Leben endgültig verwirkt. Ich kann nicht häufig genug betonen, wie einfach die Dinge in Wahrheit liegen – auch und vor allem im Zusammenhang mit Pferden. Ihnen ist in Wahrheit alles Komplizierte fern. Sehe ich Menschen mit Pferden, dann kommt mir immer wieder dieses alte Bild in den Sinn. Doch wenn der Mensch keinen Takt in sich trägt, dann hilft ihm auch ein Metronom nur bedingt oder gar nicht weiter. Wenn der Mensch kein Gefühl in sich trägt, dann führt auch Sentimentalität, Gefühlsduselei und »Gutmenschentum« nicht zur Verständigung und nicht zum Glück. Wenn jemand keine inneren Maßstäbe und Ordnungsprinzipien in sich trägt, dann nützt ihm auch kein äußeres Korsett der Moral.

Auf dem Weg zum Reitpferd
Begriffe, Definitionen und Einordnungen

Sich vor den Dornen hüten

Vor diesem Hintergrund gehe ich jetzt wieder ganz unmittelbar in die Praxis. Vor dem Hintergrund, dass diese Praxis nur von dem umgesetzt werden kann, der sich zumindest darum bemüht, mit ganzem Herzen und Wollen, sich vor den »Dornen« zu hüten.

In diesem Kapitel finden Sie zu jedem Pferdecharakter eine individuelle, des immer knappen Platzes wegen stichwortartige »Arbeitsanleitung«. Dieses Wort setzte ich in Anführungsstriche, denn im Grunde ist es ja viel mehr und etwas ganz anderes als nur das. Gemeinsam mit den Beschreibungen aus Kapitel 4 und in Verbindung mit dem Wesen der ersten Begegnung haben wir dann den ganzen Bogen gespannt. Natürlich könnte man noch vieles zu vielem sagen, und das wird sicherlich auch in nachfolgenden Büchern von mir geschehen, doch der Kern liegt jetzt unverhüllt da.

In diesem Kapitel finden Sie die Texte komprimiert. Das Wichtigste habe ich gebündelt zusammengestellt und am Schluss einer jeden Charaktergruppe auch noch einmal in einer Übersichtstabelle zusammengefasst.

Wie funktioniert die Übersicht?

Es ist immer gefährlich, Zeiten und Formen in Definitionsraster zu pressen, zu schnell werden daraus Käfige und Abhängigkeiten, Entschuldigungen und Begründungen für mangelndes Einfühlungsvermögen und Kreativität. Nichtsdestoweniger will ich es hier dennoch wagen, bestimmte Begriffe konkreter zu beschreiben. In den Tabellen zu den Charaktergruppen und in den Beschreibungen tauchen folgende Begriffe und Begriffspaare auf:

1. **Reprise, Sequenz, Einheit:** Hierbei handelt es sich um einzelne Arbeitsabschnitte (siehe Abbildung). Die können jeweils kurz oder lang sein, mit kurzen oder langen Pausen dazwischen. Eine Einheit ist die jeweilige gesamte »Unterrichtsstunde«. Ist sie eher lang, dann liegt sie zwischen 20 und 30 Minuten. Ist sie eher kurz, dann

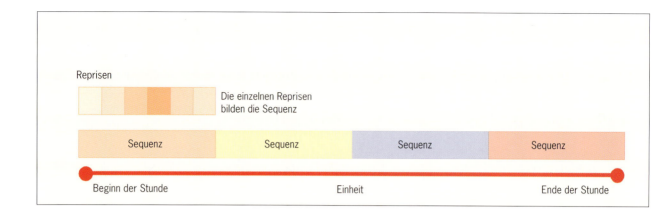

liegt sie zuweilen auch erheblich darunter. Eine Einheit kann auch schon einmal nach wenigen Minuten abgeschlossen sein. Nur sehr selten und mit besten Begründungen ist eine Einheit länger als 30 Minuten. Das bleibt immer die Ausnahme! Eine Sequenz ist die Folge von gleichen Reprisen. Die Reprise ist die jeweilige Einzelübung von Anfang bis Ende. Sie ist in diesem System die kleinste Größe. Auch bei diesen beiden Begriffen ist die jeweilige Zeiteinheit und die Anzahl der Übungsfolgen sehr bedeutsam. Ein Beispiel: Das Pferd lernt, aus dem Stand anzutraben. Es befindet sich auf dem Hufschlag und wartet auf die punktuelle Anweisung des Pferdemenschen. Die Reprise dauert vom Augenblick des feinen Trabsignals bis zum nächsten Signal, zum Beispiel ein erneuter Stopp. Wiederhole ich diese Reprise jetzt zum Beispiel fünf Mal, um dann mit einer anderen Übung fortzufahren, dann endet damit die Sequenz. Eine Reprise kann kurz oder lang sein, und sie kann weniger oder häufiger wiederholt werden. Der so entstehende Rhythmus innerhalb der gesamten Einheit ist von fundamentaler Bedeutung und abhängig vom Pferdecharakter und von der Entwicklung des Pferdes. Eine lange Reprise kann sogar bis zu drei vier Minuten dauern, eine kurze liegt oft weit darunter bis hin zu wenigen Sekunden. Eine lange Sequenz kann durchaus nahezu die gesamte Unterrichtseinheit ausfüllen, eine

Zur atmosphärischen Einstimmung: Die Bilder 1–6 zeigen tempoarmes, flaches und in engeren Grenzen gehaltenes Arbeiten.

Begriffe, Definitionen und Einordnungen

kurze Sequenz kann nach einigen Minuten oder sogar nach noch kürzerer Zeit beendet sein. In den Tabellen gebe ich eine erste Auskunft darüber – wohl wissend, dass es sich hier um ganz grobe Ausrichtungen handelt, die Fingerspitzengefühl und »Kitt« nicht ersetzen.

2. **Temporeich – schnell, tempoarm – langsam:** Dieses Begriffspaar bezieht sich auf den gesamten Charakter der Übungseinheit. Die kann eher schneller und fordernder sein oder eher gehaltener und langsamer. Immer sollte natürlich Geduld und Ruhe die Basis bilden.

3. **Hoch oder flach:** Bestimmte Charaktertypen sollten eher »horizontal«, das heißt, auf dem flachen Terrain ohne Hindernisse gearbeitet und von hier aus in die Versammlung und in die Aktion geführt werden. Andere Charaktertypen hingegen sollten eher »hoch«, also zum Beispiel mehr im Gelände, über Hindernisse, Cavallettis und kleine Sprünge, geschult werden.

4. **Dominierend oder zurückhaltend duldend:** Bei einigen Charaktergruppen liegt das Augenmerk von Anbeginn an bei der Frage der Dominanz. Ruhige innere Stärke müssen hier vom ersten Augenblick an Übergriffe des Pferdes eindämmen. Andere Charaktergruppen hingegen sollten in dieser Hinsicht eher an der langen Leine geführt werden, eben zurückhaltend und duldend. Selbst bei einer eher duldenden und zurückhaltenden Umgangsform sind dann keine Übergriffe des Pferdes zu erwarten.

5. **In engen Grenzen oder spielerisch frei:** Jedes Pferd will und muss geführt werden, damit es sich sicher fühlt und zu seinem Menschen und in die Welt um sich herum Vertrauen aufbauen kann. Bei einigen Charaktergruppen aber bedeutet das, von Anbeginn an sehr klare Grenzen und Formen vorzugeben. Andere Charaktergruppen hingegen erblühen erst dann richtig, wenn dieser Rahmen eher weiter und spielerischer gehalten ist.

6. **Einreiten konkav, einreiten konvex:** Auch dies ist wieder ein grobes Werkzeug und nur als erste Richtschnur aufzufassen. Grundsätzlich lassen sich die Charaktergruppen in konkave oder konvexe Pferdetypen einteilen. Bitte beachten Sie die vielen Hinweise zu diesem Thema in »Mit Pferden tanzen«. Das konkave Pferd hat einen grundsätzlich schwachen Rücken und eher geringe Tragekräfte. Darum muss ein solches Pferd zuerst am Boden sehr gekräftigt und dann vorsichtig, »lang und leicht« eingeritten werden. Bei einem Konvexpferd würde das eher schaden. Natürlich muss jedes Einreiten mit äußerster Vorsicht durchgeführt werden. Alle meine Hinweise an dieser Stelle bewegen sich selbstverständlich innerhalb meines sensiblen Rahmens!

Differenzierung von 1 bis 3: Um das Ganze dann noch etwas differenzierter darstellen zu können, habe ich in den jeweiligen Spalten der Übersichtstabellen Zahlen von

Die Bilder 7–12 zeigen eher temporeiches, hohes und spielerisch-freies Arbeiten auf dem Reitplatz und im Gelände.

1 bis 3 angegeben. 1 bedeutet: Es geht in die Richtung. 2–3 bedeutet, dass dieser Faktor ernst bis sehr ernst zu nehmen ist. Ein Beispiel: Einreiten konkav: 1 bedeutet, dass ein Pferd dieser Charaktergruppe gelegentlich über einen schwachen Rücken verfügt, und man daher vorsichtiger zu Werke gehen muss. Einreiten konkav: 3 bedeutet, dass Pferde dieser Charaktergruppe zumeist über einen sehr schwachen Rücken verfügen, und dass daher das Einreiten eine sehr bedeutsame Schwierigkeit darstellen kann und nur mit äußerster Vorsicht angegangen werden darf.

Die Übersichtstabellen: Eine erste Orientierung

Sind bei einem Begriffspaar in beiden Spalten Ziffern angegeben, dann ist eben eine entsprechende Bandbreite in der Arbeit wahrscheinlich und hilfreich. Unter temporeich oder tempoarm findet sich beim Einhorn zum Beispiel nur bei tempoarm die Ziffer 2. Natürlich wird auch dieses Pferd gelegentlich temporeich gearbeitet, der Schwerpunkt aber liegt hier eindeutig in einer ruhigen und tempoarmen Arbeitsweise. Bei der Taube hingegen ist unter beiden Begriffen eine 2 zu finden. Typisch für die Arbeit mit der Taube ist eben dieser Tempowechsel.

Noch einmal: Bitte betrachten Sie all diese Hinweise in der Übersichtstabelle immer im großen Zusammenhang und als erste, zusätzliche Orientierungshilfe. Sie haben nur Wert im Zusammenhang mit all den anderen Darstellungen dieses Buches. Ihr Gefühl und Ihre Kommunikation bestimmen zum Schluss das Geschehen. Denn jedes Pferd, aus welcher Charaktergruppe auch immer, ist ein Individuum mit ganz speziellen Eigenheiten innerhalb des grundsätzlichen Pferdetyps. Ich hoffe sehr, dass ich besonders in diesem Punkt richtig verstanden werde!

Über kleine Mängel in die Hohe Schule
Das Einhorn auf dem Weg zum Reitpferd

Das »Einhorn« sucht mehr die klare, respektvolle Nähe als die Herausforderung. Es hat nicht selten einen schwachen Rücken und gelegentlich eine schleppende Hinterhand. Kalziummangel, also Fütterungsprobleme vor allem in der Jugend, können dieses Erscheinungsbild noch stärker negativ beeinflussen. Durch Kalziummangel und durch Überforderung können Probleme im Bereich des Knies auftreten (Überdehnung und Schwächung des Kniebandes), die es dem Pferd immer unmöglicher machen, seine Hinterhand gut und kräftig zu gebrauchen. Das Pferd sollte nicht zu schlank, aber keinesfalls zu dick gehalten werden.

Gleichmäßigkeit

Das »Einhorn« ist in aller Regel ein Spätentwickler. Vor allem ist darauf zu achten, dass dieses Pferd einen ruhigen, gleichmäßigen und eleganten Vorwärtsdrang behält. Keinesfalls darf dieses Pferd gehetzt werden und keinesfalls sollte der Versuch unternommen werden, es zu früh auf die Hinterhand zu setzen. Dann bekommen wir ein träges, in der Bewegung unlustiges oder gar gesundheitlich zerstörtes Pferd.

Biegungen

Mit Biegungen aller Art sollte man in der Boden- wie Reitarbeit anfänglich vorsichtig umgehen. Der massige Körper auf einem zwar voluminösen, aber in aller Regel nicht wirklich starken Fundament drückt dann zu früh und zu belastend auf Gelenke, Bänder und Sehnen. Das Pferd

Übersichtstabelle »Das Einhorn«	
Reprise	eher länger
Sequenz	eher kürzer mit Pausen
Einheit	Mittel bis lang
Temporeich	–
Tempoarm	2
Hoch	1
Flach	2
Dominierend	1
Zurückhaltend, duldend	–
In engen Grenzen	1
Spielerisch-frei	–
Einreiten konkav	2
Einreiten konvex	–

Typisches Bild eines »Einhorns«, wenn kleinste Zeichen des Unmutes nicht gleich ernst genommen und aufgelöst werden

braucht gut sieben, acht Jahre, um in die Anfänge der Hohen Schule zu gelangen.

Nicht selten sind bei diesem Pferd die Hufe, bezogen auf die Gesamterscheinung, zu klein und zu schwach ausgebildet. Den Hufen ist darum von Anbeginn an große Sorgfalt zu widmen.

Horizontale Arbeit

Weite, lange Spaziergänge in Schritt und Trab, Ausflüge aller Art freilaufend oder als Handpferd in Verbindung mit vorsichtiger Arbeit im Picadero und auf dem Reitplatz, durchaus auch einmal über Stangen und niedrige Cavallettis, ist der Tenor, in dem dieses Pferd langsam zum Reitpferd entwickelt werden kann. Eine besondere Gleichmäßigkeit und eine ruhige »horizontale« Arbeit über Jahre halten das sensible Pferd zeitlebens »zusammen«, gesund und bei freudigem, zugeneigtem Gemüt.

Exzesse jeder Art sind bei diesem Pferd unbedingt zu vermeiden – es ist kein Spielkamerad und kein »Herumtreiber«. Ruhige, bedächtige Ernsthaftigkeit und das gleichmäßige und vorsichtige Anheben des Übungsnivaus sind die Basis für die Zufriedenheit des Pferdes. Daraus entwickelt sich die Dominanz des Menschen, der immer besonnen und sehr ruhig an dieses Pferd herantreten muss. Bekommt es erst Zweifel an der Kompetenz des Menschen, dann »steigt es schnell aus«.

Tempoarme Arbeit

Die Übungsreprisen sollten ruhig und relativ lang verlaufen. Gelegentlich muss und kann der Schwung erhöht werden, indem man einige Tempowechsel in kürzerer Folge hintereinander schaltet. Ist das angestrebte Ziel dann erreicht, muss unbedingt eine längere Pause erfolgen oder besser noch die Einheit beendet werden.

Kleinste Zeichen des Unmutes oder des Widerstandes müssen sehr ernst genommen werden, indem man die Ursachen sofort beseitigt. Dann gibt es mit diesem Pferd eigentlich keine Probleme mehr – zumindest dann, wenn der Mensch reif und mit geistiger Überlegenheit handelt.

Von der Ängstlichkeit in beschwingtes Fliegen
Die Taube auf dem Weg zum Reitpferd

Die gesamte Ausbildung dieses Pferdes muss immer vor dem Hintergrund der Ängstlichkeit und der inneren Zerrissenheit des Pferdes geschehen. Immerzu muss der Mensch hier die Vertrauensbrücke weiter ausbauen und sichern.

Das Gefühl, frei zu sein

Bedeutsam ist, dass sich dieses Pferd niemals eingeengt fühlt. Die »Taube« muss, wie ein Vogel eben, immerzu das Gefühl haben, frei fliegen zu können. Das ist nicht immer ganz leicht, weil dieses Pferd zu Ausbrüchen, ja nicht selten auch zum Durchgehen, zum Tänzeln, allgemein zur Unruhe neigt. Der Unerfahrene ist dann schnell an seinen Grenzen und mit Strick und Zügel bei der Hand. Nicht wenig später ist oft alles zu spät. Die »Schraube des Nichtverstehens« dreht sich unablässig nach oben und guter Rat ist jetzt teuer. Der kann dann in aller Regel nur noch von besonderen Pferdemenschen – die es leider kaum gibt – in die Tat umgesetzt werden.

Zuerst kommen Spiel und Bewegung

So sollte man bei der »Taube« vorgehen: Schon in der Jugend sollte man das Phänomen der Ängstlichkeit behutsam in Angriff nehmen. Man muss sich immer darüber im Klaren sein, dass sich vor jeder Lektion das Pferd in absoluter Ruhe und Vertrautheit befinden muss. Kommt das Pferd aus dem Stall oder von der Koppel, kann es nur ganz selten gleich in eine Übung geführt werden. In aller Regel kommt zuerst das Spiel, die Bewegung, das Schnauben, die Inspektion des Reitplatzes und der Umgebung, kurz: Die Taube will fliegen, will sich zeigen, will den Schweif in der Höhe tragen und Kapriolen vorführen. Wird das unterdrückt, dann stutzen wir dem Vogel die Flügel, dann stirbt das Pferd in unseren Händen jeden Tag ein Stückchen mehr.

Zuhause ankommen

Dann will sich das Tier erst einmal mit uns zusammen beruhigen, will »zuhause ankommen«, will in sich einen ruhigen Punkt finden. Das tue ich dann zum Beispiel, indem ich das Pferd auf der Reitbahn putze, genüsslich Schweif und Mähne pflege etc.. Da gibt es aber von Tier zu Tier viele verschiedene Möglichkeiten. Man kann einfach nur

Übersichtstabelle »Die Taube«	
Reprise	stark variierend
Sequenz	stark variierend
Einheit	eher kurz
Temporeich	2
Tempoarm	2
Hoch	2
Flach	1
Dominierend	–
Zurückhaltend, duldend	1
In engen Grenzen	–
Spielerisch-frei	2
Einreiten konkav	3
Einreiten konvex	–

zusammenstehen, sich die hoffentlich herrliche Landschaft anschauen, ein wenig nachdenken und so weiter. Danach kommen immer Vertrauensübungen. Das Pferd wird sachte mit Gerte und Decke abgerieben, es wird »eingewickelt und verpackt«, durch einen aufgebauten Tunnel, über die Wippe und anderes geführt.

Um das ganz deutlich zu sagen: Natürlich macht das Pferd das alles nach einer Weile gut mit. Aber auch dann darf man nie nachlässig werden. Denn die Grundangst der »Taube« muss zeit ihres Lebens beruhigt werden! Das ist ein ganz wichtiger Punkt!

Das spezielle Ritual und die Abwechslung

Dieses Pferd kann man nicht mal einfach, wie das Pferd aus der Charaktergruppe »Freund« zum Beispiel, aus dem Stall nehmen und losreiten. Zeit seines Lebens braucht dieses Pferd ein ganz spezielles Vertrauens- und Beruhigungsritual.

Die eigentlichen Übungen sind dann sehr abwechslungsreich, da der Mensch erfühlen muss, wann eine Spitze eingebaut werden sollte, eine Spitze des »Fliegens« und der Bewegung, und wann das Pferd durch eine längere Sequenz beruhigt werden muss. Darin, diesen Wechsel zu erspüren und richtig umzusetzen, liegt die wahre Kunst im Zusammensein mit diesem Pferd.

Die konkave Form des Rückens

Gefahren liegen in der grundsätzlich konkaven Form von Rücken und Hals des Pferdes. Das Pferd muss lange Zeit

Behütete Klarheit und Vertrauen nimmt der »Taube« die Angst. Siehe auch Kapitel 5 über das richtige Berühren.

Das Vertrauen zum Menschen schafft Vertrauen zur Welt des Menschen und relativiert ganz allgemein die Angst. Übungen

wie diese und die Wege dorthin gehören immer wieder zum Dasein der »Taube«.

»fliegend« geritten werden, mit einem Reiter, den die »Taube« in seiner Geschmeidigkeit kaum wahrnimmt. Keinesfalls darf die »Taube« durch die Zügel gebremst werden. Erst wenn dieses Pferd die Pubertät ganz verlassen hat, wird es sich von selbst bremsen. Jeder Versuch, das im Alter von fünf oder sechs Jahren tun zu wollen, treibt unweigerlich den Rücken nach unten, den Kopf nach oben und die Hinterhand nach außen – das Pferd würde so in wenigen Stunden dauerhaft ruiniert werden.

Einige wenige dieser »Tauben« können in höhere Schullektionen geführt werden, aber auf einem grundsätzlich vollkommen anderen Weg als zum Beispiel das »Einhorn«, der »König«, der »Harte« oder »Pegasus«. Die »Taube« muss aus dem Flug heraus, aus der Leichtigkeit allmählich geerdet werden, Bodenkontakt bekommen. Das erfordert viel Fingerspitzengefühl. Eine unkomplizierte, leichte, unbeschwerte und allzeit freundliche menschliche Seele kann diese Aufgabe gut erfüllen.

Ordnung, Form und große Ziele
Der Unteroffizier auf dem Weg zum Reitpferd

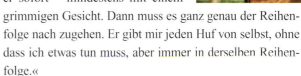

Dies ist ein klares Pferd mit klaren inneren Formen, das klare äußere Formen verlangt. Regelmäßigkeit, ja sogar Pünktlichkeit verlangt dieses Pferd. Janosch hat so manches von diesem Typ. Als er zu mir kam, war er ein recht angriffslustiges Tier.

Besonders Schmiede mochte er überhaupt nicht. In den ersten Jahren musste ich auch immer beim Beschlagen dabei sein. Schließlich kam Juan, mein jahrelanger spanischer Schmiedefreund, auch allein mit ihm gut zurecht. Er ist nicht nur ein guter Schmied, sondern auch ein vernünftiger, klarer Mensch und von ruhigem, geduldigen Wesen. Eines Tages kam er zu mir und sagte: »Das ist wirklich das verrückteste Pferd, das ich kenne. Er mag absolut keine Musik. Immer wenn ich ihn beschlage, dann muss Ruhe herrschen, sonst macht er nicht mit. Dann darf ich mich mit niemandem unterhalten. Es ist so, als hätten wir eine Art geheime Abmachung. Ich darf ihm ungestraft neue Schuhe verpassen, wenn ich es so schnell wie möglich tue.

Jede unnötige Verzögerung bestraft er sofort – mindestens mit einem grimmigen Gesicht. Dann muss es ganz genau der Reihenfolge nach zugehen. Er gibt mir jeden Huf von selbst, ohne dass ich etwas tun muss, aber immer in derselben Reihenfolge.«

Klare Regeln und faire Absprachen

Also, es muss beim »Unteroffizier« sehr geregelt zugehen. Änderungen müssen immer angekündigt werden. War ein solches Pferd einige Tage auf einer Koppel und soll dann auf eine andere gebracht werden, dann tut man gut daran, ihm das zuvor mit einigen Worten zu erklären – keine Angst, der versteht das!

Wenn ich mit Janosch in der freien Arbeit bin, ihn zum Beispiel auf der linken Hand gearbeitet habe, dann, aus welchen Gründen auch immer, eine Pause mache, um dann weiterzuarbeiten und dann wieder die linke Hand nehme,

Übersichtstabelle »Der Unteroffizier«

Reprise	eher kurz
Sequenz	eher lang
Einheit	kurz
Temporeich	2
Tempoarm	1
Hoch	2
Flach	–
Dominierend	2
Zurückhaltend, duldend	–
In engen Grenzen	2
Spielerisch-frei	–
Einreiten konkav	1
Einreiten konvex	–

dann tut das Pferd, das eigentlich alles versteht, so, als würde es nichts mehr verstehen. Dann kommt es sogar vor, dass er aus eigenen Stücken umdreht, bis mir in den Sinn kommt – ach ja, ich hatte ja meinen kleinen Unteroffizier zuvor schon in derselben Richtung longiert.

Gerechtigkeit

Seien Sie in der Arbeit absolut gerecht – gehen Sie im Zweifel immer schnell mit sich selbst ins Gericht, denn solche Pferde haben ein ganz starkes Gerechtigkeitsempfinden. Und wenn Sie das durchkreuzen und verletzen, dann kann sich das Pferd schnell von Ihnen entfremden.

Abwechslung, Bewegung und viel Lob

Das Pferd braucht auch in der Arbeit Bewegung und sehr viel Lob. Tadel nur ganz vorsichtig durch sanfte Worte und leichtes Mienenspiel. Denn sonst geht es Ihnen, wie es dem Vorbesitzer von Janosch erging: Er kam einfach nie auf seinen Rücken – acht Jahre nicht!

Geben Sie einem solchen Pferd Abwechslung und Herausforderungen, aber gehen Sie in den Lektionen nie zu weit. Das Pferd braucht Sicherheit in dem, was es schon kann. Immer sollten Sie das Bekannte zuvor nach Möglichkeit komplett kurz durchspielen. Das erinnert ihn dann daran, dass er schon viel gelernt hat – zu seiner eigenen Freude und zur Freude des Menschen. Denn diesem will er unbedingt und in ehrlicher Zuneigung gefallen.

Alles braucht seinen Sinn

Der »Unteroffizier« ist ein sehr schlaues Pferd, in aller Regel jedenfalls. Auch darum braucht er einen Sinn in dem, was er tut. Bei vielen anderen Charakteren ist das nicht ganz so wichtig, hier aber ist das eine Voraussetzung für ein gutes Verhältnis und für einen reichen, gemeinsamen Weg. Volten und Zirkel werden nach Möglichkeit um Bäume herum gemacht – sowie überhaupt alle anderen Übungen nach Möglichkeit terrainbedingt im Gelände durchgeführt werden sollten. Das Zusammensein mit dem »Unteroffizier« sollte immer eine Mischung aus Spiel und sinnhafter Gestaltung sein. Er verlangt viel von seinem Besitzer in punkto Kreativität.

»Unteroffiziere« sind sehr zähe Pferde und selten krank. Sie verfügen, in Abhängigkeit ihrer jeweiligen Rasse, über einen guten, zwar feinen, aber äußerst harten Knochenbau.

Die gesamte Ausbildung verläuft in einer klaren, gleichmäßigen und geordneten, sich immer weiter steigernden Form. Sind diese Grundprinzipien erst einmal erkannt und verstanden, dann wird dieses Pferd mit leichter Hand zu einem sich selbst bewussten, innerlich freien Reitpferd heranwachsen.

Der »Unteroffizier« braucht klare Anweisungen, die er dann selbstständig und energisch umsetzt.

Über Klarheit, Dominanz und Vertrauen zur Freundschaft
Der Skeptiker auf dem Weg zum Reitpferd

Dies ist ganz sicher kein Pferd für einen Anfänger. Vor allem ist es zu Anfang und eigentlich auch während der ganzen Zeit des Wachsens und Lernens wichtig, dass das Dominanzverhältnis klar und eindeutig geklärt ist. Dieses Pferd ist kein Pferd zum Spielen. Hier ist auch der Rhythmus von Abstand und Nähe einer der Schlüssel zu einem guten Gelingen der Zusammenarbeit.

Übersichtstabelle »Der Skeptiker«	
Reprise	eher lang
Sequenz	eher lang
Einheit	mittel bis lang
Temporeich	1
Tempoarm	–
Hoch	–
Flach	1
Dominierend	3
Zurückhaltend, duldend	–
In engen Grenzen	3
Spielerisch-frei	–
Einreiten konkav	1
Einreiten konvex	–

Der Faktor Zeit

Alles sollte sehr langsam, eindeutig und mit viel Muße geschehen. In aller Ruhe wird man das Pferd nach einer Weile der Sammlung antreten lassen, in den Trab und später in den Galopp führen, es immer wieder einmal auf dem Hufschlag stehen lassen, es zurück auf den Ausgangspunkt in der Mitte bringen, um wieder langsam und bedächtig fortzufahren. Wie schon zuvor erwähnt, sollte dieses Pferd unbedingt die Möglichkeit haben, anderen Pferden bei ihren Lektionen zuschauen zu können. Das hilft jedem Pferd, bei diesem aber ist es nahezu eine Voraussetzung.

Ich kann nicht oft genug wiederholen, wie wichtig hier eben auch der Faktor Zeit ist. Nur durch die Ruhe und durch die sinnvolle Wiederholung ist dieses Pferd auf eine Bahn zu bringen, auf der es zu mehr und mehr freundlicher Vertrautheit geführt wird.

Immer auf der Hut sein

Ist das Pferd dieser Charaktergruppe ob seiner Erscheinung von eher grobschlächtiger Natur, dann ist es wichtig, immer auf der Hut zu sein. Ich selbst habe mein Leben unter anderem den Pferden gewidmet. Diese Binsenweisheit gebe ich in diesem Zusammenhang von mir, um darauf hinzuweisen, dass die Begegnung mit Pferden, auch mit sehr verstörten, mein Beruf ist – ich bin ein Profi, banal gesagt. Ein Profi lebt auch davon, immer zu »überleben«, immer »ungeschoren« davonzukommen. Darum bin ich mit Sicherheit wesentlich vorsichtiger im Umgang mit Pferden als die allermeisten Amateure. Immer wieder wundere ich mich darüber, wie naiv und nicht selten grenzenlos leichtsinnig Menschen im Umgang mit Pferden sein können. Jedes neue Pferd, das mir vorgeführt wird, leuchte ich zu allererst auf mögliche Gefahren ab. Bei einem Pferd dieser Charaktergruppe bin ich immer sehr skeptisch.

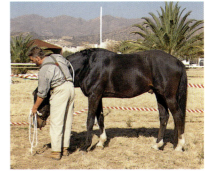

Beim »Skeptiker«, beim »Bauern« und auch beim »Dicken« steht die klare Dominanz immer im Vordergrund. Das Pferd in dieser Sequenz ließ sich unter keinen Umständen am Kopf anfassen. Hauptursache auch hier: Vertrauen und Dominanz.

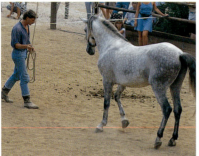  

Noch einmal Dominanz: Wenn zwei dasselbe zu tun scheinen, dann spiegelt das Pferd den wahren Kern der Handlung. Hier sehen wir ein typisches Problem. Das Pferd reagiert auf Mensch, Strick und Gerte zuerst nur ablehnend und aggressiv. Es weicht nicht sondern kämpft.

Schauen Sie dann bitte von Bild zu Bild, mit wie wenig äußeren Mitteln ich auskomme, um das Pferd friedfertig weichen zu lassen. Das Geheimnis: Die innere Potenz des Menschen bewegt das Pferd und wirkt auf es ein, nicht das äußere Hilfsmittel.

Die Elastizität

In aller Regel ist ein Pferd dieser Charaktergruppe körperlich zwar stark, aber wenig elastisch und schwungvoll. Mit vergleichsweise flachen Gängen sowie einem nur mittleren Vorwärtsdrang muss man sich zufrieden geben. Der größte Fehler im Zusammensein mit solch einem Pferd ist es, über die natürliche Vorgabe dieses Tieres hinaus etwas verlangen und erwarten zu wollen. Das ist bei keinem Pferd gut und ist immer ein eklatanter Fehler. Bei diesem Pferd aber wird ein solcher Fehler leicht mit wirklicher Aggression quittiert.

Noch einmal: Dominanz

Stimmt das Dominanzverhältnis, ist der Mensch klar, korrekt, geduldig und sehr beherrscht, dann wird sich die Ausbildung in ruhigen, gleichmäßigen Bahnen bewegen. Dann verlangt das Pferd nicht viel mehr von seinem Besitzer.

Im Laufe der Zeit wird dann auch die Skepsis aus seinem Blick weichen, und Mensch und Pferd können unbeschwerte Jahre miteinander verbringen. Gelernt hat der Mensch im Zusammensein mit diesem Pferd auf jeden Fall eine Menge.

Von der Einfachheit über die Einfachheit zur Einfachheit
Der Freund auf dem Weg zum Reitpferd

Auch bei diesem Pferd ist es wieder von sehr großer Bedeutung, die Grenzen sehr genau zu kennen und zu akzeptieren. Dieses Pferd hat keinen übermäßigen Vorwärtsdrang und die Gänge sind nur mittelmäßig bis flach und schleppend. Geht man in der Arbeit vorsichtig und mit viel Zeit zu Werke, dann kann sich das nach und nach zu einem dennoch schönen Bild steigern.

Ein Spätentwickler

Pferde dieses Typs sind Spätentwickler. Darum sollten sie erst mit etwa vier Jahren in die Ausbildung genommen werden. Und auch dann sollte man sich besonders in den Anfängen Zeit lassen. Denn nach einem bis zwei Jahren überrascht dieses Pferd seinen Besitzer, indem es ganz von allein große Sprünge nach vorne macht. Dann ist die Ausbildung auch praktisch abgeschlossen. Das Pferd soll und will nicht viel lernen, dafür aber das Gelernte gut und zuverlässig anwenden.

Körperlich stellt dieses Tier den Ausbildenden und begleitenden Menschen nicht vor viele Probleme. Es ist ein Gewichtsträger mit gutem kurzem Rücken und einer guten Konstitution. Lediglich mit der Geschmeidigkeit hapert es da bei so manchen Vertretern dieser Gruppe.

Klar, fair und verbindlich

Wie also geht man vor? Zuerst ist es bedeutsam, diesem »Freund« auch nahe zu bringen, dass wir wirklich sein Freund sind. Da nützen keine Sentimentalitäten oder Schmusereien, da nützt es nur, klar, fair und verbindlich zu sein. Das Dominanzverhältnis ist eigentlich schnell und einfach zu klären – dieses Pferd findet sich leicht mit einem starken Partner ab.

Im Wechsel von leichter, freier Arbeit und leichtem Spiel, das aber nur selten in Tollerei und Ausgelassenheit enden sollte, und kurzen, konzentrierten, nie überfordernden Sequenzen wird Vertrauen und Beweglichkeit geschaffen. Dazu helfen sanfte Biegeübungen – auch zuerst außerhalb des kleinen Picadero sowie Übungen mit kleinen Cavallettis. Wichtig für dieses Pferd ist es, ganz sachte in die Übung des Schulterherein geführt zu werden. Anweisungen dazu finden sich in »Mit Pferden tanzen«. Damit kann man relativ früh in der Ausbildung beginnen, aber ganz sachte und vorsichtig. Früh darum, weil dieses

Übersichtstabelle »Der Freund«	
Reprise	mittel
Sequenz	mittel
Einheit	mittel
Temporeich	1
Tempoarm	–
Hoch	später in der Ausbildung 2
Flach	–
Dominierend	1
Zurückhaltend, duldend	–
In engen Grenzen	1
Spielerisch-frei	–
Einreiten konkav	–
Einreiten konvex	1

Pferd nicht so schnell lernt, weil es aber ein gutes Schulterherein unbedingt zur Gesunderhaltung können muss.

Zuerst Vertrauen und Dominanz, dann eine bescheidene, aber gute Basis

Fazit: Zuerst wächst über eine relativ lange Periode Vertrauen und Dominanz, bei einem geringeren Angebot von Übungen. Dann wird weniges langsam und allmählich in der Boden- und Reitschulung aufgebaut. Besonders die Biegung und die Beweglichkeit ist sanft zu schulen und zu fördern durch vorsichtiges und zeitiges Heranführen an ein gutes Schulterherein. Mit der Ausdauer hat dieses Pferd keine großen Probleme – durch die freie Arbeit, durch Ausflüge als Hand- und später als Reitpferd wird sie sich von selbst genügend trainieren und festigen.

Mit viel Geduld und Achtsamkeit in die Freude an der Bewegung
Der Dicke auf dem Weg zum Reitpferd

Pferde dieses Typs stellen den Menschen vor einige Herausforderungen. Will man ein solches Pferd zu einem Reitpferd hin ausbilden, dann sind einige Dinge besonders zu beachten. Das, was ich jetzt hier beschreibe, lässt sich auch auf so manches andere Pferd übertragen, das grundsätzlich oder gelegentlich Verhaltensqualitäten dieser Charaktergruppe zeigt – hier kommen einige wichtige Tipps ganz direkt aus dem »heißen Ofen der täglichen Praxis«:

Niemals pressen!

Zuerst: Seien Sie vorsichtig mit diesen Pferden und seien Sie vorsichtig mit den Problemen dieser Pferde. Das Grundwesen dieses Pferdetyps ist es in fast allen Fällen, sich nicht gerne oder zumindest nur dann gerne zu bewegen, wenn wirklich ein innerer Drang dazu verspürt wird. Der größte Fehler ist der, ein solches Pferd, durch welches Hilfsmittel auch immer, nach vorne zu pres-

Dominanz ist eine Frage vieler Kleinigkeiten. Das korrekte Führen ist ein immer wieder unterschätzter Grundpfeiler. Beachten Sie dazu auch bitte die Grundlagenbeschreibungen in »Mit Pferden tanzen«.

sen. Das wird immer schief gehen, immer im Kampf enden und dann zumeist mit durchaus großen Gefahren für den Menschen. Denn wenn ein solches Pferd beißen oder schlagen will, dann tut es das nicht mehr zur Warnung, sondern ausschließlich, um sich mit so wenig Aufwand wie möglich seines Peinigers zu entledigen. Das bedeutet: **Es schlägt nur einmal zu – und es trifft.** Denn es hat überhaupt keine Lust dazu, ein zweites Mal nachzutreten. Dann möchte es schon wieder stehen, sich erholen und wenn möglich fressen.

Dominanz und Vertrauen zuerst

Wie gehen Sie vor? Zuerst einmal ist unbedingt das Dominanz- und Vertrauensverhältnis zu klären. In »Mit Pferden tanzen« gibt es auch dazu viele Hinweise. Bei diesem Pferd kann das eigentlich nur durch besonders besonnenes Führen geschehen und durch das Phänomen von Abstand und Nähe im Picadero. Meine Beschreibung hier bezieht sich auf den Extremfall, der gar nicht einmal so selten vorkommt. Von diesem Extrem ausgehend können Sie dann ja selbst Ihren Fall deuten und in der Arbeit relativieren. Das Prinzip bleibt gleich – und um das geht es mir:

Einen »Berg« bewegen:

Nichts, aber auch nichts wird in den ersten Monaten von diesem Pferd verlangt. Jede Ungeduld – ich meine das wörtlich – endet ohne Wenn und Aber im Desaster!

Jetzt ist es wichtig, dem Pferd selbst die Idee dafür zu geben, sich bewegen zu wollen. Und das geht so:

Stellen Sie das Pferd in die Mitte des Platzes und tun Sie nichts. Zu dieser »Übung«, zu der des »Nichtstuns«, müssen Sie immer wieder zurückkommen. Darin liegt das Geheimnis, auch aus diesem Pferd schließlich einen halbwegs zuverlässigen »Gänger« zu machen.

Es kommt jetzt darauf an, dass Sie das Pferd immer damit überraschen, dass Sie genau das nicht tun, was es eigentlich von Ihnen erwartet. Es erwartet von Ihnen, dass es irgendwann vorwärts gehen soll. Darum ist der erste Schritt so bedeutsam. Sie tippen jetzt das Pferd mit einer Gerte so sachte an, als setzte sich eine Fliege auf sein Fell. **Ich meine das wörtlich!** Wenn Sie Erfolg haben wollen, dann tun Sie das alles genau so, wie ich es Ihnen jetzt beschreibe. Warum auch immer, ob durch Ihr Berühren oder aus sonstigen Motiven heraus, wird sich Ihr Pferd irgendwann zumindest einen kleinen Schritt bewegen, während Sie es dazu auffordern. Das ist wichtig! Die Bewegung erfolgt unter Ihrer sanften Anweisung, wenn auch Ihre sanfte Anweisung beileibe nicht die Ursache für die Bewegung ist. Versuchen Sie das wirklich zu verstehen. Jetzt kommt schon Ihr Triumph und der ist gleich doppelt:

1. Sie loben das Pferd ausgiebigst und geben ihm eine schöne Belohnung. Der Bursche weiß überhaupt nicht warum, aber das ist auch ganz egal.
2. Sie hören jetzt sofort auf mit jeder Art von Arbeit und bringen den so »ermüdeten« Schüler in die Box oder auf die Koppel.

Am nächsten Tag dann das Gleiche. Wieder wird er sich irgendwann bewegen – wieder kommt die süße Belohnung.

Übersichtstabelle »Der Dicke«

Reprise	extrem kurz
Sequenz	extrem kurz
Einheit	extrem kurz
Temporeich	–
Tempoarm	3
Hoch	–
Flach	3
Dominierend	3
Zurückhaltend, duldend	–
In engen Grenzen	3
Spielerisch-frei	–
Einreiten konkav	–
Einreiten konvex	3

Am vierten Tag dann wird er sehr wahrscheinlich zweierlei mit Ihnen in Verbindung bringen:
1. Sie verlangen nichts von ihm und entsprechen damit genau seinem Naturell.
2. Wenn er sich nur bewegt, ist Schluss für heute.
3. Wenn er sich nur bewegt, gibt es eine Belohnung.

Ab dem fünften oder sechsten Tag dann wird er auf den Reitplatz kommen **und sich sofort bewegen!** Und das entweder von selbst oder aber aufgrund einer winzigen Andeutung von Ihnen. **Das gräbt sich in das Bewusstsein des Pferdes.** Dem Anfänger erscheint dies lächerlich wenig, in Wahrheit aber ist das ein erdrutschartiger Erfolg. Denn wir haben den Keim einer Idee in ihn gepflanzt, nämlich, dass Bewegung mit Angenehmen in Verbindung steht, und dass man reagieren kann auf feinste Hinweise. Diese feinen, ersten Zeichen des Grüns in der Wüste müssen nun vorsichtig gepflegt und gegossen werden, damit schließlich eine Oase daraus erwachsen kann – und die wird auch erwachsen.

Absolut geduldig bleiben

Jetzt ist es bedeutsam, dass Sie immer wieder Ihre Ungeduld unterdrücken. Keinesfalls dürfen Sie jetzt Ihren Schützling nach vorne treiben, denn das erwartet er eigentlich von Ihnen. Wenn Sie das aber tun, ist alles verdorben. Denn dann denkt er sich: »Hab ich's doch gewusst, wenn ich erst einmal anfange, mich zu bewegen, dann wird es auch wirklich stressig. Also lasse ich es in Zukunft besser ganz sein.«

Ihr Pferd wird ganz sicher bei der dargestellten Behandlung nach und nach willig im Schritt einige Runden gehen.

Noch einmal, das täte er auch mit Gewalt, aber Sie würden ihn nie zur Motivation führen! Es bliebe zeitlebens eine Frage von Gewalt und Druck! Und letztendlich verlieren Sie dieses Spiel – mit Sicherheit!

Immer an derselben Stelle

Jetzt kommt der nächste Schritt. Sie suchen sich einen Punkt aus im Picadero, an dem das Pferd antraben soll. Immer an dieser Stelle geben Sie ein deutliches, aber nie ein drohendes Signal. Das Pferd wird dann auch tatsächlich einmal anspringen, und jetzt kommt dieselbe Zeremonie wie zuvor. Sofort nach dem ersten Trabschritt holen Sie ihn herein, belohnen ihn und ab auf die Koppel. Was lernt Ihr Pferd? Traben ist auf Dauer gesehen bequemer als Schritt, denn dann kann ich sofort gehen.

So geht es dann auch mit dem Galopp. Wir sprechen hier allerdings im Extremfall von Monaten! Schließlich aber haben Sie ein motiviertes Pferd, das auf leiseste Zeichen spontan mitarbeitet.

Den Grundsatz erkennen

Wenn ich das hier so ausführlich beschreibe, dann, um damit auch grundsätzlich meine Form des Seins mit den unterschiedlichsten Pferden so exemplarisch darzustellen, dass dem Leser immer deutlicher wird, was es eigentlich heißt, mit und nicht gegen das Pferd zu wirken!

Klar, dass niemand viel von einem solchen Pferd verlangen wird. Je nach Ausprägung seines Verhaltens ist man schon in der gesamten Ausbildung mit Schritt, Trab und Galopp zufrieden. Wenn man es dann noch zu einem brauchbaren und schwingenden Schulterherein bringt, dann ist sicherlich die Spitze der Fahnenstange erreicht. Wenn Sie es schaffen, ein solches Pferd zu einem freudigen, lebendigen Mittun zu bringen, dann haben Sie viel erreicht, viel gelernt über sich und das Leben, und Sie haben Ihrem Freund und dieser Welt einen großen Dienst erwiesen. Denn der wahre Dienst an dieser Welt wird nie in Quantität, sondern immer nur in Qualität gemessen – und die haben Sie dann erbracht, wenngleich auch niemand das zu würdigen weiß. Denn was ist schon ein Pferd, das sich »nur« im Schritt, Trab und im Galopp bewegt? Aber Sie wissen ja um Ihr Geheimnis – und vor allem weiß es Ihr Pferd!

Führen als Basis zu Dominanz und Vertrauen.

Sich mit Minimalstem begnügen
Der Bauer auf dem Weg zum Reitpferd

Wie schon zuvor dargestellt, ist dieses Pferd in aller Regel kein Reitpferd. Hier gilt es objektiv und klar die Gegebenheiten zu erkennen und dementsprechend einzustufen. Hat man es mit einem Vertreter dieser Gruppe zu tun, der dennoch etwas Hoffnung aufkeimen lässt, so dass eine erweiterte Ausbildung sinnvoll erscheint, dann sollte man das Folgende beachten, auch dann, wenn es nur darum geht, diesem Pferd die Grundlagen für das Zusammensein mit den Menschen und die Grundlagen zum Geführtwerden zum Beispiel nahe zu bringen.

Ein unschuldiges Gemüt

Dieses Pferd ist in aller Regel von kindlich-naivem Gemüt. Ein solches Pferd wird immer etwas Unschuldiges behalten, auch wenn es schon älter geworden ist und auch dann, wenn es eine Ausbildung durchlaufen hat.

Dieses Kindlich-Naive sollte immer die Grundlage für die Arbeit bestimmen, ebenso die Tatsache, dass dieses Pferd klare Grenzen und eine deutliche Richtung braucht. Was den Körperbau betrifft, so steht in der Ausbildung die Fragestellung im Vordergrund, wie die Vorhand angehoben und der Nachteil zurückgedrängt werden kann, der sich aus der in aller Regel überbauten Hinterhand ergibt.

Übersichtstabelle »Der Bauer«

Reprise	kurz
Sequenz	kurz
Einheit	kurz
Temporeich	–
Tempoarm	2
Hoch	–
Flach	2
Dominierend	3
Zurückhaltend, duldend	–
In engen Grenzen	2
Spielerisch-frei	2
Einreiten konkav	1
Einreiten konvex	–

Spiel und Dominanz

Wie gehen wir vor? Spiel, Dominanz und Vertrauen stehen am Anfang im Vordergrund. Das Spiel sollte nicht vergessen werden, darf aber keinesfalls in ein »Gerangel« ausarten, das schließlich zu Lasten einer klaren Dominanz unsererseits führt.

Mit diesem Pferd muss man vorsichtig sein, was die Anwendung des Prinzips von Abstand und Nähe betrifft. Dieses Pferd wird durch eine zu große und zu lange Entfernung zum Menschen schnell verunsichert und in seinem kindlichen Gemüt verletzt. Dieses Pferd braucht Nähe einerseits, aber klare Abgrenzung andererseits. Da muss jeder sein feines Fingerspitzengefühl bemühen – keine so leichte Aufgabe für einen weniger erfahrenen Menschen.

Vorwärtsschwung und Biegung

Im nächsten Schritt müssen wir das Pferd langsam dazu bringen, dass es mit gutem Vorwärtsschwung erste vorsichtige Biegungen ausführt. Wichtig ist hierbei, dass das sehr behutsam geschieht. Wir haben einige Jahre Zeit, das Einfachste mit diesem Pferd zu erreichen. Nicht nur darum ist Vorsicht angebracht. Dieses Pferd kann aufgrund seiner körperlichen Disposition nur sehr langsam »weich gemacht« werden. Würden wir zu schnell vorgehen, würde sich das Pferd immer der Biegung durch das Ausbrechen der Hinterhand entziehen. Darum achten wir darauf, dass das Pferd im Picadero sauber durch die Ecken geht. Durch leichte Verschiebung unserer Körperposition nach hinten vor dem Durchschreiten der Ecke werden wir das nach und nach erreichen. Schließlich wird das Pferd von selber beginnen, nach einer gut durchschrittenen Ecke, ein Schulterherein anzubieten. Das brauchen wir dann nur noch aufzunehmen und zu verfeinern (siehe »Mit Pferden tanzen«).

Die Zeit arbeitet für uns

Wenn wir nur langsam genug vorgehen, ohne allerdings auf der Stelle zu treten, dann wird dieses Pferd auf einem sehr niedrigen Niveau eine ruhige und unproblematische Ausbildung durchlaufen.

Besondere Sorgfalt müssen wir bei der Auswahl des Sattels walten lassen, denn für ein Pferd dieser »Bauart« gibt es eigentlich kaum passende, handelsübliche Sättel. In der Arbeit werden sie nahezu alle auf die Schulter rutschen und das Pferd in seiner Bewegungsschwäche zusätzlich behindern. Kleine, kalifornische Westernsättel, die es zum Teil in sehr billigen Ausführungen gibt, passen nicht selten vergleichsweise gut auf solch ein Pferd. Auch ein gutes Reitpad kann hier Abhilfe schaffen.

Von der Äußerlichkeit in die Qualität
Der Tänzer auf dem Weg zum Reitpferd

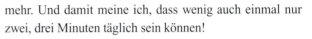

Er ist verwandt mit dem »Einhorn«, der »Taube«, dem »Kind«, und dem »Dandy«. Bezüglich der Arbeit ist er vor allem der »Taube« und dem »Einhorn« ähnlich. Wenn Sie also einen »Tänzer« arbeiten wollen, dann schauen Sie bitte auch unter diesen Pferdetypen nach. Der »Tänzer« ist nicht so massig wie das »Einhorn« und hat darum etwas anders geartete Schwerpunkte in der Arbeit. Er ist auch nicht so ängstlich wie die »Taube«. Allen gleich ist die Neigung zum schwachen Rücken, wobei das in aller Regel bei der »Taube« am auffälligsten ist.

Nicht überschätzen

Das Problem beim »Tänzer« ist vor allem, dass man ihn körperlich überschätzt und seine Sensibilität unterschätzt. So wird er dann leicht innerlich wie äußerlich zerbrochen. Damit das nicht geschieht, ist Folgendes zu beachten:

Der »Tänzer« darf erst sehr spät im Rücken belastet werden. Er wird nie ein wirkliches Ausdauerpferd werden und man kann ihn niemals lange Zeit mit größerem Gewicht belasten. Der »Tänzer« sollte in aller Regel in kurzen Reprisen gearbeitet werden. Insgesamt sollten die Arbeitseinheiten kurz gehalten werden. Er braucht quasi nur die richtigen Impulse, um sich dann nach und nach in die Qualitäten eines Reitpferdes hinein zu »tanzen«. Seinem leichten, nach »oben« strebenden Naturell muss besonders Rechnung getragen werden. Besonders bei diesem Pferd ist wenig mit Sicherheit mehr. Und damit meine ich, dass wenig auch einmal nur zwei, drei Minuten täglich sein können!

Immer loben

Der »Tänzer« ist außerordentlich abhängig von Lob. Wenn dieses Pferd einmal etwas geleistet hat, auch wenn es nur eine kleine Übung gut absolviert hat, dann muss man ihm das zumindest mit einem guten Wort bestätigen. Sein Selbstbewusstsein ist nicht sehr stark gefestigt. Im Gegensatz zu einem »Minister«, »König« oder »Wanderer« zum Beispiel schwebt dieses Pferd immer auch auf einer »Grenze«, die ihn leicht abstürzen lässt. Das muss aber ganz und gar nicht passieren. Durch unsere vorsichtige und immer gegenwärtige Aufmerksamkeit kann das leicht vermieden werden.

Rücken, Hinterhand und das richtige »Positionieren«

Unser Hauptaugenmerk gilt dem Rücken und der Hinterhand. Der Tänzer sollte allerdings nicht so stark und so »lang« und nach vorne gearbeitet werden. Mit mäßigem Schwung, der nicht verstärkt werden sollte, wird das Pferd durch feine Signale in die richtige Biegung, in einer Ecke

Besonders wichtig ist grundsätzlich das richtige Positionieren. Beim »Freund« und auch beim »Tänzer« ist dieser Faktor noch bedeutsamer. In Bild 1–3 soll die Gerte das Pferd nach vorne treiben. Position, Haltung und Körpersprache bremsen jedoch das Pferd zugleich.

Hier sieht man, wie meine ganze Haltung offen ist. Meine Brust weist zum Widerrist, meine Position ist trotz der kurzen Distanz zum Pferd in Höhe der Kruppe. Das Pferd kann so nach vorne hin frei agieren. Weitere Grundlagen zu diesem Thema in »Mit Pferden tanzen«.

Übersichtstabelle »Der Tänzer«

Reprise	kurz
Sequenz	kurz
Einheit	kurz
Temporeich	1
Tempoarm	–
Hoch	1
Flach	–
Dominierend	–
Zurückhaltend, duldend	1
In engen Grenzen	1
Spielerisch-frei	3
Einreiten konkav	2
Einreiten konvex	–

zum Beispiel, geleitet und dann später in das Schulterherein. Vorhand, Rücken, Nieren und Kruppe werden bei diesem Pferdetyp oftmals festgehalten – sie schwingen nicht locker und leicht mit, wie zum Beispiel bei dem »Wanderer«, dem »Hüter des Feuers« und dem »Freund«. Darum ist es wichtig, dass wir bei Pferden dieses Typs etwas besonders beachten, was natürlich immer von großer Bedeutung ist: Das richtige Positionieren!

Dieses Pferd darf auf keinen Fall von uns in der Arbeit gebremst werden. Denn dann fällt es noch weiter auf die Vorhand, es hält sich noch stärker fest und die überbaute Kruppe wird zu einem unüberwindbaren Hemmnis auf dem Weg zu einem glücklichen Reitpferd.

Der »Tänzer« im Besonderen muss nach vorne hin unbedingt viel Luft haben, um sich ohne unser Zutun und ohne jeden Druck nach vorne hin »ausleben« und ausbalancieren zu können.

Menschen mit freundlichem, leichten Wesen sind dieser Aufgabe gut gewachsen und damit diesem Pferd Hilfe und Stütze. Mit den Jahren wird es sich leicht und kräftig bewegen und bei fortdauernder Beachtung ein sehr enges Verhältnis zu seinem Besitzer aufbauen. Es ist dann ein eindrucksvolles Pferd, das gesund und gut geritten, die Aufmerksamkeit und Bewunderung auf sich zieht. Nur wirkliche Ausdauer und wirkliche Leistung sollte man von diesem Pferd nie erwarten..

Mit »wenig Aufwand« zu einer schönen Partnerschaft
Der Hüter des Feuers auf dem Weg zum Reitpferd

Der »Hüter des Feuers« ist verwandt mit dem »Freund«, dem »Wanderer« und dem »Ursprung«. Die Art und Weise, mit ihm zu arbeiten, ergibt sich im Grunde schon aus der ersten Beschreibung in Kapitel 4 sehr genau. Denn eigentlich muss ein solches Pferd nicht viel gearbeitet werden. Dann, wenn es von seinem Besitzer richtig verstanden und eingeschätzt wird, wird es sich, gemessen an seiner ja durchaus erdbezogenen äußeren Erscheinung, leicht und frei bewegen.

Nahezu »fertig ausgebildet«

Da das Pferd, wie man leicht sehen kann, in sich selber ruht, schwingen Hinterhand, Rücken und Nierenpartie gut mit, ist eben alles relativ beweglich und weich. Das Pferd hat in aller Regel einen guten, mittellangen bis kurzen Rücken. Es ist ein Gewichtsträger und recht ausdauernd. Es ist darum im Grunde auch schon mit seiner Geburt relativ »fertig ausgebildet«, wenn man anerkennt, dass dieses Pferd niemals auch nur in die Nähe der Hohen Schule gebracht werden kann.

Gute Eigenschaften polieren

In unserer Arbeit kommt es bei diesem Pferd darauf an, die guten Eigenschaften noch zu polieren und es immer »bei Laune« zu halten. Darum findet die Ausbildung viel im Gelände statt, als Hand- und relativ früh (ab dem vierten Jahr etwa) auch als Reitpferd. Gift für dieses Pferd ist ein Besitzer mit Ehrgeiz. Diejenigen aber, die sich ganz allmählich und ruhig und nahezu wie von selbst dem gleichförmigen Weg hingeben, dieses Pferd zu einem verlässlichen Reitpferd zu formen, bis hin zu einem sauberen Schulterherein, die haben gutes, leichtes und glückliches Spiel. Es ist dann ein idealer Begleiter im täglichen Leben.

Langsam einschwingen

Insgesamt sollten die Arbeitsreprisen an der Hand oder auch unter dem Sattel nicht zu kurz gehalten werden – das Pferd muss sich quasi langsam und geduldig einschwingen. Aber noch einmal sei wiederholt: Keinesfalls darf dieses Pferd zu oft und zu lang gearbeitet werden.

Wenn sich ein Pferd wie dieses auf dem Reitplatz durch Widerwillen und Unlust verweigert, was durchaus nicht selten vorkommt und eine Art »Spezialität« dieser Charaktergruppe ist, dann muss man diesem Anliegen unbedingt nachkommen. Wir müssen bedenken, dass diese Pferde von sehr alten Seelen bewohnt werden. Sie sind den meisten Menschen und auch vielen Pferden weit überlegen. Der Besitzer oder Ausbilder eines solchen Pferdes muss unbedingt die »Weisungen« dieser Tiere beachten. Gerade bei solch einem Pferd führt das niemals zu einem Dominanzverlust, das Gegenteil ist der Fall. Wird der Ausbilder mit einer solchen Situation konfrontiert, dann sollte er mit kreativ- leichter Hand die Ausbildung im Gelände fortsetzen und freier gestalten.

Besitzer solcher Pferde und erfahrene Pferdemenschen wissen ganz sicher sehr genau einzuschätzen, wovon ich hier schreibe.

Gute Zusammenarbeit und Austausch

Der »Hüter des Feuers« verlangt von Anbeginn an eine gute Zusammenarbeit und einen guten Austausch. Die wenigen Dinge, die er noch lernen will, soll und kann, die eignet er sich mit einigen Hilfestellungen des Menschen fast von selber an. Unterschätzen also auch Sie bitte nicht den Pferdetyp, der eigentlich immer unterschätzt wird.

Übersichtstabelle »Hüter des Feuers«	
Reprise	lang
Sequenz	lang
Einheit	kurz
Temporeich	–
Tempoarm	1
Hoch	–
Flach	1
Dominierend	1
Zurückhaltend, duldend	–
In engen Grenzen	–
Spielerisch-frei	1
Einreiten konkav	–
Einreiten konvex	1

Eine Persönlichkeit formen
Der Ursprung auf dem Weg zum Reitpferd

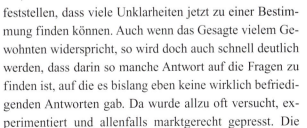

Diesem Pferd müssen wir in punkto Zusammenarbeit etwas mehr Raum widmen. Die jetzt folgenden Darstellungen werden von so manchem Leser zunächst nicht gleich nachzuvollziehen sein. Zum einen sind Pferde diesen Typs in Freizeitreiterkreisen recht weit verbreitet, zum anderen aber gehört eben dieser Charaktertyp mit zu den unverstandensten. Das schafft viel Chaos und Leid. Darum wieder meine Bitte: Versuchen Sie zuerst der ganzen Darstellung unvoreingenommen zu folgen. Wenn Sie am Ende das ganze Bild auf sich wirken lassen, dann werden Sie sicherlich feststellen, dass viele Unklarheiten jetzt zu einer Bestimmung finden können. Auch wenn das Gesagte vielem Gewohnten widerspricht, so wird doch auch schnell deutlich werden, dass darin so manche Antwort auf die Fragen zu finden ist, auf die es bislang eben keine wirklich befriedigenden Antworten gab. Da wurde allzu oft versucht, experimentiert und allenfalls marktgerecht gepresst. Die

Harmonie aber, nach der ja oftmals gerade Besitzer solcher Pferde suchen, wurde allenfalls im Abseits, im Verfolgen ganz eigener Ideen gefunden. Und so manche von denjenigen, die so verfahren, werden sich sicherlich sofort in den folgenden Zeilen zurechtfinden. Sie werden Bestätigung finden und wahrscheinlich auch neuen Halt und Sicherheit.

Alles andere als einfach

Der Charaktertyp des »Ursprung« findet sich relativ häufig bei ursprünglichen Rassen – ähnlich wie »Taube«, »Dandy« oder »Kind« häufig Charaktertypen arabischer Pferde darstellen.

In der Zusammenarbeit ist ein Pferd der Charaktergruppe »Ursprung« alles andere als leicht und einfach. Diese Pferde sind eben nicht irgendwelche »knuddeligen Wilde« – es sind sehr sensible, sehr tiefgründige, sehr eigenwillige und charakterstarke Wesen. Wie schon in den Ausführungen im 4. Kapitel dargestellt, sind Pferde dieses Typs keine Kinder- und Anfängerpferde.

Revolutionspferde?

Vor nunmehr 30 Jahren begann, zusammen mit der Idee der 68er Revolte, auch in der Reiterwelt eine »Revolution«. Hat die aber das Dasein der Pferde wirklich verbessert? Ich denke, wenn überhaupt, dann nur in engen Grenzen – in so manchen Bereichen aber hat sie das Dasein der Pferde verschlechtert.

Die Pferde, die diese »Freizeitreiterrevolutionäre« auf ihren Rücken trugen, kamen und kommen zum Teil noch immer zumeist aus entlegenen Gegenden, von Inseln und anderen geografischen Ausnahme- und Kleinräumen. Hier finden diese Pferde ihr ideales Umfeld, an das sie sich über Jahrhunderte hin haben anpassen können. Diese Pferde leiden dann in ihrer neuen Heimat nicht selten unter Haltungsbedingungen, die ihren eigentlichen Ursprüngen in keiner Weise entsprechen. Angetreten, um das Dasein des Menschen in Natur und Ursprung neu zu beleben, entgegen aller Absichten, sich in Wettbewerben und Konkurrenzen hervorzutun, ist es gerade diese »Szene«, die heute im Bereich der Wettbewerbe schlimmste Auswüchse zu verzeichnen hat. Ideologien zehren sich eben immer selber auf und enden in genau dem Extrem, dem sie eigentlich ihre Begründung als Opposition verdanken. Die Politik des ausgehenden zwanzigsten Jahrhunderts, vor allem in Deutschland, hat das ja auch wieder allzu deutlich gezeigt.

Wie finden die Zugvögel ihren Weg?

Das ist das eine, im Grunde ja nur zu Bekannte, das es zu bedenken gilt. Zum anderen sind diese Pferde jedoch nicht nur in aller Regel von großer Kraft und von ursprünglichstem Freiheitsdrang. Bei allem zeichnet sie noch etwas ganz Besonderes aus: Reitpferdezüchtungen bedingen ganz bestimmte Charaktere, die sich über Generationen dem Dasein zusammen mit dem Menschen angeglichen haben. Das ist bei diesen Pferden nicht der Fall. Übrigens auch nicht bei jenen, die diesem Charaktertyp entsprechen, aber dennoch einer reinen Reitpferdezucht entspringen. Wo liegt das tiefe und so typische Problem, und was ist die Lösung?

Das Problem: Wie finden die Lachse ihre Laichplätze in den Höhen der Flüsse? Wie finden die Zugvögel ihren Weg? Was treibt den Frosch über gefährlichste Hindernisse zurück an den Platz seiner Geburt? Wie orientiert sich eine Katze noch über Hunderte von Kilometern? Glauben Sie mir, selbst auf die einfachsten Fragen der Natur haben die Wissenschaftler keine wirklichen Antworten. Sie hantieren nur mit Modellen und Wahrscheinlichkeiten, die sie aber regelmäßig wieder durch andere ersetzen. Man weiß in Wahrheit so gut wie nichts.

Er handelt, wie er handeln muss

Wir Menschen haben es verlernt, in ursprünglichen Zusammenhängen zu leben. Diese Pferde aber leben noch so stark in diesen Abhängigkeiten von natürlichen Prozessen, dass sie die Menschenwelt weniger respektieren und anerkennen können und wollen, als zum Beispiel Hausschweine, Hunde oder reine Reitpferdezuchten. Man sagt dann leichtfertig: »Sie haben halt ihren eigenen Kopf«. Das ist aber falsch! Der »Skeptiker«, der »Bauer«, der »Dicke« und auch in Maßen der »Unteroffizier« sind Charaktere, die eben ihrem »eigenen Kopf« folgen wollen, komme, was da wolle. Der »Ursprung« aber handelt nicht so, wie er handeln will, sondern so, wie er handeln muss.

Kein Pferd einer anderen Charaktergruppe hat in diesem Maße diese Eigenschaft in sich. Und Besitzer eines Pferdes der Charaktergruppe »Ursprung« müssen diesen Punkt auf die Goldwaage legen.

Am Ende der langen Reise sterben unzählige Lachse gleich nach dem Laichakt. Bis in den Tod hinein treibt sie ihr Weg. Einen Weg, den sie so wohl kaum wollen. Einen Weg vielmehr, den sie zurücklegen müssen. Diese Unterscheidung ist elementar wichtig im Zusammensein mit diesen Pferden. Scheint auch das Verhalten zwischen diesen Pferdetypen und einem »Dicken« zum Beispiel manches Mal sehr ähnlich, so ist doch der Ausgangspunkt, die Ursache, eine ganz andere, und darum muss auch die Herangehensweise in Umgang und Ausbildung durch den Menschen eine ganz andere sein. Diese bislang vollkommen unbekannten Zusammenhänge beschreibe ich hier zum ersten Mal – ich hoffe, sie werden ihren Weg finden zum Wohl von Mensch und Pferd – denn wieviel Leid durch Unkenntnis entsteht an dieser Stelle.

Innerlich absolut unbeugsam

Die Lösung: Jeder Gedanke an Zwang, an Konkurrenz, an Wettbewerb muss von diesen Tieren absolut fern gehalten werden. Auch der Gedanke, dass sich Menschen auf ihren Rücken setzen, ist diesen Pferden fremder als anderen. In der Zusammenarbeit muss man darum dem Umstand ganz besonders Rechnung tragen, dass diese Pferde von uns dann nicht zu überzeugen sind, wenn sie, wie die Lachse, ihrem inneren Drang zu gehorchen haben. Schrecklichste Quälereien habe ich eben gerade in dieser Pferdeszene erleben müssen. Denn diese innerlich unbeugsamen Pferde dürfen und können nicht nachgeben. Wie dem Lachs geht es diesem Pferd nicht ums reine »Überleben«. Ein solches Pferd kann darum nur in größeren Zusammenhängen mit dem Menschen existieren. Sinn, Freiheit, Raum, Geduld, Zeitunabhängigkeit sind ebenso Voraussetzungen wie das gänzliche Fehlen von Ehrgeiz seitens des Menschen.

Langsam in die Geheimnisse eindringen

Die Ausbildung ist sehr zeitintensiv und langwierig. In kürzesten Intervallen und immer in einem sehr engen persönlichen Verhältnis kann der Mensch langsam in die Geheimnisse dieses Wesens eindringen – und nur darum geht es. In dieser Ausbildungsform muss nämlich der Mensch das Pferd kennen lernen und nicht umgekehrt das Pferd den Menschen.

Dann kann der Mensch etwas von der Ewigkeit spüren, die bei diesen Pferden so erdverbunden und direkt ganz dicht unter der Haut liegt. Wer weiß, womöglich kommt es dann doch noch einmal zu jenem Erleben, das die Begründer jener Bewegung instinktiv einst gespürt haben.

Das Islandpferd

Besondere Beachtung in der Ausbildung ist noch dem Islandpferd zu schenken und ganz generell den Mehrgängern.

Tölter waren in vergangenen Zeiten Geschenke für Könige – und zwar wertvolle. Das lag aber vor allem daran, dass ein richtig töltendes Pferd zuallererst durch die Hohe Schule der Pferdekunst gehen musste. Dann erst war das Pferd in der Vorhand frei genug, dann erst konnte es sich so auf der Hinterhand tragen, dass es im Tölt einwandfrei und sauber ausgebildet werden konnte.

Damit ein Pferd tölten kann, muss seine Vorhand frei sein. Heute wird das nahezu immer durch vielerlei Tricks erzeugt, die vor allem Kopf und Hals heben wollen, ohne die Hinterhand zuvor jahrelang zu gymnastizieren.

Auch mit dem so genannten Naturtölt ist das so eine Sache. Denn der dient in freier Wildbahn lediglich dem Überleben, wird also nur in kritischen Situationen eingesetzt. Ein Naturtölter kann das mit sich alleine, aber darum noch lange nicht mit einem Reiter oben drauf. Denn dann verändert sich das gesamte Gleichgewicht des Pferdes sehr zu ungunsten seiner eigentlichen Natur. Mir bleibt daher nichts anderes, als dies klar zu sagen: Bislang ist mir noch kein töltendes Pferd begegnet, dessen Reiter ich von jeder »unsauberen« Handlung hätte freisprechen können. Nur weil es viele so machen und weil einiges Gespür dazu gehört, die Qual eines stummen Wesens zu erkennen, darum wird es nicht anders oder besser. Einen Mehrgänger wirklich korrekt auszubilden ist wesentlich schwieriger, als ein Reitpferd in die Hohe Schule zu führen. Ich habe bislang von niemandem, erst recht von keinem Profi, gehört, der dieser Aufgabe gerecht geworden wäre. Die vor etwa 20–25 Jahren auf-

Übersichtstabelle »Der Ursprung«

Reprise	eher kurz
Sequenz	eher kurz
Einheit	eher kurz
Temporeich	1
Tempoarm	1
Hoch	1
Flach	1
Dominierend	2
Zurückhaltend, duldend	1
In engen Grenzen	2
Spielerisch-frei	2
Einreiten konkav	–
Einreiten konvex	1

gekommene Frage nach der massenhaften Renaissance der töltenden Pferde ist einer der Irrtümer in der Historie der Reiterei. Zwar gibt es noch töltende Pferde, aber es gibt keine Meister mehr und keine wirklich sensiblen und charakterstarken Menschen, die diese ausbilden könnten.

Zum Naturtölt
Der Naturtölt eines Pferdes entwickelt sich in Gegenden, in denen der Untergrund keine heillose Flucht erlaubt. Auf morastigen, feuchten Untergründen würde eine Flucht im Galopp nur das Ende bedeuten. Beim Tölt sind immer drei Beine am Boden, und damit ist die Gefahr verringert, tief einzusinken. Darum töltet ein Pferd.

In morastigen Gegenden hat sich eine weitere Überlebenstechnik herausgebildet: Kampf statt Flucht. Das bedeutet, dass sich das Fluchtverhalten einiger Naturpferde, zum Beispiel einiger Isländer, grundlegend verändert, ja zurückgebildet hat. Das ist bei der Ausbildung ein sehr bedeutsamer Faktor, denn das gesamte System der Positionierung kann damit außer Kraft gesetzt werden. Mehr zu diesem Thema einmal an anderer Stelle.

Lehren durch Lernen, lernen durch Lehren
Der Wanderer auf dem Weg zum Reitpferd

11

Dies ist ein wunderbares Pferd in der Zusammenarbeit. Es hat zugleich etwas vom »König« und vom »Harten«. Im Großen und Ganzen hat dieses Pferd eigentlich keine Fehler und Schwächen. Es ist kräftig und von guter, tragender Statur. In seinem Inneren und Äußeren finden wir kaum etwas, das es in der Zusammenarbeit zu korrigieren gälte. Unsere Aufgabe ist es, dem großen Wesen dieses Pferdes gerecht zu werden. Freiheit, Ferne, Größe, Eigenständigkeit, Loyalität, Übersicht, Gelassenheit, alles das sind die Eigenschaften, die dieses Pferd auszeichnen und die wir von diesem Pferd lernen können. Von uns wird verlangt, dass wir keinesfalls dieser Weite des Gemütes zuwider handeln.

Ausgewogenheit und gelassene Ausdauer
Die Ausbildung verläuft insgesamt in sehr ruhigen Bahnen. Der Wechsel zwischen der Arbeit in der Reitschule und der in Feld und Flur muss sehr ausgewogen und den Reaktionen und Fortschritten des Pferdes angepasst sein.

Insgesamt ist dieser Pferdetyp eher von massigerer Statur. Dem müssen wir Rechnung tragen. Der »Wanderer« ist kein schnelles, kein hektisches Pferd. Seine Qualität liegt eben auch besonders in der gelassenen Ausdauer.

Wird er in punkto »Geschwindigkeit und Spontaneität« überfordert, dann kann er sich leicht verschließen und schließlich sogar aggressiv werden.

Immer wieder »auflockernde« Sequenzen
Sein starkes Wesen kann sich zuweilen in Verspannungen und Versteifungen äußern. Darum ist es angebracht, das Pferd immer wieder einmal durch leichte Cavalettiarbeit zu lockern und es durch sanfte Biegungen in der Boden- und Reitarbeit »aufzuweichen«. Natürlich bekommt ein solches Pferd niemals die Beweglichkeit einer »Taube«, eines »Kindes« oder auch eines »Ministers« zum Beispiel. Der »Wanderer« ist ein festes, kompaktes Tier.

Eine Ausbildung auf flacher, aber stetig und ruhig ansteigender Bahn
Die Arbeitsreprisen sollten kurz sein. Insgesamt zieht sich die Ausbildung über einen langen Zeitraum hin, also

Übersichtstabelle »Der Wanderer«	
Reprise	eher kurz
Sequenz	eher kurz
Einheit	eher kurz
Temporeich	–
Tempoarm	1
Hoch	1
Flach	1
Dominierend	1
Zurückhaltend, duldend	–
In engen Grenzen	1
Spielerisch-frei	–
Einreiten konkav	–
Einreiten konvex	1

durchaus über vier bis sieben Jahre. Dabei kann dieses Pferd recht früh reiterlich vorsichtig belastet werden, also auch schon zwischen dem dritten und vierten Lebensjahr.

Die Arbeit und die Ausbildung insgesamt sollten in klaren Bahnen verlaufen, Experimente jeder Art sollten unterbleiben. Das Pferd braucht bei der Arbeit nicht wie andere »unterhalten« zu werden. Natürlich muss die Arbeit immer interessant und abwechslungsreich sein, dieses Pferd aber ist in aller Regel nicht sonderlich verspielt und kaum auf besondere Abwechslung aus.

Es ist eben ein unkompliziertes, gutes Pferd, das übrigens auch für die Zucht hervorragend geeignet ist.

Mit Toleranz, Nachsicht und Heiterkeit zur Konzentration
Das Kind auf dem Weg zum Reitpferd

Dieses Pferd ist nett und hübsch, aber auch eben launisch und wechselhaft. Es ist in seinem Wesen zum Beispiel von dem zuvor besprochenen »Wanderer« sehr verschieden. Das Pferd reagiert sehr schnell auf Gestik und Körpersprache, ist in der Arbeit intelligent und sensibel. Aber es ist eben ein Kind. Das bedeutet für uns:

Den Bogen nie überspannen
Die Reprisen sollten im Beginn einer Arbeitssequenz kurz und abwechslungsreich gehalten sein. Dann ist es die Aufgabe des Menschen, dieses Pferd vorsichtig und mit viel Gefühl in die Konzentration hineinzuführen. Dabei darf niemals der Bogen überspannt werden. Das ist in der Tat nicht so leicht. Denn wenn der Mensch den Rahmen zu weit ausdehnen lässt, dann wird dieses Pferd schnell nervös, misstrauisch und »ungebunden«. Zieht er den Rahmen zu eng zusammen, dann wird dieses Pferd schnell depressiv, unlustig und schließlich auch krank. Es ist eben wie mit einem Kind. Auch da müssen wir uns sehr viel bekümmern um den rechten Rahmen für das Aufwachsen und das Gedeihen.

Die Freiheit nach »vorne«
Wie »Taube« und »Tänzer« braucht auch dieses Tier viel Freiheit nach vorne. Es darf nicht gehalten und vor allem auch reiterlich keinesfalls gebremst werden. Rücken und Kruppe sind oftmals etwas schwach. Das Pferd darf erst relativ spät reiterlich belastet werden. Bei einer guten, harmonischen Erscheinung ist es wichtig, darauf zu achten, dass das Pferd durch die Arbeit genug gekräftigt wird. Manches, was bei anderen Pferden schon die Natur zum großen Teil mitbringt, das muss bei diesem Pferd in aller Regel erst durch die sinnvolle Gymnastizierung geschaffen werden.

Kräftigung des Rückens
Bei der Bodenarbeit im Gelände kann das Pferd durch das Überwinden von natürlichen Hindernissen in der Hinterhand, im Rücken und überhaupt in der ganzen Erscheinung gekräftigt werden. An dieser Stelle will ich kurz auf die Arbeit an der Terrasse eingehen.

Besonders bewährt hat sich ein Geländehang von etwa zwei bis vier Metern. Der Hang sollte recht flach sein, so dass das Pferd auch beim Herabsteigen nicht springen, sondern langsam laufen oder gehen muss. Die freie Arbeit oder die Longenarbeit an einem solchen Hang wirken Wunder, vor allem, was die Kräftigung betrifft. Aber auch Balance und Gleichgewicht werden unterstützt und gefördert. Je nach Alter, Ausbildungs- und Konditionsstand ist sehr darauf zu achten, dass das Pferd nicht überfordert wird. Denn diese Arbeit ist sehr anstrengend für das Pferd. Am Anfang reichen bereits eine Handvoll Runden aus.

Übersichtstabelle »Das Kind«	
Reprise	Zu Anfang eher kurz
Sequenz	Zu Anfang eher kurz
Einheit	eher kurz
Temporeich	1
Tempoarm	–
Hoch	2
Flach	–
Dominierend	–
Zurückhaltend, dulde	1
In engen Grenzen	–
Spielerisch-frei	1
Einreiten konkav	2
Einreiten konvex	–

Mit aller Vorsicht wird dieser junge Hengst zum ersten Mal auf die »Umlaufbahn« geschickt. Am durchhängenden Strick folgt das Pferd den klaren Signalen der Körpersprache. Eine Runde ist genug. Wichtig ist, dass das Pferd lernt, präzise auf feine Zeichen hin sich vom Mittelpunkt zu entfernen um dann in einer schönen Biegung zum Menschen zurückzukommen. Nicht nur beim »Kind« ist wenig mehr. Bei dieser Charaktergruppe ist die Beschränkung eine Grundvoraussetzung. Der Rahmen sollte dabei weder zu eng noch zu weit sein.

Bei jeder Überforderung wird nicht nur nichts mehr gewonnen, das Pferd sinkt dann auch hinter den Zustand zurück, den es zu Beginn der Übungen hatte. Auch bei einem gut trainierten Pferd sollte diese Übung nur einige Minuten durchgeführt werden. Dann schafft sie große Bewegungsfreude und die Lust, sich richtig auszutoben.

Ein Pferd aus dieser Charaktergruppe kann praktisch niemals an große Leistungen herangeführt werden. Wenn man dies und die Zerbrechlichkeit und Kompliziertheit des kindlichen Wesens beachtet, dann findet man in diesem Pferd einen netten, verspielten und »kurzweiligen« Freund.

Mit Feingefühl in die zweite Geburt
Der Halbgeborene auf dem Weg zum Reitpferd

13

Dies ist ein sehr spezielles Pferd, und der Umgang mit ihm sollte auch in einer speziellen Weise gestaltet werden. Wenn man einem solchen Pferd nahe kommen kann, dann kann eine Bindung von ganz eigener, sehr tiefer Art entstehen. Diese Pferde sind sehr anhänglich. Sie sind auf ihre Weise sehr sensibel, wenngleich sie durchaus nicht immer so erscheinen. Ja, nicht selten erscheinen sie sogar sehr abwesend und darum auch geradezu »stoffelig«.

Enge Grenzen

Diese Pferde brauchen viel Hilfestellung seitens des Menschen, sind sie doch nur »halbgeboren«. Sie sind wie »nicht richtig in dieser Welt«. Ihr gesamter Ausdruck ist vergeistigt, und so ist auch oft ihr Verhalten. Zuallererst müssen wir erkennen und anerkennen, dass diesen Pferden sehr enge Grenzen gesetzt sind, und zwar in allem. Sie sind körperlich in aller Regel recht schwach und zu alledem mit einer insgesamt konkaven Körperform ausgestattet. Was diesen Teil der Zusammenarbeit betrifft, so ähneln sie der »Taube«, dem »Tänzer« und in gewisser Hinsicht auch dem »Kind«. Bitte beachten Sie darum auch die Ausführungen zu diesen Charaktergruppen. In geistiger Hinsicht ähnelt der »Halbgeborene« dem »Nordwind«, dem »Frosch«, aber durchaus auch »Pegasus«, »Einhorn« und dem »Kind«.

Immer die Besonderheiten vor Augen haben

Diese Pferde sind immer von einfachem, naivem, unschuldigem Wesen. Darum haben sie trotz ihrer schwächlichen Konstitution und ihrer zuweilen penetranten Abwesenheit dennoch etwas Anziehendes, eben einfach einen eigenen Charme. Will man ein solches Pferd weiter ausbilden, dann muss man unbedingt die Eigenschaften dieser Pferde permanent vor Augen haben. In gewisser Weise ist dieses Pferd wie »zurückgeblieben«, zu vergleichen in der Menschenwelt mit einem Kind, das durchaus kreativ, selbstständig und voller Leben ist, aber durch seine Abwesenheit, durch seine ganz eigene Gedankenwelt im gewöhnlichen Sinne lernbehindert. Wird das bei jenem Kind nicht berücksich-

Das Band von Nähe und Vertrauen darf bei diesen Pferden unter keinen Umständen zerreißen. Hier liegt ein Hauptaugenmerk.

Vertrauen darf unter keinen Umständen jemals zerreißen. Die Arbeit mit diesem Pferd ist immer wie ein Behüten, wie ein Aufpassen, wie das Vertreiben von gemeinsamer Zeit in der nur angenehmsten Form. Von eigentlich konzentrierter Arbeit kann und darf hier nicht die Rede sein. Die Übungen zur körperlichen Stärkung dürfen nur häppchenweise angeboten werden und müssen in ein gemeinsames, ruhiges Sein und Spiel eingeflochten werden. Hier ist großes Fingerspitzengefühl vonnöten. Sie wollen ja hoffentlich eh nichts von diesem Pferd – von diesem noch weniger als von jedem anderen. Darum ist jeder Fortschritt ein großes Geschenk.

Mit einem Menschen in seiner Nähe, der es versteht, ist dieses Pferd schnell sehr glücklich und es zeigt diese Zufriedenheit auch. Genießen Sie das und lassen Sie dann erwachsen, was wachsen will und soll. Dann kommen Sie mit diesem Pferd zur Erfüllung.

tigt, dann wird es in dieser Welt gnadenlos zerrieben. Das geschieht auch nicht selten mit Pferden dieser Charaktergruppe.

Das Tragevermögen vorsichtig fördern

Wie die Kraft, die Beweglichkeit und vor allem das Tragevermögen des Pferdes gefördert werden kann, das lesen Sie bitte auch in den angegebenen anderen Charaktergruppen und vor allem in »Mit Pferden tanzen« nach. Vorsichtig muss die Tragfähigkeit und die Spannkraft des Pferdes erhöht werden. Es erübrigt sich sicherlich, darauf hinzuweisen, dass dieses Pferd als Reitpferd immer nur in der absolut untersten Ebene gearbeitet werden kann. Wenn es gelingt, dieses Pferd wirklich sauber und seinem Wesen gerecht dazu zu bringen, dass es mit sieben bis neun Jahren gut im Gelände in allen Gangarten einen leichten Menschen auf nicht zu langer Distanz tragen kann, dann ist die Ausbildung hervorragend geglückt.

Das Band von Nähe und Vertrauen

Was die geistige Komponente der Ausbildung betrifft, so beachten Sie bitte das Folgende: Das Band von Nähe und

Übersichtstabelle »Der Halbgeborene«

Reprise	mittel
Sequenz	kurz
Einheit	kurz
Temporeich	1
Tempoarm	1
Hoch	2
Flach	1
Dominierend	1
Zurückhaltend, duldend	1
In engen Grenzen	1
Spielerisch-frei	2
Einreiten konkav	3
Einreiten konvex	–

Aus Distanz, Schwäche und Kälte entsteht Wärme und Vertrauen
Der Nordwind auf dem Weg zum Reitpferd

Dieses Pferd ähnelt innerlich und äußerlich dem »Halbgeborenen«. Doch liegen die Ursachen für diese Ähnlichkeiten an anderer Stelle, und darum muss man dieses Pferd zumindest in gewisser Hinsicht auch anders behandeln und ausbilden. Denn im Gegensatz zu dem Wesen des »Halbgeborenen« ist der Wind ja in dieser Welt, er ist ein ganz realer Bestandteil unseres Erlebens. Wenngleich man ihn auch nicht sieht und wenngleich man ihm auch nicht habhaft werden kann. Und das eben ist das Wesen dieses Pferdecharakters.

Intelligent und geistig wendig

Dieses Pferd ist da, und ist dann doch wieder nicht greifbar. Es ist einerseits durchaus heftig, präsent und spürbar, aber dann auch genauso schnell wieder in alle Richtungen zerstreut, unkonzentriert und von schwächlicher Erscheinung. Dieses Pferd ist nicht wie jenes lernbehinderte Kind, auf das wir als Vergleich zum »Halbgeborenen« zurückgegriffen hatten. Es ist oft recht intelligent und zumindest geistig von erstaunlicher Wendigkeit. Wir sehen also auch hier, wie anfängliche Ähnlichkeiten bei genauer Betrachtung doch auch große und sehr bedeutsame Unterschiede verbergen.

Selbstständiger und unabhängiger

Der »Nordwind« sucht nicht so sehr die Nähe wie der »Halbgeborene«, er ist in gewisser Weise selbstständiger und unabhängiger. In seinem Wesen ist dieses Pferd entfernter, ja zuweilen sogar sehr weit entfernt.

Seine körperlichen Merkmale ähneln sehr denen des »Halbgeborenen«, der »Taube«, dem »Tänzer« und denen des »Kindes«. Auch dieses Pferd zeigt eine konkave Körperform, die von Natur aus kaum tragfähig ist. Hier gelten in der Arbeit darum nahezu dieselben Regeln, wie ich sie bei den genannten Charaktergruppen bereits beschrieben habe.

Schwer zu konzentrieren

Ob seiner geistigen, inneren Wesensform jedoch müssen wir anders vorgehen in der Zusammenarbeit. Hier müssen wir Folgendes beachten:

Der »Nordwind« ist nur sehr schwer auf uns und auf die Übungen zu konzentrieren. Es ist eben, als wollten Sie den Wind in einer Papiertüte nach Hause tragen. Darum wird von dem ausbildenden Menschen eine besondere Festigkeit verlangt. In ganz besonderem Maße muss er der ruhende Pol sein, der Mittelpunkt, um den herum sich das Pferd finden, an dem es sich orientieren kann. Ein solches Pferd ist nicht selten recht rabiat und gefährlich. Mit Tritten und auch Bissen ist es schnell bei der Hand. Und es weiß genau, wohin es tritt, und es will auch treffen. Der »Nordwind« ist in dieser Hinsicht kein nobles Pferd.

Es ist in seinem Wesen ein kaltes Pferd, der »Nordwind« eben. Auch hier bedarf es nicht vieler Worte, um darzustellen, dass dieses Pferd zeit seines Lebens immer nur, wenn überhaupt, auf der niedrigsten reiterlichen Stufe gearbeitet werden kann und darf.

Wenn sich die »Kälte« legt

In gewisser Hinsicht ist es ein Pferd, das Gefühle kaum auszudrücken, kaum zurückzugeben vermag. Bindungen bleiben darum leider oft oberflächlich und steril. Erst mit den Jahren kommt es zu einem Verstehen und zu einem Miteinander. Mit den Jahren kann sich auch der Wind legen, die Unruhe, die Abwesenheit und auch die Kälte. Und dann sind es eben die Kleinigkeiten, die von Außen-

Übersichtstabelle »Der Nordwind«

Reprise	mittel
Sequenz	kurz
Einheit	mittel
Temporeich	1
Tempoarm	1
Hoch	1
Flach	1
Dominierend	2
Zurückhaltend, duldend	–
In engen Grenzen	2
Spielerisch-frei	–
Einreiten konkav	3
Einreiten konvex	–

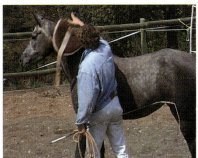 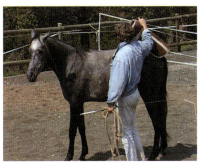 

Ist das Eis zum »Nordwind« erst einmal gebrochen, dann steht dieses Pferd treu zu seinem Menschen. Diese junge Stute aus der Charaktergruppe »Nordwind« bleibt unbeirrt auch dann bei mir, als ich zum ersten Mal ein Sattelkissen auf das Pferd lege und den Gurt schließe.

stehenden übersehen werden, die das Verstehen und den Austausch begründen und festigen. Wie in einer Art »minimalisierter Geheimsprache« scheinen sich dann Mensch und Pferd zu verständigen und zu verstehen. Das ist wahrlich nicht jedermanns Sache. Aber auch in dieser Form der Begegnung liegt das Glück. Und das ist Gott sei Dank so vielgestaltig wie die Wesen selbst. Also keine Frage: Auch auf dem Rücken dieses Pferdes liegt alles Glück der Erde. Zumindest für denjenigen, der sich die Mühe macht, dort danach zu suchen.

Zurück in die Welt der Pferde
Der Einsame auf dem Weg zum Reitpferd

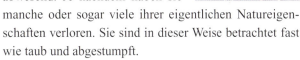

Die Arbeit mit diesen Pferden gestaltet sich aus meiner Sicht so manches Mal recht schwierig. Andere, die eben anderes von diesen Pferden wollen als ich, sehen das natürlich auch ganz anders. Aber dieses Buch, als weiterer Spiegel meiner Arbeit und meiner Herangehensweise, betrachtet eben das Dasein der Pferde und der Pferdemenschen aus einem anderen Blickwinkel. Wie ich meine, aus dem Blickwinkel der Pferde. Und aus dem heraus gestaltet sich eben die Arbeit mit diesem Pferd in aller Regel nicht einfach. Wieder muss ich betonen, dass natürlich auch die Charaktergruppe des «Einsamen» absolut nicht rassespezifisch ist, wenngleich sich in dieser Gruppe sehr viele Warmblüter finden.

Pferde dieses Typs sind relativ abwesend. Je nachdem haben sie manche oder sogar viele ihrer eigentlichen Natureigenschaften verloren. Sie sind in dieser Weise betrachtet fast wie taub und abgestumpft.

Über Generationen weitergegeben
Mutterstuten übertragen sehr viel von ihren Verhaltensweisen auf das Fohlen. Ist eine Stute durch die Arbeit mit den Menschen verängstigt oder verroht, dann zeigen auch das Fohlen und das junge Pferd schon Ansätze zu derartigen Verhaltensweisen, so als sei es selbst in der Arbeit verängstigt oder verroht worden. Der Umgang innerhalb eines

ganz bestimmten konkurrierenden Systems liegt diesen Pferden also gewissermaßen von Generation zu Generation weitergegeben im Blut.

Die Art der Bewegungen

Zunächst einmal müssen wir die eigene Form der Bewegung dieser Pferde berücksichtigen. Der weite Rahmen und die raumgreifenden Bewegungen verlangen in der Tat ein viel größeres »Arbeitsfeld«. Erst sehr spät kann dieses Pferd im Picadero geschult werden. Auch ist ein solches Pferd wesentlich schwieriger in wirklich ausbalancierte Bewegungsfolgen zu bringen. Meine Arbeit beruht ja darauf, das Pferd auf kurzem Raum immer wieder in andere Aufgabenstellungen zu führen, die das Pferd dazu befähigt, die Balance immer wieder neu herzustellen und damit zu festigen. Das Pferd soll in kurzer Abfolge immer wieder neue Herausforderungen der Balance bewältigen, in immer kürzeren Abständen. So wird das Pferd wie eine Feder, so dass es schließlich auch den Aufgaben als wendiges Arbeitspferd gerecht werden könnte oder kann. Alles das liegt nicht im Anforderungskatalog dieser Pferde und damit in aller Regel zuchtbedingt auch nicht in ihrem Wesen.

Die Frage nach dem Abstand

Wie gehen wir vor? Wie bei jedem Pferd und eben genauso wie in Kapitel 5 beschrieben, suchen wir das Vertrauen und die Nähe in der ersten Begegnung. Dabei ist besonders die Frage nach dem Abstand zu beachten. In aller Regel lasse ich ein solches Pferd länger als andere zuerst auf Abstand. Man muss auch sehr klar den augenblicklichen Aggressionsstatus in sein Kalkül einbeziehen. Denn viele dieser Pferde haben zum einen ein vergleichsweise hohes Aggressionspotenzial in sich, zum anderen aber liegt es wie im Verborgenen in dem Grundwesen der Einsamkeit. Nicht selten kommt es darum ohne Vorwarnungen zu plötzlichen Attacken, die aus der Sicht des Pferdes absolut konsequent, für den Menschen aber ausgesprochen unangenehm sind.

Fleiß und Nervosität

In aller Regel neigen diese Pferde bei insgesamt eher geringerer Arbeitsfreude zur Nervosität. Auch das muss ich näher beschreiben, denn auch hier liegen viele Missverständnisse verborgen. In aller Regel sind diese Pferde viel weniger leistungsorientiert als es zunächst den Anschein hat. Im Vergleich zu manch anderen Charaktergruppen

Der »Einsame« muss in aller Regel zurückgeholt werden in die Welt der Pferde. Frei sein, spielen, »Pferd sein dürfen« ist hier zuerst das Motto.

sind diese Pferde nämlich eher faul. Darum brauchen sie auch die ständigen Dauer- und Feuersignale, die in jeder anderen Reitweise schon alleine darum abgelehnt werden, weil sie den Reiter viel zu sehr ermüden würden. Nichtsdestoweniger müssen und sollen diese Pferde Leistung bringen, das ist ja Motor und Antrieb der ganzen Zuchtveranstaltung. Leider tragen viele dieser Pferde von Grund auf hektische und nervöse Elemente in sich, die aber nicht

Übersichtstabelle »Der Einsame«

Reprise	Anfangs mittel bis länger, dann kürzer
Sequenz	Anfangs kürzer, dann länger
Einheit	Anfangs kurz, dann mittel bis länger

Temporeich	1
Tempoarm	–
Hoch	1
Flach	1
Dominierend	2
Zurückhaltend, duldend	–
In engen Grenzen	1
Spielerisch-frei	1
Einreiten konkav	2
Einreiten konvex	–

ihrem unmittelbaren Wesen entsprechen und entspringen. Das sieht dann womöglich dramatisch und temperamentvoll aus, ist aber in aller Regel eben nur schlichtweg Ausdruck von Angst und Überforderung. Bei sachgemäßem, pferdegerechtem Umgang verlieren sich diese Überreaktionen und das wahre Wesen kommt zum Vorschein. Dann müssen wir uns damit abfinden, dass in diesen Pferden in Wahrheit kaum »Feuer und Temperament« steckt.

Den Rhythmus verdichten

Wie gehen wir vor? Unter anderem so: Aus mittellangen, immer hoch motivierenden räumlich weiten Reprisen in kurzen Sequenzen bei sehr geringen Gesamtanforderungen werden mit der Zeit immer kürzere Reprisen in allmählich längeren Sequenzen. Das Tempo an sich wird allmählich erhöht, wobei die Gesamtdauer der Arbeit, die Einheit, ebenfalls langsam erhöht wird. Das bedeutet, dass anfänglich ein solches Pferd nach Spiel- und Auspowerphasen nur zwei bis vier Minuten gearbeitet wird. Nach vielen Wochen und Monaten können dann daraus Einheiten von 10 bis 20 Minuten und mehr werden. Immer auf der Grundlage jenes Geistes, von dem ich in all meinen Publikationen spreche. Dann bekommt man sicherlich ein von sich aus mitmachendes Pferd, das schließlich auch innerhalb seiner Möglichkeiten ein eigenes, freies Gleichgewicht seiner Bewegungen und eine zufriedenstellende laterale Beweglichkeit finden kann. Aus zurückgezogenen Tieren können so schließlich wieder Wesen werden, die aus ihrer »zuchtbedingten Behinderung« zwar niemals ganz hinauszuführen sind, die aber mit uns zusammen lernen können, mit diesen Behinderungen gut und glücklich zu leben. Das wäre ein schöner Erfolg.

Aus der Apathie in die Kreativität
Der Benutzte auf dem Weg zum Reitpferd

Dies ist eine Charaktergruppe, die eigentlich sehr isoliert für sich steht. Sie hat am ehesten Verwandtschaft mit dem »Einsamen« und in sehr weitläufiger Form auch zum »Freund« und zum »Wanderer«. Das sind auch gewissermaßen Lichtblicke, denn in diese Richtung kann sich das Wesen dieser Pferde wenden – wenn wir die Kreativität wecken, die in ihnen steckt.

Meine Position

Um dies gleich an dieser Stelle deutlich zu machen: Ebenso wie bei dem »Einsamen« richtet sich auch bei dieser Charaktergruppe meine Empörung und in gewisser Weise auch mein Abscheu selbstverständlich niemals gegen die Pferde. Die sind Opfer einer von Menschenhand gemachten Degenerationspolitik. Meine Empörung und mein Abscheu gelten den unbarmherzigen menschlichen Systemen, die Kaninchen züchten der Preisrichter wegen, Katzen, die sich kaum mehr selbst bewegen können, Hunde, die mit der Geburt gleich schwerwiegende Augen-, Ohren- und Hüftleiden mit in ihre Welt mitbringen, und Pferde, die einzig und allein dem sportlichen Sieg gewidmet sind oder anderen, nicht minder verflachten und die Natur ausbeutenden Beschäftigungen.

Das Reiten »bergab«

Auffälligstes Körpermerkmal dieser Pferde ist in aller Regel die schwerfällige, überbaute Kruppe bei gleichzeitig unterentwickelter Vorhand. Das wirft das Pferd unmittelbar auf die Vorhand, prägt den tiefen Halsansatz und den schleppenden, stolpernden Gang, der von denjenigen Reitern gelobt wird, die sich schnell dem Verdacht aussetzen, auf einem gesund trabenden Pferd womöglich nicht aussitzen zu können. Jedem Pferdemenschen kann nur angeraten werden, sich einmal wirklich über die Geschichte des Reitens und der Reiterei zu informieren. Von dem glorreichen Bild des Westernhelden und seiner Reitkunst bleibt dann nicht mehr viel über, denn die gab es nie! Diese Pferde sind von Anbeginn an auch für den Verschleiß gezüchtet worden, für absolut un- oder schlecht ausgebildete Hilfskräfte, die aus dem untersten Milieu kamen und ein dementsprechendes Ansehen genossen. Eine gigantische Filmindustrie hat das Image dieser Volksgruppe genauso beschönigt wie das der Stars, die sie fortan verkörperten.

Das Selbstbewusstsein des Pferdes

Der Körperbau dieser Pferde macht sie selbstverständlich vollkommen ungeeignet für jede Art der Hohen Pferdeschule. Das ist das eine, das ist das weniger Schlimme. In »Mit Pferden tanzen« beschreibe ich den Zusammenhang von geistiger Kraft und Präsenz mit der Fähigkeit eines Pferdes, die Hinterhand pferdegerecht einzusetzen, um die Vorhand zu entlasten. Das auf der tief untergeschobenen Hinterhand sich balancierende Pferd ist geradezu das Ursymbol und Urbild für Naturkraft. Es ist die Pose des vor allem sich selbst besiegenden Siegers, des positiven, siegreichen Helden schlechthin. Das Gegenteil diesen Ausdrucks verkörpert dieses Pferd. Und zwar nicht ursächlich in seinem Dasein, sondern als Zeuge, als Produkt eines verdrehten Denkens. Und das ist das Dilemma.

Vertrauen, Bindung und ein fester Rahmen
So gehe ich in aller Regel vor:
- In einer betont statischen, gesetzten und durchaus »langsamen« ersten Begegnung schaffe ich zuerst eine ruhige, vertrauensvolle Distanz. Relativ lange halte ich diese Pferde auf Abstand. Das kann sogar einmal 10 bis 15 Minuten sein. Kommt das Pferd dann zu mir, dann lasse ich es wieder lange Zeit bei mir stehen. Es ist dann so, als forme sich in dieser Zeit eine Art andere, ursprünglichere Struktur heraus. Mir kommt es dann so vor, als würde sich das Pferd »erinnern«. Jeder Gedanke daran, das Pferd oder etwas an ihm zu »pushen«, muss gleich mit der Wurzel herausgerissen werden. Das Pferd muss von der ersten Sekunde an das Gegenteil dessen erfahren, was es eigentlich genetisch in sich trägt – nämlich benutzt zu werden.
- Vorsichtige und klare Dominanz, die einerseits souverän begrenzt, andererseits aber niemals Druck ausübt oder gar unterdrückt, ist jetzt das Maß aller Dinge und Leitfaden für die Ausbildung. Dieses Pferd muss wie auf unsichtbaren Schienen zu sich selbst geführt werden. Später dann können die Schienen verlassen werden und im idealen Fall haben wir ein befreites Pferd vor uns, das aber auch nicht durch den Vorgang des Befreiens zu Schaden gekommen ist. Der Grad zwischen Freiheit und »Gewährenlassen« und notwendigem Halt, Anlehnung und Führung ist bei der Arbeit mit diesen Pferden sehr schmal. In dieser Hinsicht bilden die Pferde dieser Charaktergruppe die große Ausnahme. Nur sehr sensible und klare Menschen können das bewerkstelligen.

Natürlich kann ich hören, wie so mancher sagt: »Ich weiß gar nicht, was der will, die funktionieren doch bestens.« Und ich weiß auch, dass kaum etwas auf der Welt die Gedanken dieses Menschen dahin leiten kann zu erkennen, dass es ja gerade das ist, wovon ich spreche.

Übersichtstabelle »Der Benutzte«	
Reprise	Anfangs kurz mit sehr langen Pausen
Sequenz	lang
Einheit	Anfangs kurz
Temporeich	1
Tempoarm	–
Hoch	1
Flach	1
Dominierend	2
Zurückhaltend, duldend	1
In engen Grenzen	1
Spielerisch-frei	1
Einreiten konkav	2
Einreiten konvex	–

Zwischen Leichtigkeit und klarem Rahmen
Der Zigeuner auf dem Weg zum Reitpferd

Ein katzenartiges, besonderes, spannendes Pferd. In aller Regel ist ein Pferd dieser Charaktergruppe leicht, beweglich und von einer gewissen äußeren Zartheit, die aber weder seinem Wesen noch seiner tatsächlichen enormen Leistungsbereitschaft entspricht. Von gutem, harmonischem Körperbau gibt dieses Pferd dem ausbildenden Menschen wenig Herausforderungen hinsichtlich der Korrektur möglicher Schwächen.

Leichtigkeit und Spiel in einem festen Rahmen
Ob seines sehr spezifischen Wesens allerdings stellt das Pferd den Menschen immer wieder neu vor Prüfungen. Extrem einfühlsam, gelassen und durch und durch geerdet

Zwischen Leichtigkeit und klarem Rahmen: Übungen, wie ich sie hier mit meinem Hengst Almendro ausführe, sind für den »Zigeuner« sehr geeignet. Das Pferd erscheint frei und doch gehalten, wie selbstständig und doch geführt. Der durchhängende, nur locker um den Hals gelegte Strick dient nicht mehr dem Halten, sondern nur noch der feinen Signalgebung und der Richtungsweisung.

sollte der sein, der mit einem solchen Pferd umgehen will. Die Ausbildung als solche verläuft in klaren, einfachen Bahnen. Lehrbuchmäßig wird das Pferd den einzelnen Ausbildungsstufen dann folgen, wenn es der Mensch versteht, seinem besonderen Wesen gerecht zu werden. Dabei sollten wir dann das Folgende besonders beachten:

- Dieses Pferd braucht Leichtigkeit und Spiel, aber zugleich einen durchaus weit, aber dennoch klar begrenzten Rahmen. Immer wieder muss der Mensch an den Reaktionen des Pferdes überprüfen, ob dieses Gleichgewicht stimmt. Ist der Rahmen zu eng, dann wird das Pferd depressiv/aggressiv, stumpf und wie »zerknirscht«. Ist der Rahmen zu weit, dann wird das Pferd aufsässig und übergriffig/aggressiv. Es wird unkonzentriert, wild, nervös und auch anderen Pferden gegenüber unleidlich.
- In diesem Zusammenhang ist es wichtig, das Pferd immer wieder in seinen Bewegungen äußerlich und innerlich »atmen« zu lassen. Der Mensch muss es verstehen, das seelische und körperliche »Ein- und Ausatmen«, den natürlichen Rhythmus natürlicher Wesen zu erfassen und umzusetzen.
- Ein Pferd dieser Charaktergruppe ist nicht so schnell zu langweilen. Man sieht ihm das nicht unbedingt an, aber es darf ruhig in längeren Sequenzen konzentriert an Aufgaben herangeführt werden. Dieses Pferd will von sich aus in die Tiefe vordringen, auch in die Meisterschaft. Wenn es erst versteht, was eine bestimmte Übung bezweckt und wohin sie das Pferd führen kann,

Übersichtstabelle »Der Zigeuner«

Reprise	kurz bis lang
Sequenz	kurz bis lang
Einheit	kurz bis mittel
Temporeich	1
Tempoarm	1
Hoch	2
Flach	2
Dominierend	2
Zurückhaltend, duldend	–
In engen Grenzen	1
Spielerisch-frei	2
Einreiten konkav	1
Einreiten konvex	–

dann entwickelt dieses Pferd selbst großen, natürlichen Ehrgeiz. Wenn man diese Qualität immer wieder durch Spiel und freie Sequenzen schützt und erhält, dann wird man sich selbst und das Pferd weit bringen können.

- Nur in wenigen Fällen kann dieses Pferd in die Hohe Schule geführt werden. Es ist ein schnelles, ausdauerndes und bewegliches Pferd, das mit der Beherrschung einiger Grundübungen gesund und leistungsfähig erhalten werden kann. Leicht kann dieses Pferd ins Schulterherein geführt werden und in die darauf aufbauenden Seitengänge. Hierbei ist zu beachten, dass diese entweder in Zeitlupentempo an der Hand zum Beispiel oder mit viel Schwung durchgeführt werden. Gefährlich ist bei diesem Pferd ein schwungloses mittleres Tempo. Damit wird dann nicht nur die Übung, sondern auch das Pferd in gewisser Weise »abgewürgt«.

- Dieses ist ein leichtes Pferd mit einem unkomplizierten Wesen. Dementsprechend sollten die Übungen aufgebaut sein. Mit diesem Pferd können Sie wirklich tanzen. Genießen Sie seine Frische, seine innere Beweglichkeit und sein Temperament. Das alles hat natürlich auch so manches zur Folge, was unsere Geduld gelegentlich auf die Probe stellt. Daran können wir dann wachsen. Glücklich der, der ein solches Pferd besitzt und zu alledem auch noch über die Zeit verfügt, die dieses Pferd einfordert.

Von der Oberfläche in die Tiefe
Der Dandy auf dem Weg zum Reitpferd

Während der »Zigeuner« in der Verwandtschaft mit dem »Minister« steht, ist der »Dandy« verwandt mit der »Taube« und dem »Kind«. Beide sind sich zuerst natürlich sehr ähnlich. Die Unterschiede aber zeigen in diesem Falle die anderen Verwandtschaften deutlich an. Während der »Zigeuner« bei aller Lebensfreude und Leichtigkeit die Ernsthaftigkeit des »Ministers« besitzt, liegt im Dandy auch die Schwäche der »Taube« und die Oberflächlichkeit des »Kindes«. Das müssen wir in der Zusammenarbeit beachten.

Übersichtstabelle »Der Dandy«

Reprise	mittel
Sequenz	mittel
Einheit	mittel
Temporeich	2
Tempoarm	1
Hoch	2
Flach	1
Dominierend	–
Zurückhaltend, duldend	1
In engen Grenzen	–
Spielerisch-frei	1
Einreiten konkav	1
Einreiten konvex	–

Kompakt

Der »Dandy« ist ein gutes, kompaktes, sehr beeindruckendes Pferd. In seiner Natur aber liegt es, nicht so tief und nicht so hoch hinaus zu wollen. Im Gegensatz zum »Zigeuner«, der wirklich nach inneren Qualitäten strebt, sucht der »Dandy« doch mehr den äußeren Schein. Er ist nicht ganz so hart, nicht ganz so klar, nicht ganz so verwurzelt wie der Zigeuner.

Er ist aber vom Wesen her einfacher. Er bindet sich schneller und unkomplizierter an den Menschen und verlangt von diesem längst nicht so viel wie der »Zigeuner«. Er ist darum auch ein Pferd, dem ein Anfänger gerecht werden kann. Zuerst einmal ist er ein Pferd, das man einfach lieben muss. Ungewöhnlich wohlproportioniert, ungewöhnlich hübsch und dabei von einfachem und unkompliziertem Wesen wird ein Mensch leicht eine gute Beziehung zu ihm aufbauen können.

Die Form des Rückens

Diese Pferde variieren in der Form ihres Rückens. In aller Regel ist mit einer Charaktergruppe auch die äußere Form eines Pferdes relativ klar definiert. Bezogen auf den Rücken ist das hier nicht der Fall. Der kann entweder wunderbar kurz, kompakt und tragfähig sein oder aber lang und relativ schwach. Ist der Rücken kurz, dann kann dieses Pferd sogar in die Hohe Schule geführt werden. Dann haben wir ein hervorragendes, kräftiges Pferd vor uns, das ganz enorm zu beeindrucken vermag. Ist der Rücken jedoch länger, dann kann das insgesamt eine deutliche Schwächung bedeuten. Dann müssen wir uns besonders mit den Übungen beschäftigen, die die Tragfähigkeit des Rückens unmittelbar unterstützen.

Angst und Nervosität

Das Thema Nervosität und Angst spielt auch bei diesem Pferd immer wieder einmal eine Rolle. Vorgehensweisen, wie sie im Zusammenhang mit der »Taube« dargestellt sind, müssen in unterschiedlicher Ausprägung auch im Ausbildungsverlauf des »Dandys« auftauchen. In diesem Zusammenhang ist auch noch wichtig, dass dieses Pferd immer in leiser und ruhiger Form angesprochen werden will. Eine eher freundlich-raue Umgangsweise, wie man sie durchaus mit dem »König«, dem »Wanderer«, zum Beispiel auch dem »Freund« und dem »Zigeuner« gegenüber pflegen darf, ist für das Verhältnis zum »Dandy« Gift.

Pferde dieser Charaktergruppe wollen in ganz besonderem Maße sehr ernst genommen werden. Das ist bei jedem Pferd bedeutsam, hier aber müssen wir diesem Punkt ganz besondere Aufmerksamkeit schenken. Dieser Umstand liegt wohl in der Eigenschaft des Pferdes begründet, besonders im Äußeren überzeugen und wirken zu wollen.

Ein eher weiter Rahmen

Die einzelnen Reprisen in der Arbeit sollten mittellang und sehr abwechslungsreich gestaltet werden. Das Pferd braucht das Gefühl des »Freigelassenseins«. Insgesamt sollte der Rahmen eher weiter gehalten sein als zu eng. Im Gegensatz zum »Zigeuner« wird dieses Pferd den weiten Rahmen nicht dazu ausnutzen, um übergriffig zu werden. Es wird so oder so gefallen wollen, sich um Anerkennung bemühen und schon darum selbst den Rahmen wieder enger gestalten. Ist der Mensch empfindsam genug und geduldig in der Arbeit, lässt er dem Pferd einen weiten Rahmen und gibt er ihm innerhalb dieses Rahmens interessante Aufgaben und Möglichkeiten, sich zu finden und zu bestätigen, so ist das Zusammensein mit diesem Pferd sehr inspirierend.

In der Einfachheit weilen und die Genügsamkeit genießen
Der Bescheidene auf dem Weg zum Reitpferd

Diese Charaktergruppe ist verwandt mit dem »Hüter des Feuers«, dem »Freund«, dem »Wanderer«, dem »Einhorn« und in gewisser Hinsicht auch mit dem »König«. Damit können wir auch schon den Rahmen in der Art und Weise der Zusammenarbeit erahnen.

Der »Bescheidene« ist ein sehr ernsthaftes, ein sehr klares Pferd. Auch in der Zusammenarbeit mit dem Menschen zeigt es sich durch und durch von seiner bescheidenen Seite. Ähnlich dem »Hüter des Feuers« bringt dieses Pferd – innerhalb seiner körperlichen Grenzen – schon sehr viele Grundlagen für die Zusammenarbeit mit. Da ist eigentlich nicht mehr viel, was es noch zu lernen hätte. Sein Verhalten ist ruhig und verwurzelt, sein Vertrauen in sich und in die Welt ist von Grund auf groß.

Einfache, aber gute Anlagen entwickeln

Die Aufgabe desjenigen, der dieses Pferd zu einem Reit- und/oder Kutschpferd ausbilden möchte, ist es, ihm zu helfen, die guten Anlagen in ruhiger Form weiter zu entwickeln. Die Eigenschaft, die vor allem vom ausbildenden Menschen verlangt wird, ist Fairness. Denn Bescheidenheit setzt sich vor allem gegen Unkorrektheit und unfaire Behandlung mit Macht zur Wehr. Dieses Pferd verzeiht viele Fehler und so manche Unwissenheit, wird es aber fortgesetzt unfair behandelt, dann setzt es sich überraschend und wuchtig zur Wehr.

Die Grenzen erkennen

Körperlich ist dieses Pferd begrenzt. Sicherlich kann man nur geringe reiterliche Aufgaben von ihm verlangen. Das Wenige aber ist ja in aller Regel vollkommen ausreichend, und das Wenige erfüllt dieses Pferd mit absoluter Konsequenz und Zuverlässigkeit.

Das Pferd kann relativ früh, also schon mit drei bis vier Jahren, reiterlich vorsichtig belastet werden. Insgesamt verläuft die Ausbildung in klaren, wenig spektakulären Schritten. Das Pferd wird gleichmäßig in seine neue Welt als Reitpferd hineinwachsen. Die einzelnen Reprisen sind nicht zu kurz, und die Arbeit sollte nicht zu abwechslungsreich gestaltet sein. Dieses Pferd freut sich darüber, in einer Übung, deren Sinn es erkannt hat, auch länger gehalten zu werden. Durch zu große Abwechslung und durch zu häufigen Wechsel wird es nur verunsichert und aus seiner Ruhe geworfen.

Das Pferd ist relativ ausdauernd und belastbar. Das ist auch der Grund warum dieser Pferdetyp zu Recht häufig als Kutschpferd eingesetzt wird.

Die breit angelegte Grundausbildung

Körperlich verfügt dieses Pferd nicht über besonders herausragende Qualitäten, aber auch nicht über besondere Schwächen. Wir brauchen darum keine speziellen Übungen für dieses Pferd, sondern eine breit angelegte Grundausbildung. Insgesamt zeigt sich der »Bescheidene« etwas ungelenkig und steif. Im Bereich des Unterhalses, der typisch ist für dieses Pferd, und im Bereich der Ganaschen ist es in aller Regel recht fest. Das Mittel der Wahl ist hier, die Richtung des Schulterherein auf der Mittellinie zum Beispiel nach wenigen Schritten zu ändern. Durch den vorsichtigen und konstanten Wechsel in der Schultereinbiegung wird auch dieses Pferd weich und beweglich in der Schulter und im Hals. Und es wird insgesamt schwungvoller. Eine solche Übung kann natürlich frühestens im zweiten Ausbildungsjahr vorsichtig begonnen werden. Wichtig ist, dass gemäß des Wesens dieses Pferdes keine Hektik und Unruhe entsteht.

Dieses Pferd ist ein hervorragendes Freizeitreiterpferd, das zusammen mit einem ruhigen und gerechten Besitzer viele problemlose und darum glückliche Lebensjahre verbringen kann.

Übersichtstabelle »Der Bescheidene«	
Reprise	eher länger
Sequenz	eher länger
Einheit	mittel
Temporeich	–
Tempoarm	1
Hoch	–
Flach	1
Dominierend	–
Zurückhaltend, duldend	1
In engen Grenzen	1
Spielerisch-frei	–
Einreiten konkav	–
Einreiten konvex	1

Kopf und Rücken heben sich, und das Selbstbewusstsein wächst
Der Frosch auf dem Weg zum Reitpferd

20

Ein sehr schwieriger Fall. Fangen wir mit dem Einfachen an. Dieses Pferd ist sehr treu und in seinem Wesen »sehr gut«. Es ist ein sehr dankbares Geschöpf und sehr bindungsfähig. Es weiß im Grunde von seinen Schwächen und es hat sich auch damit abgefunden – nicht nur das, es hat gelernt, damit eigentlich ganz gut zu leben. Und genau das ist unser Ansatzpunkt in der Arbeit.

Kräftigen – aber vorsichtig und richtig!

Dieses Pferd ist sensibel und realistisch. Es ist dabei auch überaus sympathisch. Und wenn wir uns selbst damit zurechtfinden und die Leistungslatte körperlich eben sehr tief legen, dann kann kaum mehr etwas schief gehen. Das Wichtigste ist es, das Pferd zu kräftigen und es auch psychisch nach vorne zu bringen. Es braucht immer Erfolgserlebnisse und das Gefühl, dass es tatsächlich immer kräftiger und leistungsfähiger wird.

Zwischen Spiel und Klarheit

Die Zusammenarbeit sollte sich zu Beginn zwischen spielerischen Aktivitäten und kurzen, aber sehr klaren Sequenzen einrichten. Auf langen Spaziergängen oder als Handpferd sollte das Tier früh gekräftigt werden. Dieses Pferd wird nicht protestieren, wenn es körperlich überfordert wird. Darum ist es sehr wichtig, dass wir von uns aus das Maß der Anforderungen niedrig halten. Die freie Arbeit auf dem zuerst großen Zirkel und immer wieder auf der Geraden, dann über Stangen und niedrige Cavalettis in durchaus mittellangen Reprisen wird das Pferd grundsätzlich aufbauen.

Übersichtstabelle »Der Frosch«	
Reprise	mittel
Sequenz	kurz
Einheit	kurz
Temporeich	1
Tempoarm	–
Hoch	1
Flach	1
Dominierend	–
Zurückhaltend, duldend	1
In engen Grenzen	–
Spielerisch-frei	2
Einreiten konkav	3
Einreiten konvex	–

Satteln vor dem Spazierengehen

Die jetzt folgenden Hinweise beziehen sich zwar ganz speziell auf den »Frosch«, vieles davon kann aber auch sehr gut für andere Charaktergruppen herangezogen werden, die ebenfalls über einen schwachen Rücken verfügen.

Ein leichter Sattel kann schon recht früh aufgelegt werden. Tut man das immer vor einem Spaziergang, dann verbindet auch das junge, noch nicht gerittene Pferd mit dem Sattel nur Positives. Der Sattel ist dann ein Zeichen für die »Tour nach draußen«. Geritten werden aber kann dieses Pferd erst sehr spät – wenn überhaupt. Dazu ist zweierlei besonders wichtig:

- Zum einen muss dieses Pferd unbedingt durch Seitengänge an der Hand und in der Zirkelarbeit zum Untertreten der Hinterhand animiert werden. Das schiebt das lange Pferd von hinten nach vorne zusammen und hebt den Kopf. Das ist dann schon ein ganz anderes Bild. Die Hinterhand wird muskulöser und fülliger und der Rücken hebt sich langsam nach oben.
- Zum Anderen wird dann aber das Pferd unbedingt zuerst leicht und lang an- und eingeritten. Aus der Bewegung heraus und aus dem leichten, flüssigen Schwung kommt es dann beim Durchschreiten der Ecken immer wieder zu ersten Angeboten zum Schulterherein. Dann kann sich der Reiter mehr und mehr der Biegung und dem Tragen des Pferdes widmen, die Versammlung wird so weit reifen, dass das Pferd schließlich einen Reiter gut und gesund auch etwas länger tragen kann.

So wird ein Frosch verantwortlich auf dem Weg zum Reitpferd geführt. Dass das viele viel schneller tun, das wird nie etwas an meinem Weg ändern.

Da gibt es nicht viel zu sagen
Der Prinz auf dem Weg zum Reitpferd

Übersichtstabelle »Der Prinz«	
Reprise	mittel
Sequenz	mittel
Einheit	mittel
Temporeich	1
Tempoarm	1
Hoch	1
Flach	1
Dominierend	1
Zurückhaltend, duldend	1
In engen Grenzen	–
Spielerisch-frei	1
Einreiten konkav	–
Einreiten konvex	1

Eventuelle Probleme mit diesem Pferd halten sich in relativ engen Amplituden. Körperlich wie geistig folgt dieses Pferd einfachen und unkomplizierten Bahnen. Ähnlich wie der »Wanderer« oder der »Freund« kann dieses Pferd von Anbeginn an in eine ruhige und sehr gleichmäßige Ausbildung durchleben. In einer »ersten Begegnung« wird dieses Pferd leicht seinen Platz neben dem Menschen finden und ihm von da an, so sich dieser klar, sensibel und fair verhält, durch die einzelnen Etappen mühelos folgen. Auch der Rücken bereitet bei diesem Pferd in aller Regel keine Probleme. Allzu große Liebesbeweise und Nähe sollte man allerdings von diesem Pferd nicht verlangen – seine Zuneigung bleibt immer hinter einer Art »aristokratischer Distanz« verborgen. Gelegentlich kann es zu einer gewissen Schreckhaftigkeit kommen, der man am besten durch entsprechend vorbereitende Übungen vorbeugt. Mitunter bereiten die Hufe etwas Probleme; denen sollte man von Anfang an sein Augenmerk durch gute Pflege und sehr guten Beschlag widmen.

Zuweilen wirkt das Pferd, vor allem in seiner Jugend, etwas unreif. Hier ist es wichtig ihm einfach, ohne jeden äußeren Druck, Zeit zu lassen.

Über kontrollierte Explosionen in die Gleichmäßigkeit
Der Sieger auf dem Weg zum Reitpferd

Bei diesen Pferden liegt unser Augenmerk von Anbeginn an zum einen bei ihren körperlichen Schwächen, und das ist die geringe Tragkraft von Hals und Rücken, zum anderen bei ihrer charakterlichen Sensibilität.

Ruhe

Wichtig ist, dieses Pferd immer in großer Ruhe zu arbeiten. Natürlich will es nach »vorne« und natürlich will es sich so oder so gerne bewegen und austoben. Wir müssen aber immer dafür sorgen, dem Pferd dabei einen geeigneten, ruhigen und harmonischen Rahmen zu gestalten. Darum sind die Reprisen zum Beispiel eher kürzer, die Sequenzen jedoch länger. Dazwischen gibt es immer wieder vergleichsweise lange Pausen, um das Pferd zu konzentrieren und ihm Gelegenheit zu bieten, sich zu sammeln. Vorsicht ist geboten, das Pferd in jedweder Weise aufzuheizen. Denn wenn wir durch unsere Arbeit dieser charakterlichen Eigenart des Siegers zu sehr entsprechen, dann können Sie die Geister, die Sie so riefen, nur noch bedingt oder gar nicht mehr unter Kontrolle halten.

Gut zu dominieren

Mit sehr wenig Maßnahmen ist dieses Pferd in aller Regel gut zu dominieren. Da der »Sieger« in aller Regel sehr sensibel und empfindsam ist, müssen wir uns sehr davor hüten, übergriffig und grob zu sein. Das führt bei diesen Pferden nämlich ganz besonders schnell zum Gegenteil des womöglich Beabsichtigten: Das Pferd wird dann vollkommen zu Recht heftig rebellieren und sich zur Wehr setzen. Dominanz wird durch Würde, Klarheit und durch feines Spiel mit Nähe und Abstand leicht erreicht.

Immer wieder müssen wir die Intelligenz und die geistige Tiefe dieses Tieres in Rechnung stellen und versuchen, auf grundsätzlich hohem Kommunikationsniveau zu agieren. Die Arbeit sollte bei aller Ruhe dennoch interessant und abwechslungsreich gestaltet werden.

In die nach oben gerichtete Aktion

Um den Rücken zu kräftigen, sollte das Pferd zwar keinesfalls hektisch, aber schwungvoll gearbeitet werden. Ein »Latschetrab« zum Beispiel ist für ein solches Pferd absolut Gift. Mit Schwung und Impulsion kann dieses Pferd auch durchaus über längere Reitplatzdistanzen (20–30 Meter) im Schulterherein gearbeitet werden. Der Reiter sollte dabei leicht und nachgebend sitzen und das Pferd in keiner Weise stören. Aus einer solchen Schulterherein-Reprise kann das Pferd dann zum Beispiel in den Galopp entlassen werden, um dann nach einigen guten und versammelten Sprüngen in die Pause zu gelangen. So lernt das Pferd, auch schon die ersten Galoppsprünge rund, ruhig und versammelt anzugehen. Ohne das Pferd durch den rohen Gebrauch der Zügel nur noch weiter auf die Vorhand zu werfen, lernt es, seine Energie für eine nach oben gerichtete Aktion einzusetzen, bei guter Haltung des Kopfes und mit weit unter das Gewicht tretender Hinterhand. Noch ein-

Übersichtstabelle »Der Sieger«

Reprise	eher kurz
Sequenz	eher lang
Einheit	mittel
Temporeich	1
Tempoarm	1
Hoch	1
Flach	1
Dominierend	1
Zurückhaltend, duldend	–
In engen Grenzen	1
Spielerisch-frei	–
Einreiten konkav	3
Einreiten konvex	–

mal: Wichtig sind die in dieser Weise ruhigen, aber kurz gehaltenen, sehr präzise durchgeführten Reprisen, die das Pferd immer wieder dazu anhalten, eine insgesamt konvexe Grundhaltung zu finden. Sind die Reprisen zu lang, dann laufen wir Gefahr, dass das Pferd wieder »auseinander fällt«.

Ein Weiser unter uns
Der Minister auf dem Weg zum Reitpferd

Dieses geistig extrem hochstehende, sehr sensible und umgängliche Pferd ist wohl das intelligenteste unter allen Charaktergruppen. Der »Zigeuner« ist pfiffig, der »Dandy« ist raffiniert, der »Unteroffizier« ist geistig extrem schnell und der »König« ist klug und sehr praktisch im Denken. Aber der »Minister« ist intelligent und vor allem weise. Das genau wird ihm in aller Regel zum Verhängnis, denn die meisten Menschen können und wollen vor allem diesem Pferd »nicht das Wasser reichen«.

Aus der Verletzung in die Aggression

Ein solches Wesen einfach nur zu benutzen, empfindet es selbst als eine tiefe Schmach. Mit den unterschiedlichsten Mitteln versucht sich dieses Tier dann zu wehren und auch verständlich zu machen. Schließlich wird es aggressiv, sehr aggressiv. Ab einem bestimmten Zeitpunkt setzt dieses Pferd eben seine Intelligenz und seine Geschicklichkeit gegen den Menschen ein, und dann hat dieser eigentlich immer verloren. Beide haben dann verloren. Gelingt es so manchem Reiter noch, die Abwehrattacken von Pferden anderer Charaktergruppen aufzufangen und abzuwehren, so ist das bei diesen Pferden kaum noch möglich. Sie kämpfen schließlich mit allen Raffinessen, beißen genauso wie sie schlagen und das zumeist gleichzeitig. Hier resigniert der Mensch dann am Ende fast immer.

Dialog, Ansprache und Auseinandersetzung

Wie gehen wir vor? Dieses Pferd sucht und braucht den Dialog. Es will die unmittelbare Auseinandersetzung. Dabei ist dieses Pferd das erste, dass zumindest kleinere Fehler des Menschen verzeiht. Wer ein solches Pferd ausbilden möchte, der darf sich nicht auf einen hohen Sockel stellen. Der muss sich darauf einrichten, das gesamte Geschehen mit seinem Partner »abzustimmen«. Und das alles meine ich wörtlich. Anhand jeder kleinen Reaktion kann er erkennen, ob sein Weg der richtige ist oder nicht. Das Pferd braucht Abwechslung und Übungen, die seinem Geschick und seiner Intelligenz entsprechen. Dieses Pferd kann geistig eigentlich alles. Es ist darüber hinaus ausdauernd und belastbar. Es ist sehr diszipliniert und konzentriert bei der Arbeit. Es will nicht nur lernen, es muss immer etwas dazulernen, um in seinem Gleichgewicht zu bleiben. Das müssen wir beachten.

Die Besonderheiten des Ministers

- Die einzige Schwäche dieses Pferdes ist zuweilen sein Rücken und die gelegentlich schwache Hinterhand. Das bedeutet dann, dass wir eben besondere Übungen zur Kräftigung dieser Körperpartien einbauen. Aus diesem Grunde sollte das Pferd auch generell nicht zu früh belastet werden. Es ist ein relativer Spätentwickler.
- Diese Pferde sind häufiger schwerfuttrig. Trotz ihres mitunter hageren Äußeren verfügen sie jedoch über einen kräftigen und massiven Knochenbau. Das Pferd ist nicht selten wesentlich schwerer, als es erscheint. Auch das müssen wir in der Zusammenarbeit berücksichtigen. Dadurch verliert das Pferd etwas an Beweg-

Übersichtstabelle »Der Minister«	
Reprise	lang
Sequenz	lang
Einheit	lang
Temporeich	1
Tempoarm	1
Hoch	1
Flach	1
Dominierend	1
Zurückhaltend, duldend	1
In engen Grenzen	–
Spielerisch-frei	1
Einreiten konkav	1
Einreiten konvex	–

lichkeit und Spurt- und Sprintqualität. In dieser Hinsicht dürfen wir das Tier dann keinesfalls überfordern.
- Wenn Sie nicht mehr weiter wissen, und an eine solche Grenze kommen Sie schnell bei einem »Minister«, dann fragen Sie ihn einfach. Das erscheint absolut naiv, aber Sie werden die Antwort dann schon bekommen. Auf keinen Fall machen Sie einfach so in der Routine weiter. Lieber eine kreative Pause und einige Tage mit spielerischem Intermezzo verbringen, als sich mit Macht gegen die Natur dieses Pferdes zu stellen.
- Wenn Sie klar, ruhig und vor allem bescheiden bleiben, wenn Sie das Pferd beobachten und die Arbeit lieber einmal abbrechen als dickköpfig zu Ende zu führen, wenn Sie mindestens so viel lernen wollen, wie Sie lehren sollten, dann können Sie auch ein Kind sein und mit diesem wunderbaren Pferd glücklich werden.
- Insgesamt gestaltet sich die Ausbildung dann einfach und linear. Alles verläuft dann in relativ normalen Bereichen, unter Berücksichtigung des schwachen Rückens. Die Übungspalette sollte sowohl auf dem Reitplatz als auch im Gelände recht breit gefächert sein.

Wuchtig und repräsentativ
Der König auf dem Weg zum Reitpferd

Die Arbeit gestaltet sich in kurzen und klar voneinander abgegrenzten Sequenzen. Vorbereitungen brauchen wenige getroffen werden. Klar baut sich das Programm von der einfachen Bodenarbeit über die ersten Seitengänge schnell zu den Gangverkürzungen hin auf. Mit großer Kraft kann dieses Pferd schnell und fast wie von selber in den Gangarten verkürzt werden, um schließlich mit ersten erhabenen Tritten die Passage und die Piaffe anzudeuten. Die gelegentliche jugendliche Unruhe und Überhitztheit legt sich ab dem achten bis zehnten Lebensjahr. Bis dahin kommen die Galoppsprünge noch heftig und zuweilen unkontrolliert, doch lasse man sich nicht verleiten, das Pferd über die Zügel zu bremsen. Die Kraft wird es nämlich später von selbst mehr und mehr in die Hinterhand legen und in eine Erhabenheit und Leichtigkeit des Ganges, die eben nur noch als majestätisch zu bezeichnen ist.

Kurzzeitig hoch belastbar

Der »König« und der »Harte« sind körperlich noch kräftiger als der »Wanderer«. Sie sind mit Abstand die wuchtigsten aller Pferde. Sie können darum nicht unbedingt lange, aber kurzzeitig sehr hoch belastet werden. Durch diesen Umstand ergibt sich auch das grundsätzliche Prinzip der Ausbildung, das eben auch der klassisch-iberischen entspricht. Hier werden Pferde kurz und wuchtig an ihre Aufgaben geführt. Dies geschieht seit vielen Jahren zumeist leider mit großer Brutalität und für die Pferde viel

Der »König« will mit kurzer Wuchtigkeit an seine Aufgaben herangeführt werden. Er will überzeugen und glänzen, repräsentieren und »Hof halten«.

zu früh. Das ursprüngliche Prinzip aber bleibt dennoch besonders für diese Pferde richtig. Durch die kurzen, wuchtigen Reprisen wird das Pferd körperlich optimal gefördert und »aufgeblasen«. Es geht förmlich »auseinander« und es präsentiert sich dann als erwachsener Hengst mit einer imposanten und einer kompakten Wuchtigkeit, die nur noch »erschauern« lässt.

Der König und sein Hof

Der »König« ist ein »Kriegs-, Kampf- und Repräsentationspferd«. Er braucht seinen Menschen in vielen Stunden um sich herum. Er braucht diesen »Hof« und er will »Hof halten«. Dieses Pferd ist Zentrum und will sich als Zentrum begreifen. In ihm ist so viel Potenz und Energie versammelt, die ungenutzt zu einem ätzenden Gemisch zerfließt und die das Pferd dann innerlich auffrisst. Dieses Pferd ist geschaffen für jenen Menschen, der mit Pferden lebt – am besten mit nur einem, mit diesem.

Übersichtstabelle »Der König«	
Reprise	kurz
Sequenz	kurz
Einheit	kurz
Temporeich	2
Tempoarm	1
Hoch	1
Flach	2
Dominierend	2
Zurückhaltend, duldend	–
In engen Grenzen	2
Spielerisch-frei	–
Einreiten konkav	–
Einreiten konvex	3

Piaffierend geboren
Der Harte auf dem Weg zum Reitpferd

Vieles von dem, was hier über den König gesagt wurde trifft auch auf die Zusammenarbeit mit dem »Harten« zu. Doch der »Harte« ist zuweilen noch kompakter, noch bissiger, noch erdverbundener. Ihm fehlt womöglich das Aristokratische, das durch und durch Überlegene des Königs. Auch dieses Pferd will in kurzen Reprisen und Sequenzen wuchtig an seine Aufgaben und an sein Leben herangeführt werden. Man sollte das nicht zu früh tun, man sollte dem jungen Pferd immer, diesem aber besonders, Zeit lassen. Auch die Einheiten sind vergleichsweise kurz. Das Pferd lernt schnell, es kommt ja geradezu schon piaffierend auf die Welt. Das klingt befremdend, doch ich meine es genau so: Das Hauptaugenmerk zu Anfang liegt vor allem in der Pflege des jungen Pferdes. Gelegentlich kommt es dann in die Bahn, wird daran gewöhnt, auf Abstand frei gearbeitet zu werden, um dann schon schnell engere Wendungen und Seitengänge an der Hand und in unmittelbarer Nähe seines Menschen auszuführen.

Wer noch glaubt, mit seinem Pferd in unnötiges Geschwätz fallen zu müssen, wer noch nicht sehr viel über sich selbst, das Wesen des Lebens und der Welt erfahren und gelernt hat, der sollte die Finger unbedingt von diesem Pferd lassen. Mit diesem Pferd kann man sich nur in aller Gelassenheit wie zum Morgen- oder Nachmittagstee treffen, um dann die Zeit wie Gentlemen, wie Kavaliere, wie Ritter miteinander zu verbringen und zu teilen. Nichts Oberflächliches, nichts Jämmerliches und Nichtiges kann diesen erlauchten Kreis stören. l'art pour l'art – und das Leben des Lebens willens.

Unbedingt durch Persönlichkeit dominieren

Die innere Kraft und Wuchtigkeit des Menschen muss das Pferd von Anbeginn an dominieren. Dieses Pferd braucht einen »Herrn, der führt, ohne jemals herrisch« zu sein. Die Persönlichkeit des Menschen muss dieses Pferd überzeugen. Beginnt der Mensch aus Schwäche auch nur den kleinsten Kampf, dann muss er entweder das Pferd brutal niederknüppeln und zerbrechen – auch so etwas habe ich schon gesehen – oder aber er lebt in ständiger großer Gefahr.

Ein Pferd für die Hohe Schule

Die gesamte Ausbildung muss von Anbeginn an darauf ausgerichtet werden, das Pferd umgehend in die Versammlung und in die Hohe Schule zu führen. Seitengänge an der Hand und konzentrierte Arbeit auf engem Raum und am Ort wechseln sich ab mit schwungvollen Reprisen und dynamischen »Befreiungen«. So bleibt der Bewegungs- und Vorwärtsdrang immer erhalten und die Motivation und die Kraft, auch am Ort ausdrucksstark zu agieren. In diesem Wechsel liegt unter anderem die Kunst in der Arbeit mit diesem Pferd.

Übersichtstabelle »Der Harte«	
Reprise	kurz
Sequenz	kurz
Einheit	kurz
Temporeich	2
Tempoarm	1
Hoch	–
Flach	2
Dominierend	2
Zurückhaltend, duldend	–
In engen Grenzen	2
Spielerisch-frei	–
Einreiten konkav	–
Einreiten konvex	3

Sensibler Botschafter aus einer anderen Welt
Pegasus auf dem Weg zum Reitpferd

26

In diesem Wesen verkörpert sich die Schöpfung auf ganz eigene Weise. Paulus fiel so ungezählte Male von diesem Pferd. Selbst ein Caravaggio, Meister des Lichtes im schwarzen Nichts, konnte dieses eine Mal nicht umhin, die Leinwand bis zum Rand hin, bis zum Zerbersten vollzumalen – mit einem einzigen Pferd. Rubens kannte nur dieses Pferd, Lichtgestalt und zeitloses Symbol in strahlendstem Licht. Michelangelo stellte es in den Mittelpunkt seiner Paulusdarstellung und ließ jenen mit Macht auf es weisen, der wohl Gott darstellen soll.

Wenn ein Maler nicht mehr an das Malen denkt, sondern nur noch schöpft, wenn ein Sänger nicht mehr Noten sieht, sondern einfach Klang und Raum ist, wenn ein Pferdemensch nicht mehr nach Regeln, Maß, Form und Takt sucht, sondern einfach aus sich heraus entstehen lässt, ohne auch nur begreifen zu wollen, wie, dann ist das höchste Meisterschaft. Das alles mit einem Menschen zu erleben, danach strebt dieses Pferd.

Es ist eigenständig und sucht doch auf eine besondere Art und Weise die Nähe des Menschen. Es sollte zumeist in einer Art »mittlerem Temperament« gearbeitet werden bei vergleichsweise geringeren Anforderungen.

Doch nicht die eigentliche Ausbildung steht im Vordergrund, sondern ein Erfahren, das andere als gewöhnliche Wege geht und das sich gänzlich andere Ziele steckt. Weder Leistung noch Vergleich, weder Eitelkeit, Anerkennung und Ruhm noch andere selbst gesteckte Ziele sollten das Zusammensein formen.

In die Hohe Schule aber auf einem anderen Weg

Wie der »Harte« und wie der »König« kann auch dieses

Übersichtstabelle »Pegasus«

Reprise	Mittel
Sequenz	Mittel
Einheit	Mittel
Temporeich	–
Tempoarm	1
Hoch	–
Flach	1
Dominierend	–
Zurückhaltend, duldend	1
In engen Grenzen	1
Spielerisch-frei	1
Einreiten konkav	–
Einreiten konvex	1

Pferd selbstverständlich in die Hohe Schule geführt werden, jedoch auf gänzlich anderem Weg. Es ist körperlich nicht so belastbar und zeigt auch Schwächen in der Hinterhand, in den Kniegelenken und Bändern und gelegentlich sogar auch in einem zu langen und zu schwachen Rücken. Insgesamt ist sein Knochenbau nicht so fest wie der der beiden zuvor besprochenen Pferdetypen. Die kurzzeitigen Übungsanforderungen sollten daher deutlich geringer sein. Mehr als bei den beiden Pferdegruppen zuvor müssen Übungen durchlaufen werden, die eben sanft und mäßig die Hinterhand trainieren, das Pferd anfänglich verkürzen und den Rücken heben und stärken.

Ein »schweigsames« Pferd

Besonders die Psyche dieses Pferdes ist bei der Zusammenarbeit immer sehr zu beachten. Dieses Pferd ist in gewisser Wiese »weltfremd« und es möchte im Grunde mit den Banalitäten des Daseins nicht konfrontiert werden. Eine sehr ruhige und gelassene Grundstimmung ist die erste Voraussetzung für einen guten Verlauf der Ausbildung. Alles Hektische und Ablenkende sollte außen vor bleiben. Trotz aller Kreativität braucht dieses Pferd kein Spiel und trotz aller Kraft will es sich nicht wirklich austoben. Es braucht viel Zeit, um mit seinem Menschen auf langen und ruhigen Ritten das Wunder der Natur zu erfahren und mit ihr, dem Menschen und sich selbst im Einklang zu sein. In diesem Sinne ist es ein »schweigsames« Pferd, extrem sensibel und durchaus auch »romantisch«.

Aussterbende Erscheinungen?

Natürlich wird so mancher schmunzeln über meine Art und Weise, Pferde zu be- und umschreiben. Weit davon enfernt, sie zu vermenschlichen, ist es aber gerade diese Art der Annäherung und wahrscheinlich auch die Würde und die Ernsthaftigkeit, die darin liegt, die zustande bringen lässt, was zustande kommt. In meinem Erleben verschmelzen viele scheinbar undurchdringlichen Grenzen und in dem Erleben der Pferde mir gegenüber ganz offensichtlich ja auch. Womöglich ist darum die Welt für mich wie ein anderer, lebendiger, großer Zusammenhang. Diesen Zusammenhang haben die modernen Menschen schon lange zerschnitten und damit haben sie den Startschuss abgefeuert zum Sturm auch auf die physische Existenz dieser Welt. Die wird in ihren Zusammenhängen schon lange nicht mehr begriffen. Und die Pferde auch nicht. Wie Botschaften aus einer anderen Welt kommen mir darum oftmals meine Darstellungen vor. Pegasus ist ein solcher Botschafter aus einer anderen Welt. Aussterbende Erscheinungen?

Eine letzte Bemerkung zum Schluss:
Was fangen Sie jetzt mit alledem an?

Sie können es benutzen. Sie können jene Teile herausschneiden und vom Ganzen abtrennen, die Sie die Pferde noch besser benutzen lassen. Sie können mit dem, was Sie hier gefunden haben in der Tat Frevel betreiben und so Ihr Pferd noch besser unterdrücken als bisher. Auch mit meinen anderen Büchern ist das geschehen, also wird es so sein mit diesem.

Aber die Zeit spült das Weiche vom Harten. Hier schließt sich der Kreis zu meinen Worten am Anfang. Die, die nur benutzen und das Heil in der Art von Weltbetrachtung suchen, die vor allem und zuerst das eigene Ich im Mittelpunkt wissen wollen, die von vordergründiger Befriedigung ihrer unersättlichen Begierde zehren, die strafen sich selbst mit jeder neuen Tat.

Die anderen aber können mit alledem ihren Palast der inneren Freude, der Zufriedenheit und der beschwingten Stille weiter bauen oder weiter ausschmücken. Das Meine kann nur ein Teil davon sein, einige Steine womöglich, ein schönes Möbelstück, eine Anregung. Überall findet der Wachsame etwas, was seinen eigenen Palast des erfüllten Lebens bereichern und verschönern kann.

Der so entstandene Glanz wird von diesen allzu gerne verhüllt. Er fügt sich zum Stillen, zum Geheimen dieser Welt, die sonst nur dem Lauten, dem Offenkundigen frönt.

Der eine wie der andere sitzt auf einem Pferd. Der eine wie der andere spricht von Gott. Und doch können sie verschiedener nicht sein. Diese Verschiedenheit in der Welt, bei dem, was sich zu gleichen scheint wie ein Ei dem anderen, wird von den Pferden symbolisiert. Sie haben es in der Hand, ob Ihr Pferd Ihnen das Bein des Teufels ist oder die Schwinge des Pegasus.

Der Gemeine rebelliert nur so lange gegen die prunkvollen Feste und Ausschweifungen im Palast, wie er nicht selber eingeladen ist. Der Weise rebelliert nicht gegen diese Feste, er tanzt aber auch nicht auf ihnen, so man ihn einlädt.

In diesem Sinne gilt mein Gruß den einen wie den anderen.

Dänemark im Herbst 2002
Klaus Ferdinand Hempfling

Klaus Ferdinand und Karsten Hempfling

Die Akedah-Schule: Eine Welt im Zelt

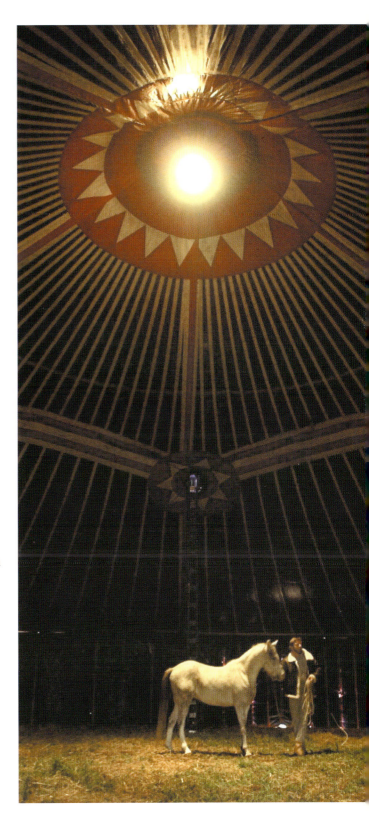

Warum ist der Moment so faszinierend, wenn sich ein Pferd öffnet, um jene unsichtbare Mauer zu zerbrechen, um sich dem Pferdemenschen ganz unmittelbar und unverfälscht anzuvertrauen? Weil dies ein zeitloses, kaum zu fassendes Geschehen ist. Und weil dieser Moment unzweifelhaft ein inneres Geschehen vermittelt, ein Geschehen, das tiefe Sehnsüchte in den Menschen weckt. Sehnsüchte nach Authentizität, Sehnsüchte nach einem gültigen, zeitlosen Dasein.

Die tiefe, innere Übereinstimmung

Klaus Ferdinand Hempfling will sich nur an diejenigen als Lehrer wenden, die wirklich bereit sind, nicht nur die Früchte zu sehen und davon zu träumen, selbst solche Früchte hervorzubringen, sondern die den Weg von Anfang an gehen wollen. Klaus Ferdinand Hempfling verspricht niemandem einen Rosengarten.

Menschen distanzieren sich heute mehr und mehr von aller Art Regeln, weil sie glauben, ohne Regeln besser leben zu können. Das trifft sicherlich auf viele unsinnige Vorschriften zu, die uns nur gängeln und kontrollieren wollen. Darüber aber darf man nicht vergessen, dass es eine Art „Common Sense" gibt, eine tiefe innere Über einstimmung zwischen Menschen und Wesen überhaupt. Diese innere Übereinstimmung, diese inneren Formen und Beschränkungen eines jeden bewussten Menschen, werden dabei leider auch allzu oft über Bord geworfen. Das Zusammensein mit Menschen, mit sich selbst, mit der Natur und ganz sicher mit den Pferden erfordert ein extrem hohes Maß an Disziplin und die Fähigkeit, in sich selbst Grenzen und Regeln zu erkennen und zu schaffen. Dann erst kommt man wieder heraus aus der Welt der Beliebigkeit, in der alles möglich zu sein scheint, aber in Wahrheit nichts wirklich Bedeutsames mehr möglich gemacht werden kann

Das symbolische und das reale Pferd lassen dies real erfassbar gestalten und erleben. Ihre Ursprünge finden sich in der Akedah-Schule von Klaus Ferdinand Hempfling.

Informationen zur dreijährigen Ausbildung und zu den weiteren Veranstaltungen finden Sie unter www.Hempfling.com.

KOSMOS

Faszination Pferde

Klaus Ferdinand Hempfling

Klaus Ferdinand Hempfling
Frau und Pferd
420 S., geb.
ISBN
3-440-07652-0

Klaus Ferdinand Hempfling
Mit Pferden tanzen
208 Seiten
520 Abbildungen
Hardcover
ISBN 3-440-08885-5

Wohl kaum ein Pferdebuch hat in den letzten Jahren so viel Diskussionen ausgelöst wie dieser „Hippo-Bestseller".
STERN

Der Hippo-Bestseller – über 160.000 mal verkauft!

Klaus Ferdinand Hempfling
Die erste Begegnung
VHS-Video
Laufzeit ca. 50 Min.
ISBN
3-440-06762-9

Dominanz ohne Strafen, Versammlung ohne Zügeldruck – nur scheinbare Gegensätze, wie Klaus Ferdinand Hempfling in seiner berühmten Reitlehre zeigt. Die natürlichen Gesetze wildlebender Pferde werden integriert in ein Ausbildungssystem, das für alle Pferdetypen und Rassen gültig ist.

Klaus Ferdinand Hempfling
Körpersprache
VHS-Video
Laufzeit ca. 50 Min.
ISBN
3-440-07287-8

Klaus Ferdinand Hempfling
Die Botschaft der Pferde
220 Seiten, Hardcover
ISBN 3-440-06802-1

Klaus Ferdinand Hempfling erzählt von seinem persönlichen Weg, der ihn über das Verständnis der Pferde zu einer neuen Erkenntnis des Lebens führte.

www.kosmos.de